サルスティウス

カティリナ戦記／ユグルタ戦記

西洋古典叢書

凡　例

一、本訳はオックスフォード版のテクスト（L. D. Reynolds, *C. Sallusti Crispi Catilina, Iugurtha, Historiarum Fragmenta Selecta, Appendix Sallustiana*, Oxford, 1991）を底本とした。〈　〉内は写本にはなく、底本の校訂者が補足した部分である。

二、固有名詞の音引きは、「ローマ」などの慣例的なものを除いて原則として省略した。固有名詞以外の原語のカタカナ表記には音引きを施す。

三、その他のカタカナ表記については次の原則に従う。

(1) ph, th, kh と p, t, k を区別しない。

(2) cc, pp, ss, tt には促音（ッ）を用いる（例… Gracchus ＝グラックス）。

(3) ll, rr には促音（ッ）を用いない（例… Sallustius ＝サルスティウス）。

目次

カティリナ戦記／ユグルタ戦記

小川正廣 訳

カティリナ戦記

一　人間(1)は誰でも、他の動物よりも高い地位を望んでいるのだから、自然の定めで身をかがめ、胃袋の欲求のままに生きる動物のように名もなく一生を送ることがないよう、最大限の力を傾けて努力すべきである。[2]さて、われわれの力は、全体として精神と肉体にあり、われわれは精神を命令するものとして、そして肉体をむしろ服従するものとして用いている。(2)われわれは前者を神々と、後者を獣と共有している。[3]それゆえわたしには、肉体の力ではなく精神の力で栄光を求めることが、また、われわれの享受しうる人生そのものが短いのだから、われわれについての人々の記憶をできるだけ永続的なものにすることがより正しいと思われる。[4]実際、富や美貌の栄光ははかなくてもろいが、卓越した精神は輝かしい永遠の財産なのである。

[5]ところが人間たちは、軍事的成功が肉体の力に依存するのか、それとも精神の能力に起因するものかと長い間おおいに議論してきた。[6]というのも、事に着手する前に熟慮するとともに、熟慮し終えたならすぐに行動せねばならないからだ。[7]それゆえ、どちらの力もそれだけでは不十分であり、それら二つ(3)は互いに支え合うことが必要である。

二　こうして、初期において王たち——すなわちそれが地上の最初の支配権の名前だった——は、めいめい異なる方針をとり、ある者は精神を、ある者は肉体を鍛えた。その頃はまだ、人間は貪欲な心を持たずに生活していた。人はみな、自分のものだけで満足していたのである。[2]しかしキュロス(4)がアジアで、そしてギリシアではラケダイモン人(5)とアテナイ人が諸都市や諸民族を征服し、支配欲のために戦争を行ない、最大の統治こそが最大の栄光であると考え始めたとき、人々は危険で困難な活動を通して、精神こそが戦争では最も力を発揮することを初めて認識したのである。

[3]もしも王や統治者の卓越した精神が、戦争中のみならず平和なときにも健在であるなら、人間社会の営みはもっと規則正しく、浮き沈みなく維持されて、世相が次々と変移したり、万事に変化や混乱が生じたりするような事態を見ることはないであろう。[4]なぜなら支配は、最初にそれを生み出した技量によって、容易に保持することができるからである。[5]だが、労苦に代わって怠惰が、そして節度と公正の代わりに放縦と傲慢が侵入してくると、人の道とともに運命も変化する。[6]こうして支配権は、つねにより劣った人間から最もすぐれた人物に移るのである。

[7]一般に人間が企てる耕作や航海や建築などの事業は、この卓越した精神に依存している。[8]しかし多くの人間は、食欲と睡眠のとりこになって、無知で無教養のまま、あたかも異国を旅する者のように人生を過ごしてきた。まったくこうした人々にとっては、自然に反して、肉体こそが喜びのもとであり、魂は重荷にすぎ

---

(1) 底本では書名は『カティリナの陰謀について（*De Coniuratione Catilinae*）』となっているが、*Bellum Catilinarium*（または *Bellum Catilinae*）を表題として記した主要写本に従う（解説参照）。

(2) 肉体に対する精神の優越性については、『ユグルタ戦記』第一および二章でも述べられる。

(3) すなわち精神と肉体。

(4) アケメネス朝ペルシアの初代国王キュロス二世（前六〇〇頃—五三〇年）。

(5) すなわちスパルタ人。

なかった。わたしの考えでは、このような人々の人生の値打ちは、死とさほど変わるものではない。彼らの生は、その死と同様に、人々の話題になることはないからである。[9]だがそれに対して、何らかの活動に専念し、輝かしい功績やすぐれた技量を世に知らしめようと努める人のみが、生を営み、そして生命を享受しているのだとわたしには思われる。

　ところで、人間の営みはきわめて多岐にわたるが、そのなかで、人はめいめい天性によって示される異なる道を歩むものだ。

三　立派な行動によって、国家のために尽くすのは尊いことである。だが、立派な言論による貢献もまた、けっして価値のないことではない。平時でも戦時でも人は名を成すことができるのであり、功績を立てた人々のみならず、他人の功績を書き記した人々もまた、しばしば世の称賛を博している。[2]そしてわたしは思うに、たとえ偉業を書き綴る人と偉業を成し遂げた人はけっして同じ栄光を得ることはなくとも、しかし歴史を書き記すことは、とりわけ困難な業である。第一に、叙述は功績にふさわしくなければならないからである。次に、過失を批判すると、たいていの場合、悪意や嫉みを抱いてそのようなことを述べたと思われてしまうためである。さらに、立派な人物の偉大な功勲や栄光を語れば、読者はみな、自分でも容易になしうると思うことについては素直に受けとめるが、それ以上のことになると、まるで作り話だと思い虚偽と見なすからである。

　[3]さて、じつはこのわたしも最初ごく若い頃には、他の多くの人々と同様、志を抱いて国政に身を投じ、そこで多くの挫折を味わった[(1)]。実際、廉恥と自制と高潔さに代わって、無恥と買収と利欲が勢力を振るってい

たのだ。4 たしかにわたしの精神は、まだ悪習に馴染んではいなかったので、こうした悪事を嫌悪したが、しかしわたしはこれほど多くの悪徳の中にいて、青年の弱さゆえに名誉欲に惑わされ、それに捕らわれてしまった。5 そしてわたしは、他の人々の邪悪な習慣に反発を抱いたけれども、やはり栄達を追い求めたため、彼らと同様に悪名を立てられ、怨恨を買って苦しめられた。

四　したがって幾多の不運と危難を経たのち、精神が安らぎを得て、余生を国政から離れて過ごそうと決意したとき、わたしが考えたのは、ぼんやりと怠けて貴重な余暇を浪費することでも、また耕作や狩猟のような奴隷がすべき仕事に専念して月日を送ることでもなかった。2 むしろわたしは、忌まわしい名誉欲のために妨げられた最初のもくろみと志(2)にもどって、ローマ国民の歴史を、後世に伝えるに値すると思われる出来事を個別に取り上げて執筆すること(3)に決心した。自分の精神が期待や不安や政界の党派から解放されていた

---

(1) 当時サルスティウスは党派間の争いに関わり、三十歳代半ばの前五〇年に元老院から追放された。また属州アフリカ・ノウァの総督職のあと、その地での不法徴発のかどで告訴されたのは、彼が四〇歳頃の前四五年であった。解説参照。

(2) 青年時代からすでに歴史記述に対して特別な関心を持っていたということではなく、若年時に国政一般に対して抱いた公人としての初心と情熱にもどるという意味であろう。「最初のもくろみと志（incepto studioque）」という語句は、第三章の「最初……志を抱いて（initio ..... studio）」（三）に呼応している。解説参照。

(3) 本書とともに『ユグルタ戦記』も、伝統的な編年史ではなく、特定の事件ないしテーマを扱ったモノグラフ形式の史書である。

ので、決意はいっそう固かった。
[3]そこでわたしは、カティリナの陰謀について、できるだけ真実に即し、しかも簡潔に語ろうと思う。[4]この事件は、前代未聞の犯罪性と危険性のゆえに、とりわけ記憶に値すると考えるからである。[5]だが物語に取りかかる前に、この人物の性格について少し説明する必要があろう。

五　ルキウス・カティリナは、高貴な一門の生まれ①で、精神も肉体も強靭であったが、心根は邪悪で歪んでいた。[2]この人物は、若い頃から内戦や殺人②や強奪や市民間の不和を好み、青年時代をそうしたことに励んで過ごした。[3]彼の肉体は、誰にも信じられないほど飢えや寒さや不眠に耐えることができた。[4]精神は大胆不敵で悪賢く、無節操で、何でも偽って作り上げ、どんなことでも包み隠すことができた。他人の物を欲しがりながら、自分の物をむやみに人に与え、さまざまな欲望に燃え立っていた。彼はかなり雄弁であったが、しかし知恵には欠けていた。[5]その飽くことを知らぬ精神は、つねに常軌を逸したことや信じがたいこと、そして到達不可能なことばかりを求めていたのである。
[6]ルキウス・スラの独裁政治③ののち、カティリナは、国家権力を奪い取ろうという抑えがたい欲望に取りつかれていた。彼にとっては、専制的支配さえ自分のものになるのなら、それをどんな手段で獲得すべきであるかはまったく重要ではなかった。[7]その狂暴な精神は、私財の不足と罪の意識によって日ごとますます激しく苦しめられたが、これらの傷をいっそう悪化させていたのは、先述の彼の悪弊であった。[8]そのうえカティリナは、国民全体の道徳的腐敗によっても煽られていた。すなわち、贅沢と貪欲という性質相反する最大の悪が、国民の良風を損なっていたのである。

9 さて、国民の道徳について思い起こす機会が来たので、ここで本書の主題に促されて、事態を過去にさかのぼり、内政と軍事における祖先の行動原理について簡潔に述べておきたいと思う。すなわち、祖先たちはいかにして国家を運営したのか。また彼らは、その国家をどれほど偉大なものにして残してくれたのか。ところが、なぜ国家はしだいに変化して、最も高貴〈で最も立派〉であったのに、今では最悪の状態になり、最も不面目なものになってしまったのか。

六 わたしの理解するところでは、ローマの都を建設して、最初の住民になったのは、アエネアスに率いられて祖国を逃れ、居住地定まらぬまま放浪していたトロイア人と、彼らに加わったアボリギネス人という、

（1）正式名ルキウス・セルギウス・カティリナの出身氏族セルギウス氏は、ローマ民族の母体を築いたトロイアの英雄アエネアスの仲間セルゲストゥスを祖先とし、ゆえにカエサルらが属するユリウス氏などと並ぶ古来の名門の貴族（パトリキイー）である。しかしこの氏族は、前四世紀後半以降は執政官級の人物を輩出させておらず、前一世紀前半当時にはいわゆる没落貴族の一門となっていた。

（2）前一世紀前半の内戦でスラ派に与したカティリナは、前八二年のスラ勝利後の政敵追放において多数の市民の処刑に加わったとされる。

（3）門閥派の領袖ルキウス・コルネリウス・スラ（前一三八頃―七八年）は、マリウス率いる民衆派との内戦に勝利したのち独裁官に就任し、前七九年に政界を引退するまでローマを専制的に支配した。

法も政体もなく、自由で束縛のない粗野な人種であった。(1) [2]この二つの民族は、血統も言語も生活習慣も異なっていたが、一つの城壁の中に集合したのち、信じられないほど容易に融合した。このように、互いに異質で一所不住の人間の群れが、協調によって短期間のうちに国家を形成したのである。

[3]しかし市民や規律や領土が増大して、彼らの国家がかなりの繁栄と勢力に達したように見え始めたとき、人間界のつねとして、裕福のゆえに羨望の念が生まれた。[4]こうして隣接する王や民族(2)が戦争を仕掛け、友好的部族の中でも彼らを支援するのは少数だった。他の人々は、恐怖に襲われて危険から離れていたからである。[5]だがローマ人は、国内でも戦場でも全力を集中し、素早く行動して事態に対処し、互いに励まし合って敵に立ち向かい、武力によって自由と祖国と親を守った。その後彼らは、武勇によって危険を排除すると、同盟者や友好的な人々に援助の手を差し延べた。そして恩恵を受けるよりは、むしろそれを与えることによって友好関係を築いていった。

[6]このローマ人の政体は、王政と名づけられても、法にもとづくものであった。(3) つまり、高齢のために体は弱っていても、知恵のゆえに強壮な精神を持つ(4)選ばれた人々が、国政に参与したのである。(5) この人々は、年齢のゆえか、あるいは務めが似ているためか、「父親たち（パトレース）」と呼ばれていた。(6) [7]しかし最初は自由を守り(7)、国家の拡充を目的としていた王政も、やがて尊大な専制政治に変質してしまうと、人々は制度を改革して一年ごとの統治権を定め、それを毎年二人の最高指揮官に委ねた。(8) この方法によって彼らは、人間の精神が権力を乱用しておごり高ぶるのを防ぐことができると考えたのである。

七　さてこの時代になると、人々はみな自己の優越性をますます強く主張し、才能をいっそう誇示し始め

た。なぜなら[2]、王たちは劣った人間よりもすぐれた人物を警戒し、他人の卓越した能力にはつねに脅威を感

(1)のちに歴史家リウィウスやハリカルナッソスのディオニュシオスが記したように、陥落した小アジアの都を逃れ、長い地中海放浪の末イタリアに到着した英雄アエネアスらトロイア人は、イタリア土着の民アボリギネス人と融合・合体してラティニ人という種族を形成し、ローマの前身都市となるラウィニウムを建設したと伝えられる。セルウィウスのウェルギリウス『アエネイス』第一歌六行への註釈によると、サルスティウスはこの伝承を前三―二世紀の大カトの史書『起源』から受け継いだと推測される。

(2)エトルリア人の王ら、ウォルスキ人、アエクイ人などのこと。

(3)のちに帝政初期のリウィウスは、初代王ロムルスが「民衆を集めて会議を開き、法体系を整備した」と述べてはいるが（『ローマ建国以来の歴史』一・八・一）、共和政時代には一般的に王政は専制的として忌避された。それゆえ、ここで王政全般が「法にもとづくもの」と言及されるのは意外であり、著者の何らかの意図が感じられる。

(4)「かなり雄弁であったが、しかし知恵には欠けていた」（第五章四）と述べられたカティリナと対照的である。

(5)初期の元老院を指す。王政期においては、有力氏族の長からなる王の諮問機関。

(6)サルスティウスの説明はやや不正確である。おそらく、王が自己の諮問機関の構成員として選んだのが氏族の長すなわち「父＝パテル」たちであったため、その集合体が「父親たち＝パトレース」と呼ばれたのであろう。ちなみに、そうした選ばれた人々の階層はのちに「パトリキイー（貴族）」と総称された。

(7)他部族・他国との関係におけるローマ民族の自由で独立した地位の保全を指す。

(8)ローマ市民は前五〇九年に、傲慢な専制君主であった第七代王タルクイニウス・スペルブスを国外へ追放して王政を終わらせ、新たに共和政を開始した。そして国家の最高統治権（インペリウム）を、一年任期の二名のプラエトルに託した。その「最高指揮官」がコーンスル（執政官）と改称されたのは、それから六〇年後の前四四九年であったとされる。

じていたからである。[3]しかし国家は、自由(1)を獲得すると、信じられないほど急速に成長した。人々の心をとらえた栄光への渇望は、それほど大きかったのである。[4]第一に、若者たちが、戦争に耐えうるようになるやいなや、陣営で厳しい訓練を受けて軍務を習得し、娼婦や宴会よりも見事な武器や軍馬に喜びを覚えるようになった。[5]それゆえ、こうした男たちにとって、異常につらい労役も、厳しく険しい土地もなく、また武装した敵も恐ろしくなかった。勇敢な精神がすべてを克服したのである。[6]いやむしろ、栄光を目指す壮烈きわまる闘いが、彼ら自身の間で行なわれた。若者たちはめいめい先を競って敵を討ち倒し、城壁をよじ登り、そうした壮挙を成し遂げている自己の姿を人々に見せようとした。このような行為こそが財産であり、立派な誉れであり、きわめて高貴なことであると彼らは考えていたのである。彼らは称賛を得るのに熱心だったが、金銭については気前がよかった。大きな栄光を求めながらも、富は潔く得られるものだけを望んだのである。[7]わたしは、かつてローマ国民がわずかな軍隊で敵の巨大な軍勢を敗走させた数々の戦場や、自然の要塞で守られていたにもかかわらず、彼らが攻め落とした諸都市を列挙することができるが、それを語ると、われわれはますます本題から離れてしまうだろう。

八　しかし万事において支配力を振るうのは、明らかに運命である。運命こそが、すべての物事を、真価によらず気まぐれにまかせて世の人々に知らしめもし、また忘れさせもする。(2)[2]わたしは思うに、なるほどアテナイ人の業績はまことに偉大で華々しかったが、それでもその業績は、世評に伝えられるよりもかなり価値の低いものだ。[3]ところが彼らの都市では、偉大な才能の作家たち(3)が現われたため、アテナイ人の功績は並びなきものとして全世界に知れ渡っている。[4]このように偉業を成し遂げた人々の功勲は、輝かしい才能の持ち主が言葉で誉め称えた程度に応じて高く評価されるのである。[5] 他方ローマ国民は、いまだかつてそうした手段に恵まれなかった。(4) というのも、最も見識のある人々はみな、最も公務に多忙だったからである。肉体を用いずに精神だけを働かせる人はいなかった。一流の人物は誰でも、言論よりは行動を選び、自分が他人の善行を語るよりも、自己のすぐれた行ないが他人によって称えられるほうを好んだ。

九　こうして、国内でも戦場でも良好な道徳が培われた。協調は極みに達し、貪欲が生じる余地はほとんどなかった。そしてローマ国民の間には、正義と善が、法律ではなく人間本来の性質にもとづいて行き渡った。[2] 諍(いさか)いや反目や敵愾心は敵国に対して向けられ、市民同士は功勲のために競い合った。彼らは神々への捧げ物では惜しみなく与え、家庭では質素であり、友人には忠実であった。[3] 戦争では勇猛を、平和が来れば公正を——この二つの方針を実践しながら、ローマ人はみずからを導き、国家を運営したのである。[4] このこ

(1) 専制的な王政が終焉したあとに実現した、共和政下での国内的な市民の自由を指す。

(2) 栄光は、それを目指した人間の価値以外の作用に依存して成立するのであり、当事者自身の功勲あるいは卓越した精神(すなわちウィルトゥース)を超えたそうした外的条件こそが、ここで「運命(フォルトゥーナ)」と呼ばれている。そしてサルスティウスは、そのような事情のゆえに、ローマにおける歴史記述の重要性と必要性を説く。

(3) ヘロドトス、トゥキュディデス、クセノポンなどの歴史家たち。

(4) いずれも断片のみ残る前三—二世紀のナエウィウスの叙事詩『ポエニ戦争』、大カトの『起源』、エンニウスの叙事詩『年代記』を除けば、サルスティウスの史書以前にローマ人を対象としたラテン語の卓越した歴史書は書かれていない。ゆえに彼と同時代のキケロは、「われわれの文学には歴史が欠けている」(『法律について』一・五)と述べている。

とについては、わたしはじつに明白な証拠を示すことができる。すなわち、戦争でいっそう頻繁に処罰され
たのは、平然と軍旗を捨て去ったり、敵に押されて持ち場を離れたりした者よりは、命令を無視して敵を攻
撃した者(1)や、退却の合図が出たのになかなか戦場から去らなかった者だということ。5 次に、平和なときロー
マ人は、威嚇的な態度を取らず、恩恵を施しながら支配権を行使し、被害をこうむった場合には、報復する
よりは許すほうを選んだということである。

一〇　こうした労苦と正義のゆえに、国家は発展した。有力な王たちは戦争で制圧され(2)、野蛮な民族や強
力な国民も武力で征服された。またローマの権勢と対抗したカルタゴも絶滅して(3)、全世界の海と陸地に障害
はなくなった。しかし、そのとき運命は荒れ狂い、すべてを転覆し始めた(4)。2 つまり、労苦や危険、そして油
断できない困難な事態をたやすく耐え忍んできた人々にとって、閑暇と富は、別の状況でなら望ましいはず
のものだが、重荷となり、不幸のもととなった。3 こうして、第一に金銭に対する欲望が、そして第二に権力
への渇望が生じた(5)。この二つは、いわばあらゆる悪の根源であった。4 実際、貪欲は、誠実な心や実直の精神
を初め、他のさまざまな美風を損なった。貪欲が人々に教えたのは、こうした美風の代わりに、傲慢な態度
や残忍な振る舞い、神々を蔑ろにすること、そしてすべてを売り物にすることであった(6)。5 一方野心は、否応
なしに多くの人間を嘘つきにした。人々は野心に駆られて、本心を胸中に隠し、舌では別のことを公然と
語った。また友情も敵対関係も相手の真価によらず、自分の利益にもとづいて評価し、善良な心よりも、む
しろ善良な顔つきを保とうとした。6 このような悪徳も、初めは少しずつ広まり、ときには罰を受けることも
あった。だが、汚染があたかも疫病のように蔓延した結果、国の様相は一変し、正義と徳で並びなき政体も、

冷酷で耐えがたいものになってしまった。

一一　しかし最初は、貪欲よりも野心がいっそう人々の心を掻き乱した。野心はたしかに悪徳だが、美徳にかなり似ていたからだ。実際、[2]立派な人も無能な者も、同じように栄光と名誉と権勢を欲しがるものである。ただし前者は、真の道を歩んで努力するが、後者はすぐれた技量に欠けるため、策略や欺瞞によって目的に達そうとする。他方貪欲は、[3]賢人ならばむやみに欲しがらない金銭にしか執着を持たない。貪欲には、いわば有害な毒が染み込んでいて、雄々しい肉体も精神も女性化してしまう。それにどこまでも際限がなく、満足させるすべもない。貪欲は、富に満たされていても貧乏でも治らないのだ。

---

(1)第五二章三〇において、前四世紀の執政官マンリウス・トルクワトゥスがガリア人との戦争で命令に反して敵と戦った自分の息子を処刑したと語られる。ほかにも、前四三一年の独裁官アウルス・ポストゥミウス・トゥベルトゥスの息子が指令に逆らって戦い、父の命令で処刑された例がある。

(2)前二世紀にローマに敗れたヘレニズム諸国の支配者たち、すなわちマケドニア王ピリッポス五世やペルセウス、シリア王アンティオコス三世などを指す。

(3)フェニキア人の植民市カルタゴは、前六世紀から西地中海を支配したが、ローマとの三次にわたる戦い（ポエニ戦争）の末、前一四六年、小スキピオを将軍とするローマ軍に敗れて滅亡した。

(4)カルタゴ滅亡を転機とする歴史的変化については、解説参照。

(5)金銭欲と権力欲は第一一章の「貪欲」と「野心」に対応するが、そこでは野心のほうが貪欲よりも先に蔓延したと述べられる。したがってここでは、金銭欲と権力欲の時間的関係ではなく、二つの悪の重要度を問題にしているものと思われる。

(6)『ユグルタ戦記』第八章一では、ローマの軍人たちが「ローマでは金で買えないものはない」と言って青年ユグルタをそそのかしたと語られる。

[4]ところで、ルキウス・スラが武力で政権を獲得し、最初は良好だった支配を険悪な結果に終わらせたとき、あらゆる者が強盗と略奪に走った(1)。ある者は家を、ある者は土地を欲しがり、勝利者たちは限度も節度もわきまえず、市民に対して卑劣で残虐な犯罪行為を働いた。[5]そのうえスラは以前、アジアで指揮した軍隊に対して、自己への忠誠心を固めるために、父祖の慣習に反する奢侈に溺れた生活と放縦きわまりない行動を許していた(2)。余暇の間に兵士たちは、快楽と享楽の土地に親しみ、猛々しい戦闘意欲をたちまちのうちに衰弱させていたのだ。[6]ローマ国民の軍隊が、女や酒に耽り、彫像や絵画や浮き彫りの壺などに感心することを覚えたのは、それが初めてだった(3)。そして彼らは、そうした品物を個人の家や公共の場所から盗み出し、神殿を荒らし、神聖な物であれ世俗の物であれ、見境なく冒瀆することにも馴染んだ。[7]それゆえこの兵士らは、勝利を得たあと敗者に何も残さなかった。たしかに賢人でさえ、順境にあっては気力が衰えるものだ。[8]ましてや道徳心の腐敗したあの男たちが、勝利の中で自制心を働かせるはずがあるだろうか。

一二　富が名誉と見なされ始め、栄光や権力や勢力もそれで得られるようになると、美徳は輝きを失い、貧困は不名誉と見なされ、無欲には悪意(4)があると思われ始めた。[2]こうして富が原因となって、奢侈と貪欲と傲慢が若者たちの心を冒した。彼らは強奪しては浪費し、自分の所有物を見下して他人の物を欲しがり、面目も慎みも、神の法も人間の法もおしなべて塵あくたのように軽蔑し、何ら節度をわきまえなかった。

[3]まるで都市のように大規模に建てられた邸宅や別荘を見たことがあるなら、まことに信仰心の篤かったわれらの祖先たちが建造した神々の社を訪れるのは価値のあることだ。[4]実際祖先たちは、神々の神殿を敬神の心で飾り、自分の家には栄光という装飾を施したが、敗者からは人を害する能力以外には何も奪い取らな

かった。ところがそれに反して、近頃の卑劣きわまりない人間どもは、最悪の罪をも恐れず、同盟の人々から、勇猛果敢なかつての英雄たちが勝利のときに残していった物品をすべて持ち去ってしまった。あたかも不正をなすことこそが、支配権を行使する唯一のやり方であるかのようだ。

一三　これ以上語る必要もないが、みずから目撃した人以外の誰にも信じられないことが起こっている。多くの私人が、山を平らにして海を埋め立てたのである。(5) 2 この人々にとって、富は遊び道具にすぎなかった

---

(1) カルタゴ滅亡後の歴史的転機はスラの独裁政治であり、それがカティリナの事件につながったという作者の見方はすでに第五章で示された。スラは、ポントス王ミトリダテス六世との戦争で自己が不在の間に民衆派が掌握したローマの政権を元老院に回復させると主張し、前八三年にイタリアに帰還して、内戦の末に翌八二年政権を獲得した。しかしその後、独裁官スラは強権を発動し、苛烈な政敵追放を実行した。すなわち、反対派の人々を公敵=追放・財産没収対象者として記載した名簿を公示し（プロースクリープティオー）、その結果無実の者も含む多数の市民の生命と富が、自派の兵士らや徒党によって不当に奪われるというおぞましい事態を招いたのである。

(2) スラの軍隊が出動した第一次ミトリダテス戦争中のこと。

(3) 東方で覚えた奢侈によるローマ軍の退廃の事例は、じつはスラの軍隊以前にも確認できる（前一八七年のマンリウス・ウルソの軍や前一六八年の第三次マケドニア戦争終結後のローマ軍など）。史実に反してサルスティウスがスラ軍の場合を最先例として強調したのは、同じく「前代未聞」（第四章四）とされるカティリナ事件との関連の強さを印象づけるためであろう。

(4) 富者に対する嫉妬や恨みなど。

(5) 現代では「開発」の名で普遍化している自然環境の大規模な改造の先駆はペルシア王クセルクセスであり、この王を真似た山や海に対する奇抜な造成が、当時ルキウス・リキニウス・ルクルスや大ポンペイウスといったローマの有力者によってなされていた。

のだとわたしは思う。実際、人に誉められるような使い道があったのに、彼らは性急にも破廉恥なことに富を無駄遣いしたのだ。[3]それだけでなく、婦女を辱める行為や過度の飲食に対する欲望、その他もろもろの遊蕩の類いへの渇望が劣らぬ勢いで広まっていた。男が女のように身を売り、女は貞節を公然と売り渡し、人々は美食を味わうために、陸も海もくまなく探し回った。また眠くなる前に眠り、空腹や喉の渇きや寒さや疲労を感じるのを待たず、不自然な方法(1)でそうしたすべての現象を促した。[4]そして若者たちは、家の財産を使い果たすと、このような風俗に引きずられて犯罪行為に走った。[5]悪習の染み込んだ彼らの精神が欲望を断つことは容易ではなかったのだ。だから彼らはいっそうとめどなく、あらゆる手段を用いて財の獲得と浪費に没頭した。

一四　このように腐敗し尽くした巨大な国家において、カティリナは、いとも容易にあらゆる無頼の徒や犯罪者を身辺に集め、そうした者どもの群れをまるで護衛のようにつき従えていた。[2]実際その連中というのは(2)、賭博や美食や漁色に溺れて父祖の財産を蕩尽してしまった者、あるいは不名誉な行為や犯罪を償うために膨大な借金を抱え込んだ者、[3]さらに各地から来た、殺人や宗教的冒瀆を犯したため、すでに有罪の判決を受けたか、あるいは罪の宣告に怯えている者、またそれに加えて、暴力や口舌を道具にして、偽証や市民の血で身を養っていた者らすべてであった。要するに、破廉恥な行為や貧困や良心の呵責に苛まれていたすべての人間——そういう者らがカティリナの最も親密な仲間になっていた。[4]そして、たとえ罪の汚れのない人でも、この男との交友関係に陥ると、毎日交際を重ねるうちに誘惑され、たちまち他の連中と同じか似た者になってしまった。

[5]しかし、とりわけカティリナが親しくなろうとしたのは青年たちであった。青年の精神はまだ柔軟で不安定なので、悪知恵で難なく罠にはめることができたのである。[6]実際カティリナは、若者の心に燃える情熱が年齢に応じてめいめい異なることを見分けて、ある者には商売女をあてがい、ある者には猟犬や乗馬を買い与えた。つまり彼は、青年たちが自分に従順で忠実になるならば、おのれの金や体面を失っても惜しくはなかった。[7]聞くところでは、カティリナの家に出入りした若者たちが、肉体的純潔まで疎かにしたとある人々は考えたそうだが(3)、しかしそうした噂が流布したのは、誰かがその事実を確かめたからではなく、別の理由に由来するのである(4)。

一五　さて、そもそもカティリナは、若い頃に貴族の娘やウェスタの巫女(5)との不埒な恋愛沙汰や、ほかにも不法で非道なこの種の事件をいくつも起こしていた。[2]最後に彼が熱愛するようになったのは、アウレリ

---

(1) 食欲増進薬や吐剤、温水浴や冷水浴などによる。

(2) 写本では「放蕩者、姦夫、大食漢」などの語句がこのあとに続くが、底本に従って省略する。

(3) カティリナと青年たちの性的関係については、キケロが『カティリナ弾劾』（二・八、二・二三―二四）で強調しており、それを念頭に置いているのかもしれない。

(4) キケロの言及（前註参照）は確かな事実ではなく、弾劾の効果を強めるための言い触らしにすぎないということか。

(5) 竈（かまど）の女神ウェスタに仕える女神官。六人の処女たちで、国の存続を象徴する聖火を守り、純潔を汚したときには生き埋めの罰を受けた。カティリナが密通した巫女は、キケロの妻テレンティアの姉妹ファビアであったが、彼女は前七三年の裁判で無罪となり放免されたと伝えられる。

ア・オレスティラ[1]だったが、この女性は美人だということ以外、まともな人なら誰も誉めるところのない人物であった。ところが彼女が、すでに大きく成長していた先妻の息子を恐れて彼との結婚をためらったので、カティリナは、確かな事実として信じられているところによると、息子を殺害して、罪深い結婚のために家から邪魔者を取り除いたのである。[2] [3]わたしはこの事件こそ、彼が例の犯行を急いだ重要な動機であったと思っている。[4]というのも、罪に汚れた彼の心は、神々とも人間とも反目し、寝ても覚めても休まらなかったからである。自責の念が、激しく彼の心を掻き乱して苦しめた。[5]こうして彼の顔色は血の気を失い、目つきは険悪になり、歩調もあるときはあわただしく、またあるときはのろのろしていた。要するに、面相と表情に錯乱が表われていたのである。

一六　ところでカティリナは、先に述べたように若者らを誘惑していたが、その青年たちにさまざまな方法で悪質な行為を教え込んだ。[2]そして彼らの中から、偽証や文書偽造[3]のための人材を調達した。彼は若者らには、信用も運も危険[4]もいっさい顧みないように申しつけた。こうして彼らの評判と面目を台なしにしたあと、カティリナは前よりもっと大きな仕事を命じた。[3]差しあたって悪事を犯す十分な理由がない場合でも、彼はひるまず、無実の人々をまるで罪人同然に罠に陥れて殺害した。明らかに、何もさせないでいると部下の腕前や闘志が鈍るので、それを防ぐために、彼は訳もなく好んで凶悪で残忍な態度を取ったのである。

[4]このような友人や仲間を頼りにして、カティリナは国家転覆の計画を思いついた。その動機は、地上のいたるところで人々が多大の借金を負っていたこと[5]と同時に、スラの退役兵の大半が、財産をむやみに使い尽くしたのち、昔日の略奪と勝利の味を思い出して内戦を切望していたこと[6]であった。[5]イタリアには軍隊はお

らず、[7]グナエウス・ポンペイウス[8]ははるか遠方の地で戦争をしていた。カティリナ自身、執政官の候補者として大きな希望を抱いていたし、[9]元老院は何らの警戒もしていなかった。事態はまったく無事平穏であった。だが、このときこそカティリナにとっては絶好の機会であった。

一七　こうして、ルキウス・カエサルとガイウス・フィグルスが執政官の年[10]の六月一日頃、カティリナはまず部下を一人ずつ呼び寄せ、ある者には激励の言葉を与え、ある者には意向を打診した。そしてみずから

---

(1)前七一年の執政官グナエウス・アウフィディウス・オレステスの娘と推定される。

(2)キケロは『カティリナ弾劾』(一・一四)で、カティリナが再婚のために先妻を殺害したあと、「別の信じられない悪事を重ね」たと述べ、彼の息子殺しを示唆した。ただしキケロは、「この件については語るつもりはない」として詳述を避けている。他方サルスティウスは、カティリナのその後の犯罪の内的原因としてこの肉親殺しを重視する。

(3)とくに遺言書の偽造。

(4)裁判に訴えられる危険のこと。

(5)キケロは『カティリナ弾劾』(二・一八―一九、二一)でカティリナに従っている人々として、借金に苦しむ上層・下層の市民たちを挙げている。

(6)スラはミトリダテス戦争のあと、イタリア北中部のエトルリア地方などの多くの農地を没収して植民市を設け、多数の退役軍人を入植させた。しかし彼らは現役時代にスラの下で奢侈な生活に馴染んでいたため(第一一章参照)、大部分が貧窮してカティリナ一派に加わっていた(キケロ『カティリナ弾劾』二・二〇参照)。

(7)当時のイタリアには、北部のガリアとの国境地域以外に常駐のローマ軍はなかった。

(8)大ポンペイウス。当時第三次ミトリダテス戦争の最高指揮官として東方に遠征していた。

(9)カティリナは、前六四年七月に実施される翌六三年の執政官選挙に立候補することになる。

(10)前六四年。ルキウス・ユリウス・カエサルは有名な独裁官カエサルの遠縁の人物。

の方策を示し、国家が無防備であり、陰謀によって大きな報酬が得られることを教えた。[2]彼は確かめたかったことを十分調べ尽くすと、窮乏はなはだしく無謀きわまりない者らを全員一箇所に召集した。[3]そこに集まったのは、元老院議員身分では、プブリウス・レントゥルス・スラ(1)、プブリウス・アウトロニウス(2)、ルキウス・カッシウス・ロンギヌス(3)、ガイウス・ケテグス(4)、セルウィウス・スラの息子プブリウスとセルウィウス(5)、ルキウス・ウァルグンテイウス(6)、クイントゥス・アンニウス(7)、マルクス・ポルキウス・ラエカ(8)、ルキウス・ベスティア(9)、クイントゥス・クリウス(10)であった。[4]さらに騎士身分の者(11)としては、マルクス・フルウィウス・ノビリオル、ルキウス・スタティリウス、プブリウス・ガビニウス・カピト、ガイウス・コルネリウスであった。加えて、植民市や自治市(12)から大勢の地方貴族も集まった。

[5]その他幾人かの貴族が、もう少し内密にこの陰謀に加担していた。この人々を促していたのは、貧窮などの差し迫った事情ではなく、むしろ政権掌握に対する期待であった。[6]そのうえ若者の大部分、なかでも貴族の青年たちは、カティリナのたくらみに賛同していた。何もせず、豪奢で遊蕩三昧の暮らしができる境遇にありながら、彼らは確かなものよりも不確かなものを、そして平和よりも戦争を好んだのである。[7]また当時一部の人々は、マルクス・リキニウス・クラッスス(13)がこの計画について何も知らなかったはずはないと考えていた。すなわちクラッススは、自己の政敵グナエウス・ポンペイウスが大きな軍隊を指揮していたので(14)、その勢力に対抗しうるならば、いかなる者の力であれ増大するのを望んでいたし、また同時に彼は、もし陰謀が成功したら、自分が謀反人たちの首領に納まるのはたやすいと確信していたというのである。

一八　ところで、この事件以前にも、カティリナを含む少数の者らが国家に対する同様の陰謀を企てたことがあった。[15] それについて、わたしはできるだけ真相に即して述べておこう。[2]

(1)プブリウス・コルネリウス・レントゥルス・スラ。カティリナと並ぶ陰謀の主導者。前七四年の法務官、前七一年の執政官。前七〇年に元老院から追放されたが、陰謀が発覚する前六三年には復権して再び法務官に就任する。

(2)プブリウス・アウトロニウス・パエトゥス。前七五年の財務官。前六六年に不当選挙運動のため元老院議員の地位を失った。

(3)前六六年の法務官。

(4)ガイウス・コルネリウス・ケテグス。凶暴かつ不敵な性格で悪名を馳せていた。

(5)独裁官スラの親族にあたる兄弟。

(6)第二八章ではキケロ暗殺の役を引き受ける人物の一人として言及される。しかしキケロ『カティリナ弾劾』(一・九)では、刺客は二人ともローマ騎士だと述べられている。

(7)キケロ『カティリナ弾劾』(三・一四)によると、陰謀においてアロブロゲス人の煽動に関与する人物。

(8)前六三年十一月六―七日の夜、カティリナはこの人物の邸宅で会合を再召集する(第二七章参照)。

(9)ルキウス・カルプルニウス・ベスティア。陰謀が発覚する前六三年に次期護民官に選出された人。

(10)前七〇年に元老院から追放された人物(第二三章参照)。陰謀に加わったが、しかしキケロに暗殺計画を通報する(第二八章参照)。

(11)元老院議員に次ぐ身分で、当時は一定額以上の財産を所有する市民に与えられた。騎士身分の下は平民身分となる。

(12)元来は独立していたが、のちにローマ国家に編入されたイタリアの諸都市。

(13)前七〇年と前五五年の執政官。大富豪の有力政治家で、前六〇年に大ポンペイウスとカエサルとともに第一回三頭政治を行なう。

(14)二一頁註(8)参照。

(15)「第一回カティリナ陰謀事件」と称されるこの出来事については、さまざまな矛盾した記録が残る。キケロ『カティリナ弾劾』(一・一五)でも簡略な言及に留まっており、この事件でカティリナが具体的にどの程度関与したのか不明である。

ルキウス・トゥルスとマニウス・レピドゥスが執政官の年に(1)、次期執政官に選出されたプブリウス・アウトロニウス(2)とプブリウス・スラ(3)が不当選挙運動取り締まり法によって告訴され、罰を受けた(4)。[3]その後しばらくして、カティリナは不法徴発の罪で告発され、執政官への立候補を妨げられた(5)。彼は法定の期日内に届け出ることができなかったからである(6)。[4]その当時、グナエウス・ピソ(7)というきわめて向こう見ずで、貧しく、党派争いを好む若い貴族がいた。この人物は、貧窮と邪悪な性格に駆られて、国家を騒乱に陥れようともくろんでいた。[5]そこでカティリナとアウトロニウスは、十二月五日頃この男に計画を打ち明け、三人が協力して、一月一日にカピトリウム丘(8)で両執政官ルキウス・コッタとルキウス・トルクワトゥスを殺害する準備に取りかかった。そしてカティリナとアウトロニウスは儀鉞(ぎえつ)(9)を奪取し、ピソを軍隊とともに両ヒスパニア(10)へ送って、その地を掌握させるもくろみであった。[6]だがその陰謀は発覚し、彼らは暗殺計画をあらためて二月五日に延期した。[7]そこで今度は、両執政官のみならず大多数の元老院議員に対しても災厄をもたらそうと彼らはたくらんだ。[8]そしてもしもカティリナが、元老院議事堂の前で共謀者たちに送る合図を急ぎすぎなかったならば、その日、都ローマの建設以来最悪の犯罪が成し遂げられたことであろう。武装した謀反人らがまだ大勢集合していなかったので、彼の合図が早すぎて、計画は失敗したのである(11)。

一九　その後ピソは、クラッススの尽力によって法務官格の財務官として内ヒスパニア(12)に派遣された。この男がグナエウス・ポンペイウスの危険な敵であることを、クラッススは知っていたからである。[2]他方元老院も、何ら抵抗せず彼に属州を委ねた。というのも、この忌まわしい男を国政から遠ざけることを望んだためだが、同時にまた、多くの良識ある人々が、当時すでに脅威となっていたポンペイウスの勢力(13)に対して、

彼を守りの盾のように思っていたからでもあった。[3] ところがそのピソが、属州において行軍中、軍隊で率い

（1）前六六年。

（2）二三頁註（2）参照。

（3）プブリウス・コルネリウス・スラ。第一七章三のプブリウス・スラとは別人。

（4）罰金、執政官職当選の取り消しおよび元老院からの追放。

（5）カティリナは前六七年に属州アフリカの総督となったが、帰国前の前六六年に在任中の不正利得の告発を受け、前六五年に訴追された。前六六年の執政官ルキウス・トゥルスは、翌年の告訴を見据えてカティリナの立候補を妨げたものと思われる。

（6）選挙の公示は民会の二四日前までに行なわれる。カティリナが目指したのは、空席となった次期両執政官職の補充ための再選挙（前六六年秋頃）であったが、ルキウス・トゥルスは前回の選挙で公示された名簿の中に、当時告発されていたカティリナの名がないことを公的根拠にして彼の立候補を阻止したのであろう。

（7）グナエウス・カルプルニウス・ピソ。前六六年に次期財務官に選出された。

（8）ローマの中央広場（フォルム）の北側の丘。最高神ユッピテルの神殿があり、毎年元日に両執政官の就任式が挙行された。

（9）細い棒の束に斧をくくりつけたもの。執政官などの高官の権力の象徴で、これを持つ先導吏（リークトル）を連れた政務官のみがローマ軍を率いることができた。それゆえ儀鉞（ぎえつ）を奪取することは、執政官職と国家軍の指揮権の掌握を意味する。

（10）前二世紀初め以来イベリア半島のローマ属州は、内ヒスパニアと外ヒスパニアに分けられていた。

（11）スエトニウス『ローマ皇帝伝』「カエサル」九には、同様の元老院襲撃によるクーデター計画が語られており、そこでは合図に失敗するのはユリウス・カエサルになっている。その伝承によるとカエサルは、共謀者クラッススが予定通りに現われなかったため、合図を出せなかったとされている。

（12）イベリア半島の東側のローマ属州。スエトニウス『ローマ皇帝伝』「カエサル」九では、ピソがヒスパニアで蜂起し、それに呼応してカエサルがローマで蹶起するという政変の計画変更が語られている。

（13）二一頁註（8）参照。

ていたヒスパニア人の騎兵らによって殺されてしまった。[4]ある人々は、この異邦人らが彼の不当で傲慢かつ冷酷な支配に耐えられなかったのだと言う。[5]だが別の人々によると、その騎兵らはグナエウス・ポンペイウスの長年の忠実な庇護民であって、主人の意向に従ってピソを襲ったのだと言われる。また後者によれば、ヒスパニア人はそれ以外にこれほどの大罪をけっして犯したことはなく、(1)むしろ以前には過酷な支配を幾度も耐え忍んでいたと言う。この点については、われわれは判断を保留しておこう。[6]最初の陰謀に関する報告は、以上で十分であろう。

二〇　さてカティリナは、少し前に述べた者ら(2)が集まったのを見ると、すでに各人とは幾度も多くのことを話し合ったとはいえ、しかし全員に呼びかけて激励するのも有益であろうと考えた。それで家の奥まった部屋に場所を移し、そこですべての目撃者を遠ざけたあと、次のような演説を行なった。

[2]「もしもわたしが諸君の勇気と忠節を確かめていなかったなら、好機が訪れたとしても、何の役にも立つまい。大きな希望も、目前に迫った支配権も、むなしく消え失せたであろう。また、もしもわたしが腰抜けや意志薄弱な者を頼りにしているのなら、確かなものを捨てて不確かなものを選ぶことなどあるまい。[3]しかし諸君が勇敢で、わたしに忠実だということは、すでに何度も重大な危機に直面して承知している。だからこそわたしは、この最も偉大で最も高貴な仕事にあえて着手する気持ちになったのだ。それに、善と悪について、諸君がわたしと同じ考えを持つこともわかっているからだ。[4]実際、同じものを望み、同じものを嫌うことこそが、堅い友情というものである。

[5]さて、わたしが心に巡らせてきた計画については、すでに諸君の全員があらかじめ個別に聞いたとおりで

ある。[6]ところでわたしの闘志は、もしわれわれ自身がみずからの自由を求めないなら、将来どのような状態で生きねばならないかを考えると、日ごとますます燃え上がるばかりである。[7]よろしいか、わが国家はすでに少数の有力者どもの権威と支配に屈服してしまった。そしてそれ以来、王や君主ら(3)が貢ぎ物を納め、諸国民や諸民族が租税を支払っているのは、つねに彼らに対してなのである。一方われわれ他のすべての人間は、勤勉で善良であっても、身分の貴賤を問わず人望もなく信用も欠いた烏合の衆にすぎず、この有力者どもに隷従する者となった。もし国政が健全なら、われわれこそが彼らの恐れの的となるべきなのである。[8]こうして、あらゆる信望と権勢は、またすべての公職と富は、彼らが握っているか、あるいは彼らが望む人間たちの掌中にある。そしてわれわれには、訴訟と敗北と罪の宣告と困窮だけを彼らは残したのである。

[9]おお、勇敢このうえなき勇士たちよ、いったいいつまで諸君は、こうした状態に耐えるつもりなのか。(4)他人の横柄な態度に弄ばれたすえ、惨めで不名誉な人生を送り、果ては不面目に死ぬよりは、むしろ雄々しく滅びるほうが好ましくはないだろうか。[10]しかしながら諸君、神々と人間に誓って言うが、勝利はたしかに

(1)しかし前一一二年頃に、ローマ人総督ルキウス・カルプルニウス・ピソ・フルギがヒスパニアで現地人によって殺害されたという事例がある。

(2)第一七章参照。

(3)ローマが征服した東方の小国の支配者たちを指す。

(4)明らかにキケロの『カティリナ弾劾』第一演説の有名な冒頭「いったいどこまで、カティリナよ、われわれの忍耐につけ込むつもりだ」を連想させる表現である。不敵なカティリナに対する「忍耐」の限界を表わすキケロの強い非難をもじり、そのカティリナ本人に同じ文体で（quo usque tandem）公正を欠く国政に対する「忍耐」の限度を語らせており、読者の意表を突く文学的効果が出ている。

われわれの手中にある。われわれは若さの盛りにあり、強い闘志もある。それに対して彼らの場合、高齢と富ですべてが衰えている。今なすべきことはただ一つ、それは最初の一歩を踏み出すことなのだ。その後のことは、成り行きが解決するだろう。

[11]それに実際、諸君、男らしい気概を持つ人間なら、彼らがふんだんな富を持てあまし、海に家を建てたり、山を平らにしたりして(1)富を浪費しているのに、われわれのほうは必需品を得るための私財にさえ事欠くという状態を、誰が我慢できるだろうか。彼らは二つあるいはもっと多くの邸宅をつなぎ合わせたりするが、われわれには家族のための住まいはどこにもない。[12]彼らは絵画や彫像や浮き彫りの器を購入し、新しい家を取り壊しては、別の家を新築している。要するに、あらゆる手段で財産を乱費し食い散らしているが、しかし望み放題に使っても、彼らはまだ自分の富の力を押さえ込むことができないのだ。[13]他方われわれには、家では貧困が、外には借金があるだけで、現状も悲惨だが、将来の見通しはもっと暗澹としている。結局われわれには、惨めに息をすること以外に何が残されているのか。

[14]それゆえ、諸君、どうか目覚めていただきたい。見よ、そこに、そこにこそ諸君が幾度も求めてきたあの自由があるではないか。それのみか、富も名誉も栄光も目の前に置かれている。運命が、それらすべてを勝利者への報酬として差し出しているのだ。[15]諸君を鼓舞しているのは、わたしの演説ではなく、むしろ情勢と好機、そして危機と貧窮と素晴らしい戦利品なのである。[16]諸君はわたしを指揮官として、あるいは兵卒として利用していただきたい。この心も体も、諸君から離れることはあるまい。[17]わたしは執政官として(2)、まさに以上のことを諸君とともに成し遂げたいと望んでいる――もしもわたしがたまたま思い違いをしているので

はなく、また諸君が、支配者になるより奴隷でいることに甘んじるのでもないかぎりは」。

二一　カティリナの聴衆は、どんな不幸もたっぷりと味わっていたが、幸運とは現在も将来も無縁の人々だったので、平和を攪乱することだけでも大きな報いだと思っていた。しかしそれでも、演説を聞き終えた大多数の者は、どのような条件のもとで戦争をするつもりか、どんな報酬を戦いに求めることができるのか、またいかなる資力と見込みがあり、それらをどこに頼るのかを説明してくれと要求した。2 そこでカティリナは、借金の帳消し(3)と裕福な人々の追放公示(4)、政務官職と神官職、強奪その他、戦争と勝利者の放縦がもたらしうるすべての特典を約束した。3 さらに、内ヒスパニアにはピソがいて(5)、マウレタニアではプブリウス・シッティウス・ヌケリヌス(6)が軍隊を率いて駐留しており、二人はいずれもこの計画に参加

(1) 第一三章一および一七頁註（5）参照。

(2) 当時カティリナは執政官職に就く望みを持ち続けており、その職に当選することを計画実現の要件と見なしていた。

(3) 原語はタブラエ・ノウァエ「新しい帳簿」。政権奪取によってすべての負債を帳消しにすることである。

(4) 原語はプロースクリープティオー（proscriptio）で、「政敵追放」とも訳される。特定の人々の名前を公敵として記載した名簿を公示し、彼らの生命と財産についての法的保護を喪失させる措置。前八二―八一年のスラによるプロースクリープティオーでは、一説によると四〇名以上の元老院議員と一六〇〇名の騎士など四七〇〇人のローマ市民が対象となった（一七頁註（1）参照）。その後は前四三―四二年、アントニウス、レピドゥス、オクタウィアヌスによる第二回三頭政治のときに行なわれ、キケロが犠牲者となり殺害された。

(5) 第一九章参照。したがって、この演説はピソの殺害以前に行なわれた。

(6) 騎士身分の人で財政家。当時北アフリカのマウレタニア王国に商用で滞在していた。それゆえ軍隊を連れていたとしても傭兵隊であろう。

している。またガイウス・アントニウス(1)が執政官職に立候補していて、彼が自分の同僚になることを期待している。アントニウスは自分の親友であり、万事に不如意で窮しており、自分が執政官になれば、彼と手を組んで計画の実行に着手できるだろう。[4]カティリナはこう述べたあと、あらゆる良識ある人々を誹謗して罵り、味方については一人ずつ名を挙げて称賛した。それからある者には当人の貧窮を、またある者にはその人の欲望を思い起こさせた。さらに何人かの者には過去の訴訟や屈辱を、また多くの者にはかつて略奪の機会となったスラの勝利を思い出させた。[5]彼はこうして全員の士気が奮い立つのを見ると、自分が立候補する選挙に心を配るよう訴えたのち集会を解散させた。

二二　事件当時の噂によると、カティリナは演説を終えたあと、自己の犯罪の仲間たちに誓いを立てさせ、そのとき葡萄酒に混ぜた人体の血を鉢に入れて回したと言われる。[2]そして彼らがみな、厳粛な儀式で習慣的に行なわれるように、裏切りへの呪いを述べたのちにその液体に唇を触れ、そのあとでカティリナは計画を打ち明けたのだという。それは、めいめいが大きな悪事の自覚を分かち合い、相互の信頼の絆を強めるためであった(2)。[3]だがある人々の意見では、そのような行為は他の多くの事柄と同様に作り話であって、そうした話は、事件後に発生したキケロ(3)に対する憎悪が、処罰された者どもの罪の残虐さによって緩和されると信じた人々によって捏造されたのだという。われわれは、それほど重大視される問題にしては、この件に関する事実を十分確かめてはいない。

二三　さて共謀者たちの中に、クイントゥス・クリウス(4)がいた。卑しからぬ家柄の生まれであったが、破廉恥な悪行の数々に身を持ち崩し、不道徳な行状のため監察官によって元老院から除名されていた。[2]この男の軽佻浮薄な性格は、その向こう見ずな気質に劣らぬほどで、耳にしたことは黙っておれず、自分の悪事さえも隠しておれないのだった。要するに、自己の言葉と行動に何の注意も払わない人間であった。[3]この男は、長い間フルウィア(5)という高貴な身分の女性とふしだらな交際を続けていたが、困窮のため気前よく贈り物ができなくなると、女の覚えもめでたくなくなった。すると男は大法螺を吹くようになり、何でも山ほど海ほどなどと約束し、ときには、おとなしく従わないと剣で刺すと女を脅し始めた。つまり彼は、普段より大胆不敵な態度を取るようになった。[4]しかしフルウィアは、クリウスの尊大な態度の原因を知ると、このような国家の危機を隠してはおけず、情報元は伏せながら、あちこちの筋から耳に入れたと言って、カティリナの陰謀について多くの人々に語った。

[5]執政官職をマルクス・トゥリウス・キケロに委ねるべきだという強い世論が巻き起こったのは、この秘密

---

(1)ガイウス・アントニウス・ヒュブリダ。著名な弁論家マルクス・アントニウスの息子で、第二回三頭政治のマルクス・アントニウスの叔父。前七〇年にレントゥルス・スラらとともに元老院から追放されたが、前六六年に復帰して法務官となる。当時前六四年の次期執政官選挙では当選し（カティリナは落選）、翌年にキケロとともにその官職に就任する。

(2)多くの写本では、文尾の語句は「……ために彼はそうしたとよく言われている（atque eo dictitare fecisse）」であるが、改竄が疑われ底本では削除されている。

(3)マルクス・トゥリウス・キケロ（前一〇六―四三年）。前六三年の執政官としてカティリナの陰謀事件を摘発し、反乱計画の共謀者たち五名を裁判にかけずに処刑した（第五五章参照）。そのため彼は政敵の憎悪の的となり、前五八年にローマから亡命した。

(4)第一七章三および二三頁註（10）参照。

(5)この女性の詳細は不明。

漏洩が最大の原因であった。[6]実際それまで、たいていの貴族は嫉妬で胸を焦がしていて、いかに優秀でも新参者(1)が執政官職を得たなら、まるでその官職が汚れるかのように思っていたのである。しかし危機が迫ってくると、羨望と自尊心は背後に退いた。

二四　こうして民会が開かれた結果、マルクス・トゥリウスとガイウス・アントニウスが執政官に選ばれた。この出来事は、初めは陰謀の共犯者たちの心を打ちのめした。[2]ところが、カティリナの乱心は収まらなかった。それどころか、彼は日ごとに策動を拡大させ、イタリア中の有利な場所に武器を集め、自分や友人の信用で金を借りては、それをファエスラエ(2)のマンリウス(3)なる男のところへ送った。この男は、のちに戦闘行為を最初に行なった人である。[3]その頃カティリナは、あらゆる種類の人々をきわめて多数味方につけたと言われるが、その中には幾人かの女性もいた。彼女らは、最初は淫売によって多大の浪費を賄っていたが、その後年取って稼ぎが減るだけで贅沢な生活はやめられず、莫大な借金を拵えていた。[4]カティリナはこの女たちを用いて、ローマに住む奴隷を煽動し、都に火を放ち、彼女らの夫は味方に引き込むか、または殺してしまうことができると考えていた。

二五　さてその女たちの中に、センプロニア(4)がいた。この女性は、しばしば男のように大胆な悪事の数々をすでに犯していた。[2]この女は家柄でも容姿でも、さらに夫と子供についても運命の恵みを十分に受けていた。彼女はギリシア語とラテン語の文学に精通し、竪琴の演奏や踊りも淑女に必要とされる以上に巧みであり、ほかにも贅沢な暮らしに役立つさまざまな才芸を身につけていた。[3]しかし彼女にとって、つねに品位と貞節ほど価値の低いものはなく、また彼女が金銭と世評のどちらをより疎かにしているのか、容易には見分けられなかった。情欲も激しく、男に求められる以上に頻繁に男を求めた。[4]だが以前からすでにセンプロニアは、たびたび誓約を裏切ったり、負債を否認したり、殺人を幇助したりして、贅沢と貧窮のゆえに破滅に向かって真っ逆さまに転落していたのである。[5]とはいえ彼女の才能は大したもので、詩は作れるし、冗談はうまく、話し言葉もときには控えめに、ときには甘く、ときには奔放に操ることができた。要するに彼女は、才気と魅力をふんだんに具えていた。

二六　こうした準備を整えたのち、(5)それでもカティリナは翌年の執政官職に立候補した。(6)もしその職に指名されれば、アントニウスをたやすく意のままに操れると見込んでいたからである。その間も彼は休まず、キケロに対してあらゆる手段で罠を仕掛けた。[2]だがキケロも、警戒のための術策と手管には抜かりなかった。[3]実際キケロは執政官に就任するやいなや、フルウィアを介して先述のクイントゥス・クリウスと多くの約束をし、カティリナの計画を自分に密告するよう説き伏せていたのである。[4]さらにキケロは、同僚のアントニ

(1)原語はホモー・ノウス「新人」。ローマ国家の高官職に就いた祖先のない家門に属し、実力のみで元老院議員になった者。地方都市アルピヌムの騎士身分出身のキケロは、「新参者」の代表的人物と見なされた。

(2)エトルリア北部の町。現在のフィエゾレ。

(3)ガイウス・マンリウス。スラの軍隊で百人隊長を務めた古参兵。退役後はエトルリアの没収農地に入植していた。

(4)グラックス兄弟なども属した著名なセンプロニウス氏の女性。夫は前七七年の執政官デキムス・ユニウス・ブルトゥスで、息子デキムス・ユニウス・ブルトゥス・アルビヌスはのちにカエサル暗殺者の一人となる。

(5)すなわち、第二四章で述べられた反乱のための策動。

(6)すなわち、前六三年に実施された選挙に。

ウスと属州に関する申し合わせを交わし[1]、国家に敵対する考えを抱かないよう説得していた。そして自己の身辺を、友人や庇護民の護衛によってひそかに固めていた。

5 民会の日がやってきた。しかしカティリナは立候補して求めた地位を得られず、またマルスの野で両執政官に対して仕掛けた罠も不首尾に終わった[2]。そして秘密裏の企てが挫折し、不面目な結果となったので、彼は戦争を起こし、最も過激なあらゆる手段に訴えることに決意した。

二七　こうしてカティリナは、ガイウス・マンリウスをファエスラエとその近隣のエトルリアへ、カメリ
ヌム[3]のセプティミウスなる男をピケヌム地方[4]へ、ガイウス・ユリウス[5]をアプリア[6]へ派遣し、さらに他の者ら
を、自分のために各々が役立つと思われるさまざまな場所へ送った。2 その間彼自身はローマにいて、多くの
企てに同時に着手した。すなわち彼は、両執政官に罠を仕掛け、放火を準備し、武装した男たちを有利な場
所に配置した。カティリナ自身武器を携帯し、他の者らにも武器の所持を命じて、彼らがつねに警戒を怠ら
ず、態勢を整えておくよう激励した。彼は昼も夜も忙しく動き回り、休息を取らなかったが、不眠と過労に
疲れ果てることはなかった。3 しかしいくら奮闘しても何らの結果も得られなかったため、ついに彼はマルク
ス・ポルキウス・ラエカを通して、再び真夜中に陰謀の中心人物たちを召集した[7]。4 その会合でカティリナは、
首謀者たちの無気力を長々と嘆いたのち、戦争遂行のために集めておいた軍勢へとマンリウスを先に派遣し
たこと、そして他のさまざまな要所にも、戦争を開始すべく別の者らをすでに送ったことを伝え、さらに、
キケロが自己の計画を著しく妨げており、奴をまず片付けてしまえば、自分も軍隊のもとへ駆けつけたいと
述べた。

二八　するとほとんどの者らは怖じ気づき逡巡したが、ローマ騎士ガイウス・コルネリウスが一肌脱ごうと申し出ると、元老院議員ルキウス・ウァルグンテイウスもそれに加わった(8)。この二人は、その夜まもなく武装した男らとともに伺候(9)を装ってキケロに近づき、不意を衝いて無防備な彼を邸内で刺殺することに決意した。[2]だがクリウスが、執政官に重大な危険が迫っていることを知ると、至急フルウィアを通じて、計略が仕掛けられているとキケロに通告した。[3]それで暗殺者たちには家の門は開かれず、彼らが企てたその大犯行は失敗した。

---

(1)前六三年の執政官が退任後に管轄する予定の属州は、籤引きによってキケロがマケドニア、アントニウスが内ガリアと決まっていたが、キケロはより多くの利益が得られるマケドニアをアントニウスに譲った。

(2)「両執政官」とはキケロとアントニウスだが、他方キケロ『カティリナ弾劾』(一・一一)では、前六三年の次期執政官選挙のためのケントゥリア民会の日にマルスの野でカティリナが殺害しようとした人物は、執政官キケロと「彼自身の競争相手」、すなわち当選したデキムス・ユニウス・シラヌスとルキウス・リキニウス・ムレナおよび落選したセルウィウス・スルピキウスだったとされる。

(3)ウンブリア地方東部の町。

(4)イタリア中部、ウンブリアと接しアドリア海に面する地方。

(5)不詳の人物。

(6)イタリア半島南東部の地方。

(7)ラエカについては、第一七章三および二三頁註(8)参照。キケロ『カティリナ弾劾』(一・八)によると、会合はラエカ宅で前六三年十一月六―七日の深夜に行なわれた。

(8)この二人については、第一七章三―四および二三頁註(6)参照。

(9)庇護民や友人が保護者や有力者に習慣的に行なう早朝の挨拶(サルータ―ティオー)のこと。ここでは十一月七日の明け方の訪問を指す。

[4] その間エトルリアでは、マンリウスが民衆を煽動していた。その人々はスラの専制的支配のもとで土地とすべての財産を失っていたので（1）、貧困のためと被害に対する恨みゆえに政変を渇望していた。マンリウスはまた、その地域に大勢はびこっていたさまざまな種類の盗賊や、スラの植民者たちの（2）一部にも働きかけた。その植民者らは、放蕩と浪費のために莫大な略奪物の最後のかけらも使い果たしていたのだ。

二九　キケロはこうした事態を知らされると、二重の災危に激しく動揺した。なぜなら、もうこれ以上自分一人の思慮だけで策略から都を守ることができないのみか、マンリウスの軍隊がどれほどの規模で、何を意図しているのかも十分に把握していなかったからである。そこで彼は、巷の噂で以前から物議を醸していたこの案件を元老院の審議に付託した。[2] こうして元老院は、重大な事態においてしばしば習慣的に採られる措置だが、「両執政官は、国家がいかなる損害もこうむらぬよう計らうべし」との決議（3）を下した。[3] ローマの慣例にもとづいて元老院から政務官に授けられるこの権限は最大のものであり、それによって軍隊を召集し、戦争を遂行し、あらゆる手段で同盟者や市民を拘束し、国内と戦地で最高の命令権と裁判権を行使することができる。それ以外の場合、執政官には国民の命令なしにこうしたことのどの一つも行なう権利はないのだ（4）。

三〇　数日後、元老院議員ルキウス・サエニウス（5）が、ファエスラエから自分宛に届いたと言って一通の手紙を元老院で読み上げた。手紙には、ガイウス・マンリウスが十月二十七日に大軍勢を率いて軍事行動を開始したと書かれていた（6）。[2] それと同時に、こうした事態にはつねに起こることだが、ある人々は予兆や異変現象が発生したと伝え、またある人々は集会が行なわれたとか、武器が輸送されたとか、あるいはカプア（7）やアプリアで奴隷が蜂起したなどと通報した。

3 そこで元老院の決議によって、クイントゥス・マルキウス・レクス(8)がファエスラエへ、またクイントゥ
ス・メテルス・クレティクス(9)がアプリアとその周辺地域へ派遣された。4 この二人は城門前に待機中の将軍で、
名誉も不名誉も何でも売り物にするのを習いとする少数の輩の策謀のせいで、凱旋式の挙行を妨げられてい
たのである。(10) 5 他方法務官のうち、クイントゥス・ポンペイウス・ルフス(11)がカプアへ、クイントゥス・メテル

---

(1) スラによる農地没収については、第一六章四および二一頁註（6）参照。

(2) 前註参照。マンリウス自身もその植民集団に属する。

(3) 元老院最終決議（senatus consultum ultimum）と呼ばれる国家の非常事態宣言。この決議は前六三年十月二十一日に下された。よって本章の出来事は、第二七―二八章で語られた陰謀者たちの夜の会合とキケロ暗殺未遂（十一月六―七日）よりも半月ほど以前にさかのぼる。

(4) そもそも軍隊の召集や同盟者に対する規制などに関しては、執政官は民会の承認なくそれらを実行できた。したがってここの説明は不正確だが、元老院最終決議によって特別に付与される権限を総括的に述べたものと解される。

(5) 不詳の人物。

(6) キケロも前六三年十月二十一日の元老院議会で、マンリウスが十月二十七日に武装蜂起するだろうと報告しているが（『カティリナ弾劾』一・七）、サエニウス宛の手紙については言及していない。

(7) イタリア南部の都市。剣闘士養成所があり、前七三年には、そこを脱走したスパルタクスが多数の奴隷とともに大規模な反乱を起こした。

(8) 前六八年の執政官、前八七年の執政官格キリキア総督。

(9) 前六九年の執政官。前六八―六五年に執政官格総督としてクレタ周辺の海賊を討伐し、その島を属州化した。

(10) 戦勝し、ローマ市内で凱旋式を挙行したい軍事指揮官は、その許可が下りるまで城壁の外――厳密には母市境界線（ポーメーリウム）の外側――で待たねばならない。当時この二人は、ポンペイウス一派に許可を妨害されて市外に待機中だった。

(11) 前六三年の法務官職のあと、属州アフリカの総督となる。

ス・ケレル(1)がピケヌム地方へ送られたが、この二人には状況と危険に見合う軍隊を編成することが許可された。[6]さらに、国家を敵としてなされたこの陰謀に関して通報した者には、奴隷なら自由身分と一〇万セーステルティウス(2)を、自由人なら共犯罪の赦免と二〇万セーステルティウスを報酬として与えること、[7]剣闘士団をカプアや他の自治市へ各都市の資力に応じて分散させること、そしてローマでは全市中に夜警の詰め所を設け、それらを下級政務官たちに統轄させることが決定された。

三一　こうした事態のために、市民たちは激しく動揺し、都の様相は一変した。長い間の平穏が生み出した歓楽と放逸の極みに代わって、突如として暗鬱が都中に広がったのである。[2]人々は慌てふためき、どんな場所も、どんな人間も十分信用しなかった。それは戦争でも平和でもなく、ただ各々が自分の不安を基準にして危険を推し測っているだけだった。[3]そのうえ女たちは、国家が偉大だったためこれまで経験したことのない戦争の恐怖に襲われた。彼女らは胸を叩いて悲しみ、天に向かって嘆願の手を差し延べ、小さな子供らの身の上を嘆き、何でもしきりに尋ね、〈どんな噂にも〉怯え、〈何にでもしがみつき、〉誇りも楽しみも失ってわが身と祖国はもう破滅だと思い込んだ。

[4]他方カティリナは、国の防御が固められ、また自分はプラウティウス法(3)にもとづきルキウス・パウルス(4)によって告訴されたにもかかわらず、あのたくらみを容赦なく続行していた。[5]そしてついに彼は、計画を隠蔽するためか、あるいは身の潔白を示そうとしてか、まるで喧嘩を吹きかけられたかのように元老院(5)に現われた。[6]そのとき執政官マルクス・トゥリウスが、カティリナの出現に恐れを感じてか、それとも憤りに駆られたためか、見事でしかも国家に有利な演説を行なったが、それはキケロ自身がその後筆写して刊行した。(6)

7 さてキケロが着席すると、カティリナは、すべてを隠すつもりだったので、視線を落とし哀願の口調で、
自分に関することを根拠もなしに信じないでほしいと元老院議員たちに訴え始めた。すなわち自分は名家の
出身で、若い頃より立派に生活を律してきたから、将来の見込みは順風満帆である。しかるに貴族の一員[7]で
あり、ローマの民衆のために自身も祖先もきわめて多くの貢献をなした者が国家の破滅を必要とし、他方都
ローマでは間借り人のごとき市民マルクス・トゥリウス[8]が国を救う者だとは思わないでもらいたい、と。さ 8
らに彼が別の中傷を加えようとしたとき、その場の全員が騒ぎ立て、奴は国賊だ反逆者だと呼んだ。すると 9
そのときカティリナは狂乱状態になり、「まさにおれは敵どもによって追い詰められた。真っ逆さまに転落
していくからには、おれを燃やす炎は破壊によって消してやる」と言った。

三二　そのあとカティリナは議事堂を飛び出し、自宅へもどった。家で彼は、執政官に対する計略が成功していないことや都が夜警によって放火から守られているとわかったことなどさまざまに思案を巡らした。

---

(1) 前六三年の法務官職のあと、属州内ガリアの総督となる。

(2) 貨幣単位。共和政末期の財産評定では第一階級の基準資産額が一〇万セーステルティウスだったので、かなりの高額である。

(3) 前八九年に護民官マルクス・プラウティウス・シルウァヌスが提案した暴力行為と秩序破壊を禁じた法律。

(4) ルキウス・アエミリウス・レピドゥス・パウルス。第二回三頭政治のレピドゥスの兄。前五〇年の執政官。

(5) 前六三年十一月八日、ユッピテル・スタトル神殿での元老院議会。

(6)『カティリナ弾劾』第一演説。前六〇年に公刊された。

(7) 九頁註（1）参照。

(8) 地方都市アルピヌム出身のキケロに対する揶揄。三三頁註（1）参照。

そして軍隊を増強し、ローマ軍団が徴集される前に戦争に必要な多くの準備に取りかかることが最良の策だと考え、真夜中に少数の者らを連れてマンリウスの陣営に向かって出発した(1)。[2]だが彼は、ケテグスとレントゥルス、そして素早く大胆な行動を取れるとわかっている他の者らには、可能なかぎりの手段を用いて仲間の力を強化し、執政官に対する計略をすみやかに成し遂げ、殺戮や放火など戦争の所業を準備するようにと指示したうえで、自分はまもなく大軍を率いて都に接近するつもりであると述べた。

[3]こうした出来事がローマで起こっている間に、ガイウス・マンリウスは部下の中から使者たちを選び、次のような伝言を託してマルキウス・レクス(2)のもとへ派遣した。

三三「将軍殿、われらは神々と人々に誓って申し上げる。われらが武器を取ったのは、祖国に刃を向けるためや、あるいは他の人々に危害を加えるためではありません。それはただ、われらの身を不当な仕打ちから守るためである。われらは惨めで貧しい者なのだ。金貸しどもの暴戻と冷酷のために、大半の者は故郷を奪われ(3)、またすべての者は名声と富を失った。われらのうちの誰も、父祖の慣習にもとづいて法の保護を受けることも、世襲の財産を失くしたあと身柄の自由を保つこと(4)も許されなかった。金貸しや法務官(5)は、それほど残酷だったのだ。

[2]あなた方の祖先はしばしば、ローマの平民たちを憐れみ、決議によって窮乏から彼らを救った。そしてわれらの記憶に残る最近のことだが、借金の膨大さのゆえに、すべての良識ある人々の同意にもとづいて、銀貨の負債が銅貨によって支払われた(6)。[3]また平民たち自身もしばしば、支配欲や政務官たちの傲慢さに衝き動かされて武器を取り、貴族のもとから退去した(7)。[4]けれどもわれらは、権力も富も求めてはおりません——そ

れらのために、人間の間のあらゆる戦いや争いが起こるものだが。われらは、ただ自由を求めているのである――善良な人間なら、生命を失うとき以外に失うことのない自由を。5 われらはあなたと元老院に訴える。どうか不幸な市民たちのことを慮（おもんぱか）って、法務官が不当に奪い取った法の守りを取りもどしてほしい。そして、どうすれば自身の血の恨みを最大限に晴らして死ねるのかと問わねばならぬ事態に、どうかわれらを追い込まないでいただきたい」。

三四　これに対してクイントゥス・マルキウスは次のように返答した。もし元老院に何かを要求したいのならば、武器を捨て、嘆願者となりローマへ行かねばならない。ローマ国民の元老院はつねに温情と憐憫を忘れなかったから、助けを請うてかなえられなかった者はいまだいないのである、と。2 他方カティリナは、道中より多数の執政官級の人々とその他あらゆる貴族身分の者に次の手紙を送った。

（1）十一月八―九日の夜。

（2）元老院決議によってファエスラエへ派遣されたローマ軍の指揮官。第三〇章三参照。

（3）借金の返済を逃れるために父祖の地を去ったということ。

（4）古い十二表法では債務不履行の場合身柄を拘束されたが、前三二六年に成立したポエテリウスとパピリウスの法により、借金のための拘束は禁じられた。

（5）負債者を保護する法の適用は、ローマ市の民事裁判を担当する都市法務官の裁量に委ねられていた。

（6）前八六年のウァレリウス法では、返済額一銀貨（セーステルティウス）につき、その四分の一に相当する一銅貨（アス）で支払うことが認められた。

（7）貴族に対する抗議や政治的主張のためにローマ市外へ一斉退去した平民の闘争を意味し、前四九四年、前四四九年、前二八七年の事例がある。

「虚偽の告発に包囲され、敵どもの策謀に対処できなかったため、わたしは運命に従って亡命の地マッシリア(1)へ向かっております。もとよりあのような大悪事など、身に覚えのないことです。ただ国家が平穏で、自分をめぐる諍(いさか)いから騒乱が起こらないようにと願うからです」。[3]ところがクイントゥス・カトゥルス(2)は、これとは非常に異なる手紙を元老院で読み上げた。その手紙は、カティリナの名で自分に届けられたとカトゥルスは言った。その写しを以下に記しておく。

三五　「ルキウス・カティリナよりクイントゥス・カトゥルスへ。あなたの類いまれな誠意は、経験により確信しています。それは大きな危難をこうむったとき、わたしにはありがたいものでした(3)。わたしがここに安心してお願いできるのも、あなたの誠意のゆえです。[2]だからここでは、新たな企て(4)について弁護などはしないことに決めました。罪悪感を抱くいわれなどないからこそ、わたしはこの釈明を述べる決意をしたのです。その正しさを、あなたはかならずや認めてくださるでしょう。

[3]わたしは自分の苦労と精励恪勤(かっきん)の成果を奪われ(5)、威信ある地位を保つことができませんでした。そうした不当な事態と侮辱に対してわたしは憤り、自己の習慣に従って、不幸な人々を擁護する公的役割を引き受けました。自分名義の借金を所有財産で支払えなかったからではありません――他人名義の借金さえも、オレスティラが自身と娘の資産を気前よく差し出して、返済できたことでしょう――。それよりむしろ、ふさわしくない人々が公職の栄誉に浴している(6)のを目の当たりにし、また自分が根拠のない嫌疑をかけられて身捨てられたと思ったためなのです。[4]そのような理由でわたしは、残された威信を保持するという、自己の事情に鑑みて十分面目が立つ希望(7)を抱いたのです。[5]わたしはもっと書きたいのですが、自分に対する武力攻撃が

準備されているという知らせを受けました。[6]今わたしは、オレスティラをあなたに委ね、彼女をあなたの誠意に託します。どうかこの女を不当な仕打ちから守ってください。あなたの子供たちの名にかけてお願いします。ご機嫌よう」。

三六　さてカティリナ自身は、アレティウム(8)の地のガイウス・フラミニウス(9)のもとで数日過ごし、その間、以前から煽動していた近隣住民を武装させると、儀鉞（ぎえつ）その他の指揮権の表象を携えてマンリウスの陣営へと急行した。[2]この事態はローマに知らされた。そのとき元老院は、カティリナとマンリウスを公敵と宣言し、死罪を宣告された者らを除く他の大多数に対しては、罪を咎められずに武装放棄できる最終期日を定めた。[3]さらに元老院は、両執政官が徴兵を行ない、アントニウスは軍隊を率いてただちにカティリナを追撃し、キケロは都を警護することを議決した。

[4]ローマ国民の統治が未曾有の不幸に襲われたのは、まさにこの時であったとわたしには思われる。ローマ

(1) 現在のマルセイユ。
(2) クイントゥス・ルタティウス・カトゥルス。前七八年の執政官。当時の元老院保守派の中心人物。
(3) ウェスタの巫女ファビアとの密通事件（第一五章一および一九頁註（5）参照）で、カトゥルスはカティリナを弁護したことがある。
(4) 標榜された亡命のみならず、真意である政変・革命をも含意する。
(5) 過去二回の執政官選挙での落選を指すものと思われる。
(6) 明らかに「新人（ホモー・ノウス）」の執政官キケロを念頭に置いての言葉であろう。
(7) この表現も、亡命と武力政変の両方を暗示する。
(8) エトルリア地方北部の町。
(9) 不詳の人物。

は、陽が昇る地から沈む地までの全世界を武力で平定して服従させ、その国内には、人間が最上のものと見なす平和と富が満ち溢れていた。ところが、そこにはまた、執拗な意欲をもってみずからと国家を滅ぼそうとする市民たちが存在したのだ。[5]実際、元老院の二つの決議(1)にもかかわらず、あれほど多数の者の中から報酬にそそのかされて陰謀を暴露した者は誰もいなかったし、またカティリナの陣営からは誰一人として脱走者が出なかった。それほど大きな病の力が、つまりあたかも悪疫のようなものが、多くの市民の精神を冒していたのである。

三七　精神の錯乱は、陰謀に加担した者らだけに限らなかった。まったく平民の全体が政変を切望し、カティリナの企てに賛同していた。[2]まさにそうした動向は、平民のいつもの流儀にもとづくものと思われた。[3]実際、国家の中ではつねに、財力のない者らは立派な人々を妬んで悪人どもを誉めそやし、古いものを憎んで新しいことを熱望し、自分の境遇を嫌ってすべてを変えることに意欲を抱くものである。彼らは騒乱や暴動の中でも、気苦労なく身を養っている。というのも、貧困のままいることはたやすく、何も失わないからだ。

[4]しかし、とりわけ都に住む平民たちは、多くの原因のゆえに無謀になっていた。[5]何よりもまず、あちこちで不面目な行ないや破廉恥な行為を犯しておおいに異彩を放っていた者ら、また不名誉な暮らしで世襲財産を失った者ら、そして最後に、醜聞や悪事のため故郷から追放されたすべての者ら――こうした人々が、あたかも排水溝に向かうようにローマへ流れ込んでいたのである。[6]次に、スラの勝利を覚えている多くの人々が、兵卒の中からある者らは元老院議員になり(2)、またある者らは王のような食事と暮らしで年月を送れるほ

ど裕福になったのを見たので、戦争に行けば、勝利の暁には誰もがそうした待遇を得られるだろうと期待し(3)ていた。7 そのうえ、農地の手仕事の報酬のみで貧困に耐えてきた若者たちが、公私両方の施し(4)に誘惑されて、不快な労働よりも都会の暇な暮らしを好んでいた。こうした者らを、そして他のすべての者を養っていたのは社会全般の悪であった。8 それゆえ、貧しいのみか、品性劣悪で過大な望みを抱く人々が、自己と同じ程度にしか国家を慮（おもんぱか）らなかったのは驚くべきことではない。9 さらに、スラの勝利によって親の市民権が剝奪され、財産を奪われ、自由の権利を削減された人々(5)もまた、まったく同様の気持ちで戦争の結末を待望していた。10 それらに加えて、元老院とは異なる党派に属する人々(6)もいた。彼らはみな自己の勢力が弱まるよりも、国家が転覆するほうが好ましいと思っていた。11 まさにこうした悪が、長い年月ののち国を再び襲っていたのである。(7)

(1) 第三〇章六の陰謀通報者に関する決議および本章の決議。

(2) スラは元老院議員の数を三〇〇名から六〇〇名に増やした。

(3) スラの政敵追放（プロースクリープティオー）（一七頁註（1）参照）で膨大な財産を獲得した者らのこと。

(4) 私的施しとしては、保護者が庇護民に、あるいは官職候補者が選挙民に与える食事や贈り物、また公的施しとしては、国家による穀物分配や祭礼行事の開催などが挙げられる。

(5) スラの政敵追放（プロースクリープティオー）については第一一章四および一七頁註（1）参照。追放・処刑された人々の子孫もまた、財産を奪われただけでなく、公職に就くことも禁じられた。

(6) 元老院の中核をなす門閥派と対立した民衆派を指す。

(7) 門閥派と民衆派の党派的対立は、前八一年にスラが護民官の職権を制限したため緩和されていたが、しかし十一年後の前七〇年には、その職権が回復されたので再び激化した。

三八　実際、グナエウス・ポンペイウスとマルクス・クラッススが執政官のとき(1)、護民官の職権が回復したが、そのあと、この非常に大きな職権を獲得した若者たちは、年齢ゆえに血気盛んだったため(2)、元老院を非難して平民を煽動し始めた。次に彼らは、施しや約束によっていっそう民衆を燃え上がらせ始め、そうして自己の名声と勢力を高めた。[2]彼らに対して貴族の大半は全力を尽くして張り合ったが、しかし元老院のためというのは口実で、自己の権勢増大が目的だった。[3]つまり真実を手短に述べれば、その時以降に国家を動揺させた者はみな、立派な名目を掲げて——ある者は国民の権利を守るためと称し、またある者は元老院の権威を最大限に高めるためと言って——公益を見せかけながら、めいめい自己の勢力のために闘っていたのである。[4]彼らの争いには抑制も限度もなく、いずれの側も勝利の結果を冷酷に行使した。

三九　しかしグナエウス・ポンペイウスが海上の戦いとミトリダテスとの戦争へ派遣されたあと(3)、平民の力は弱まり、少数の人々(4)の勢力が増大した。[2]彼らは政務官職や属州や他のすべてを掌握し、みずからは害を受けることなく栄え、恐れのない生活を送ったが、他の人々(5)に対しては裁判によって威嚇した。それは、その者らが政務官職に就いたとき、平民に対して比較的穏健に振る舞うようにさせるためであった(6)。[3]しかし情勢が険悪になり、政変の希望が生じるやいなや、古い争いが彼ら(7)の心を掻き立てた。[4]もしも最初の戦闘で、カティリナが優勢のうちに、あるいは互角の力を示して去っていたなら、明らかに大きな災難と災厄が国家を襲ったことであろう。だが勝利を得た側も、そう長くは戦勝を享受できなかっただろう。というのも、もっと強力な者が現われて、疲れ果てて弱体化した勝利者たちから、支配権と自由を奪い取ることになったはずだからである(8)。[5]とはいえ、陰謀集団の外からも、最初カティリナのもとへ馳せ参じた人々は大勢いた。そのうちの一人が、元老院議員の息子フルウィウス[9]であるが、彼は父親の命令により途中で連れもどされて殺された。

同じ頃ローマでは、レントゥルスがカティリナの指図どおり、性格や境遇の点で政変に適していると思われるあらゆる者らに、直接的あるいは間接的に働きかけた——しかも市民だけでなく、戦争に役立ちさえすれば、いかなる種類の人間にも。

四〇 こうしてレントゥルスは、プブリウス・ウンブレヌスなる者[10]に、アロブロゲス人[11]の使節団を探し出し、可能ならば、彼らを戦争の仲間に引き込む役目を与えた。アロブロゲス人は公私にわたる借金に苦しん

(1)前七〇年。
(2)元来平民が自己の権利を擁護するために創設した護民官職には、他の政務官職とは異なって資格年齢の制限はなかったので、比較的若い人々が志望した。
(3)地中海の海賊掃討のための戦いと第三次ミトリダテス戦争(第一六章五および二二頁註(8)参照)。
(4)門閥派を指す。
(5)門閥派と対立する民衆派、とくに護民官およびその候補者を指す。
(6)民衆派の人物が、護民官の権限をもって平民層を過激に煽動するようなことにならないためという意味であろう。
(7)「他の人々」=「その者ら」を指す。
(8)前六〇年の第一回三頭政治の立役者クラッスス、ポンペイウス、カエサルといった大物の覇権を暗示するが、サルスティウスはさらにその後も続く権力争いと内戦をも視野に入れているのであろう。
(9)不詳の人物。
(10)キケロ『カティリナ弾劾』(三・一四)によると解放奴隷とされる。
(11)現在のローヌ川の東岸に住むガリア人の一部族。ローマの役人の不正支配を訴えるため、当時ローマへ使節団を派遣していた。

でおり、そのうえガリアの種族の性質は好戦的なので、こうしたもくろみにたやすく引き入れられるだろうと考えたためである。[2]ウンブレヌスはガリアで商業取り引きに従事してきたため(1)、その諸都市の多くの最有力者たちと面識があった。そこで彼は中央広場で使節団を見つけると、ただちに彼らに国の情勢について少し尋ね、その窮状を嘆いているかのように見せかけながら、それほど大きな難儀にどう決着をつけるつもりかと問い始めた。[3]すると彼らは政務官たちの欲深さ(2)を訴え、元老院は何の支援もしてくれないと非難し、自国の悲惨な状態を救うには死を望むほかないと言った。その様子を見たウンブレヌスはそこで、「ではわたしが君らに、その大きな難儀から逃れる方法を教えてあげよう。ただ君らが、男でありたいとさえ思っていればだが」と語った。

[4]その言葉を聞くとアロブロゲス人たちは、非常に大きな希望を抱き、自分らを憐れんでほしいとウンブレヌスに訴えた。そして、それで国を借金から救えるなら、どんなにつらくて難しいことも大喜びで行なおうと言った。[5]ウンブレヌスは、彼らをデキムス・ブルトゥス(3)の家へ連れていった。その家は中央広場の近くにあり、センプロニアがいたため密議に不都合ではなかったからである。実際、そのときブルトゥスはローマから離れていた。[6]さらにウンブレヌスは、話にいっそうの重みを持たせるためにガビニウス(4)を呼びにやった。ガビニウスが来ると、彼は陰謀を打ち明け、仲間たちの名を挙げたが、使節団の士気を高めるために、さらにあらゆる階層に属する多数の罪のない人々の名前も付け加えた。そして使節団が協力(5)を約束すると、彼らを家へ帰らせた。

四一　しかしアロブロゲス人たちは、いったいどのように決断すべきかと長い間思い迷った。[2]一方には借金と、戦争を好む気質と、勝利の場合に見込める大きな報酬があり、他方にはいっそう大きな資力(6)と、安全な方策と、不確かな見込みの代わりに確かな褒賞があった。[3] こうした点を彼らは熟慮し、ついにローマ国家の運命が勝利を収めた。[4] こうして彼らは、自国にとって最も大切な保護者であるクイントゥス・ファビウス・サンガ(7)に、すでに耳にしたことのすべてを打ち明けた。[5] キケロはサンガを通じてたくらみを知ると、使節団に対して、陰謀への強い関心を装って他の者らにも接近し、派手な約束をして、一味の罪ができるだけ明白になるために力を貸すようにと指示した。

四二　ほぼ同じ時期に、内ガリアと外ガリア(8)、ピケヌム地方、ブルッティウム地方(9)、そしてアプリアで騒乱が起こった。[2] というのも、カティリナが先に派遣していた者らが、無分別に、いやほとんど狂乱的にすべ

---

(1)ローマの属州にはローマ人の多数の商取り引き業者（ネゴーティアートル）が滞在し、金融、税の徴収、物資や土地の売買などさまざまな商業活動を営んでいた。

(2)属州総督などのローマの役人を指す。

(3)デキムス・ユニウス・ブルトゥス。センプロニアの夫（第二五章および三三頁註（4）参照）。

(4)プブリウス・ガビニウス・カピト。騎士身分の男（第一七章四参照）。

(5)キケロ『カティリナ弾劾』（三・四、三・九）によると、その後彼らに求められた協力の具体的内容は、ガリアでの武装蜂起とイタリアの反乱軍への騎兵隊の派遣であると述べられている。

(6)反乱軍にまさるローマ国家の軍事力を指す。

(7)前一二一年にアロブロゲス人を征服したクイントゥス・ファビウス・マクシムスの子孫と思われる。属国民はしばしば征服者やその子孫を保護者（パトローヌス）として仰ぎ、種々の問題でローマとの仲立ちを求めた。

(8)アルプス以南と以北の両属州ガリア。

(9)イタリア最南西端の地方。

てを同時に実行したからだ。彼らの夜の会合、武具刀剣類の運搬、奔走とあらゆる慌ただしい行動が、危険な状態以上に大きな恐怖心を発生させた。[3]法務官クイントゥス・メテルス・ケレルは、元老院の決議にもとづいて事案を審理したのち、この一味の中から多数の者を牢に収監した。内ガリア(1)では、その属州の総督代理として統治していたガイウス・ムレナが同様の措置を採った。

四三　他方ローマでは、レントゥルスと陰謀の他の主犯たちは、大兵力を準備できたと思われるや、カティリナが軍隊とともにファエスラエ(2)の地に到着したなら、護民官ルキウス・ベスティアが集会を開いてキケロの行動について訴え、この最良の執政官の上にきわめて深刻な戦争に対する憎しみが降りかかるよう仕向けること(3)、そしてそれを合図にして、その日の夜(4)に、陰謀の他の集団が各自の任務を遂行することを決定していた。[2]さてそれらの任務は、次のように振り分けられたと言われていた。スタティリウスとガビニウスは、多くの手勢を連れて都の十二の要所で一斉に火を放つ。その騒動によって、計略の標的としていた執政官と他の人々にいっそう近づきやすくするためである。ケテグスはキケロの玄関を包囲して武力で彼を襲い、他の者は各自の相手を襲撃する。大半が貴族に属する家門の息子らは父親を殺害する。こうして全市が殺戮と火災に打ちのめされたら、全員ただちにカティリナのもとへ脱出する。

[3]こうした準備と計画策定の間、ケテグスは仲間の無気力についてたえず不平を漏らした。彼は、仲間が逡巡し期日を先延ばしにして大事な機会を台無しにしていると言い、こうした危険な企てでは熟慮でなく実行が必要であり、もし少数の者の援助があれば、他の者らがたるんでいても、自分は元老院議事堂を襲撃してやろうと語った。[4]ケテグスは血気にはやる性質で、気性激しく、行動に素早かった。敏捷な実行にこそ最大

の価値があると彼は思っていたのだ。

四四　ところでアロブロゲス人たちは、キケロの指示に従い、ガビニウスを介して他の共謀者らと面会した。彼らはレントゥルス、ケテグス、スタティリウス、そしてカッシウスに対して、自国民のところへ持っていくための封印した誓言書を要求した。(5) それがなければ、自国民をこれほど重大な務めに取りかからせるのは容易ではないと彼らは言った。[2] 他の者らは何も疑わずに誓言書を渡したが、ただカッシウスのみは、まもなくみずから当地(6)へ行くと約束し、使節団の少し前に都を出発した。[3] レントゥルスは、使節団とともにク

(1)「外ガリア」の誤記と推定される。ガイウス・リキニウス・ムレナは、前六四―六三年に外ガリアの総督となったルキウス・リキニウス・ムレナの兄弟で、前六三年に次期執政官選挙のため帰国したルキウスの代理として外ガリアの総督を務めたからである。内ガリアは、その南隣のピケヌム地方を担当したクイントゥス・メテルス・ケレルが合わせて管轄したものと思われる（第三〇章五参照）。

(2)このあとに述べられるように、ローマ市内での暴動はカティリナの軍隊がすでに都付近に来た時点で開始されるべきなので、彼が遠方のファエスラエに到着したら市内で反乱行動を始めるというのは辻褄が合わない。よって、ここの「ファエスラエ」という語も作者の誤記ないし伝承過程での改竄と推定されるが、正しい字句訂正については一致した見解がなく、底本に従い写本の読みをそのまま採用する。

(3)ひどい戦争が起きたのは、キケロが無実のカティリナを攻撃してローマから追い払ったためだと主張すること。

(4)キケロ『カティリナ弾劾』（三・一〇）によると、市内の反乱決行の予定日は十二月十七日に始まるサトゥルナリア祭の開催時期とされているが、ここでは祭日には行なわれない市民集会（コンティオー）の時として設定されており、ベスティアが護民官に就任したとされる十二月十日または翌十一日が想定されうる。

(5)蠟で封をし、その上に指輪式印章を押した誓言書。

(6)アロブロゲス人たちの本国。

ロトン出身のティトゥス・ウォルトゥルキウスなる男(1)を随伴者として送り出した。それは、アロブロゲス人たちが祖国にもどる前にカティリナと誓約を交わして、同盟関係を固めるためであった。[4]レントゥルス自身も、ウォルトゥルキウスにカティリナ宛の手紙を渡した。その写しは次に記すとおりである(2)。[5]「わたしが誰であるかは、あなたのもとに送った人物からわかるだろう。どうか、どれほどの危難の中にいるのか考えたまえ。そして自身が男であることをお忘れにならぬよう。自己の企てには何が必要かを熟慮し、あらゆる人々に援助を求めたまえ、最も卑賤な者らにも」。[6]それに加えてレントゥルスは、口頭の伝言を送った。「元老院から敵と宣告されたときに、何を慮(おもんぱか)って奴隷を拒む必要があるだろうか。都では、あなたが命じたことは整っています。ご自身こそ、都への接近を躊躇なさらぬよう(3)」。

四五　このように事態が進み、彼らの出発の夜(4)が決まると、使節団を通じてすべてを知らされていたキケロは、法務官ルキウス・ウァレリウス・フラックスとガイウス・ポンプティヌスに、アロブロゲス人の一行をムルウィウス橋(5)で待ち伏せして捕らえるようにと命じた。二人を何のために派遣するのか、その事情をキケロはすべて説明し、その他の点については状況の必要に応じて行動することを許可した。[2]軍事に通じた彼らは、指示されたとおりに粛々と守備隊を配置し、ひそかに橋を包囲した。[3]やがて使節団が、ウォルトゥルキウスとともにその場所に到着した。すると叫び声が両側から同時に起こった。そのあとガリア人たちは、すぐに意図を察して、ただちに両法務官に投降した。[4]ウォルトゥルキウスは、最初は他の者らを叱咤し、剣を抜いて多勢から身を守ろうとしたが、その後使節団に見捨てられると、面識があるためまずポンプティヌスに向かって、自分を助けてくれるよう何度も訴えた。しかし彼はついに、怯えて命の希望も失い、まるで敵に身を委ねるかのように両法務官に降伏した。

四六　この事件が終わると、その顚末が使者を通してすぐに執政官に知らされた。しかしキケロの心を襲ったのは、大きな喜びと同時に深い懸念であった。というのも彼は、陰謀が発覚し、国が危機から救われたことを知って歓喜したが、しかし他方では、大罪に関わってこれほど重要な市民たちの名が明るみに出たからには、いったいどうすべきかと迷い、不安に苛まれたからである。彼らを処罰すれば自分にとって負担となるが、(6)彼らを赦免すると、国家を滅ぼす結果になろうと彼は思った。そこでキケロは意を決し、レントゥルス、ケテグス、スタティリウス、ガビニウス、そして奴隷の煽動のためにアプリアへ出発する用意を

(1) 不詳の人物。クロトンは南イタリアのブルッティウム地方の町。

(2) キケロ『カティリナ弾劾』(三・一二)に引用された手紙と同じ内容だが、言葉遣いが少し変えられている。

(3) 奴隷の援護を得たうえで至急ローマへ進軍されよとのレントゥルスの伝言は、キケロ『カティリナ弾劾』(三・八)では、事件後にウォルトゥルキウスが元老院で述べた証言の中で語られている。

(4) 前六三年十二月二―三日の夜。

(5) ローマの北にあり、エトルリア方面へ向かうフラミニウス街道がティベリス川を渡るときの橋。

(6) 第二二章三および三一頁註(3)参照。『カティリナ弾劾』(三・二七―二八)でキケロは、陰謀を阻止した自分に対して降りかかる将来の災厄について訴えている。

していたタラキナのカエパリウスを(1)、自分のもとへ召喚するように命じた。[4]他の者たちはすみやかに現われたが、カエパリウスは少し前に家を出たあと陰謀の発覚を知り、すでに都から逃亡していた。[5]執政官は、法務官だったためレントゥルスの手をみずから取って彼を元老院へ連れていき(2)、他の者らは護衛に従ってコンコルディア神殿(3)へ来るようにと命じた。[6]キケロはその神殿に元老院を召集し、その身分の人々で満席になったとき、ウォルトゥルキウスと使節団を入場させた。そして法務官フラックスに命じて、使節団から受け取った手紙の入った書類箱をそこへ持ってこさせた。

四七　ウォルトゥルキウスは、旅行と手紙について、そして最後にどんなもくろみと理由があったのかと尋問されると、最初は別の話を拵え、陰謀について知らないふりをしたが、公の保証(4)のもとで供述するよう命じられると、事の経緯をすべてありのままに打ち明けた。そして彼は、自分はほんの数日前にガビニウスとカエパリウスによって仲間に加えられたため、使節団以上の情報を持っていないが、ただガビエヌスからは、プブリウス・アウトロニウス、セルウィウス・スラ、ルキウス・ウァルグンテイウスほかの大勢がこの陰謀に加わっていることを何度も聞いたと述べた。[2]ガリア人たちも同様のことを白状し、無実を装うレントゥルスに対して、手紙のみならず、彼がいつも語っていた話も持ち出してその言い分の非を示した。すなわち、シビュラの書(5)によると、三人のコルネリウス氏の人物によるローマの王政が予言されており、以前にはキンナとスラ(6)が出た。第三の人物はレントゥルス自身であり、自分こそ都の主人になることが運命づけられている、と。さらにまた、今年はカピトリウム丘の火災(7)から数えて二十年目であり、内臓占い師たち(8)が異変現象にもとづいて、内乱の流血が起こるだろうとしばしば予言していた年である、とも。[3]こうして手紙が読み上げられると、全員が自己の印章(9)をあらかじめ認めていたので、元老院は決議を下し、レントゥルスに政務官を辞職させたあと(10)、彼および他の者たちを私邸拘禁(11)に処することとした。4 これにより、レントゥルスは当時造営官だったプブリウス・レントゥルス・スピンテル(12)に、ケテグスはクイントゥス・コルニフィキウス(13)

---

(1)タラキナはローマの南東に位置するラティウム地方の町。
マルクス・カエパリウス（ケパリウス）は、キケロ『カティリナ弾劾』(三・一四)で共謀者の一人として言及されている。
(2)高官職の人物に対して敬意を示している。
(3)中央広場（フォルム）の北西部に隣接して建つ協調（コンコルディア）の女神の神殿。
(4)元老院が定めた共犯罪の赦免を指す(第三〇章六参照)。
(5)クマエの神託の神アポロの巫女シビュラの予言を集めた書物。カピトリウム丘のユッピテル神殿に保管され、重大事に際して参照された。
(6)ルキウス・コルネリウス・キンナ（前八四年没）。前八七年から四期執政官になった民衆派の政治家。のちのスラと同様恐怖政治を行なった。
(7)前八三年七月六日、この丘の上のユッピテル神殿が炎上した。出火の原因は不明。
(8)動物の内臓を見て神意を解釈するエトルリア起源の占いの専門家たち。
(9)手紙（誓言書）の封蠟に押された印章。
(10)現職の政務官を処罰することはできず、その法的な罪を問うためには、本人が辞職して私人となる必要があった。
(11)容疑者の身柄を監獄などで拘束せず、裁判まで有力市民の保証人に預けて、その自宅に留め置く措置。
(12)プブリウス・コルネリウス・レントゥルス・スピンテル。前五七年に執政官となる。
(13)前六三年の執政官職にキケロとともに立候補した人（ただし落選）。

に、スタティリウスはガイウス・カエサル[1]に、ガビニウスはマルクス・クラッスス[2]に、そして少し前に逃亡から連れもどされていたカエパリウスは元老院議員グナエウス・テレンティウス[3]にめいめい引き渡された。

四八　その間平民たちは、最初は政変を渇望して戦争を非常に強く支持していたのに、陰謀が明るみに出ると[4]、心を翻してカティリナのたくらみを呪詛し、キケロを天に昇るほどに称揚した。そしてあたかも隷従から救い出されたかのように、満足と喜びを激しく表わした。2 というのも彼らは、戦争の他の行為は損害よりはむしろ戦利品をもたらすだろうが、しかし放火は残酷で制御できず、自分たちに過大な災厄を招くだろうと考えたからである。実際彼らの財産のすべては、日常の生活用品と衣服だけだったのだ。

3 翌日になって、ルキウス・タルクイニウス[5]なる男[6]が元老院へ連行された。彼はカティリナのもとへ行こうとしたが、途中で連れもどされたということであった。4 男は公の保証が与えられれば、陰謀について打ち明けようと言ったので、執政官は知っていることを述べてみよと命じた。すると彼は放火の準備、良識ある人々の殺害および敵勢の進軍について、ウォルトゥルキウスとほぼ同じことを元老院に告げたが、それに加えて、自分を派遣したのはマルクス・クラッススだと言った。そしてクラッススの目的は、カティリナに対して、レントゥルスやケテグスほかの共謀者らの逮捕に怖じ気づくことなく、むしろ他の仲間の士気を鼓舞し、逮捕された者らをより素早く危難から救い出すためにも、いっそうすみやかに都へ進軍してくるよう告げることだったと述べた。

5 しかしタルクイニウスが、高貴な身分で莫大な富と絶大な勢力を有する人物クラッススの名を挙げると、ある人々は信じられないことだと考えた。またある人々は、それは真実だと思いながらも、こうした事局ではかくも有力な人物は刺激せず、むしろ機嫌を取るほうが得策と見なした。さらに大多数の人々は、私的な用件でクラッススに義理があったので、一斉に通報者の言葉は偽りだと叫び、この件については審議に付託するよう要求した。[6]そこでキケロは審議に諮り、元老院は満席のもと、タルクイニウスは虚偽の通報をしたと見なされるので、牢に拘留されること、そして誰の意向でこれほどのことを偽って述べたのか、その張本人について明かさないかぎり、これ以上供述する機会を彼に与えないことを議決した。[7]当時ある人々は、そうした通報はプブリウス・アウトロニウスがたくんだものと考えた。つまりアウトロニウスは、クラッススが告発されて訴訟に連座すれば、その勢力に頼って残りの共謀者らをいっそう容易に守れるからだというのだ。[8]だが別の人々は、タルクイニウスをけしかけたのはキケロだと言った。それは、クラッススがいつもの流儀(7)で邪悪な者どもの弁護を引き受けて、国家を混乱させるのを防ぐためだったという。[9]わたしはのちにクラッスス自身が、キケロによってあのひどい汚名を着せられたと公言するのを聞いた。

---

(1) ガイウス・ユリウス・カエサル。のちの有名な独裁官。

(2) 第一七章七および二三頁註（13）参照。カエサルとともに、クラッススがこの陰謀に共鳴していたとの風評があったが、元老院はその噂を無視したのか、または二人の真意を確かめるため故意に保証人に選んだのか、いずれが真相なのか判然としない。

(3) 前六二年に法務官となる人。

(4) キケロは前六三年十二月三日、中央広場（フォルム）での市民集会で陰謀について明らかになった事実を説明した。

(5) 前六三年十二月四日。

(6) 不詳の人物。

(7) キケロは『義務について』（一・一〇九）で、目的達成のためには手段を選ばない人物の例として、スラとともにクラッススの名を挙げている。

四九　他方同じ頃、クイントゥス・カトゥルス(1)とガイウス・ピソ(2)は、頼み込んだり恩顧や報酬を餌にしたりしてキケロを懐柔し、アロブロゲス人たちやその他の通報者を用いて、彼にガイウス・カエサルの名前を偽って挙げさせようとしたが、それは不首尾に終わった。2 なぜならこの二人は、カエサルに対して深い敵意を抱いていたからである。すなわちピソは、かつて不法徴発の訴訟において、パドゥス川(3)以北に住むある人物に対する不当な処罰のかどで彼から攻撃されていた。またカトゥルスは、神祇官(4)の選挙運動に由来する憎しみに燃えていた。そのとき彼はかなりの高齢で、すでに最高の公職を歴任していたが、若造のカエサル(5)によって敗退させられたのである。3 そのうえ事態は好都合に見えた。というのもカエサルは、私的には並はずれた気前よさゆえに、また公的には最大級の催し物(6)のため多大の負債を抱えていたからである。4 しかし二人は、執政官にそうした過激な行為へと向かわせることはできなかった。そこで彼らは、自分で個別に調略を仕掛け、ウォルトゥルキウスやアロブロゲス人たちから聞いたと言って虚偽の情報を流して、カエサルに対する大きな反感を煽り立てた。その結果、護衛のためにコンコルディア神殿の周辺に武装待機していた何人かのローマ騎士は、大きな危険に促されてか、あるいは激しやすい気分に突き動かされてか、国家に対する各々の献身をいっそう目立たせようと、元老院から退出するカエサルを剣で威嚇した(7)。

五〇　以上のことが元老院で進行し、通報の正しさが認められたアロブロゲスの使節団とティトゥス・ウォルトゥルキウスに対する褒賞について決議がなされている間、レントゥルスの解放奴隷らと少数の庇護民たちは、あちこち駆け回り、主人を救い出すために街区の職人や奴隷たちを煽動した。また他の者らは、つねづね国家を騒がせて報酬を得ている集団の親玉どもを探し求めた。2 他方ケテグスは、自家の奴隷と解放奴隷たちへ使者を送り、鍛えられたその選り抜きの者らに、武器を持って一団となり、自分のいる所へ押し入ってこいなどと大胆な行動を依頼した。

3 執政官はこうした企てを知ると、事態と状況が求める場所に守備隊を配置したのち、元老院を召集して、(8)拘禁状態に引き渡された者ら(9)をどう扱うべきかと諮問した。とはいえ元老院は少し前に、(10)彼らが国家に対して反逆を犯したという判決を満席の会議で下していた。4 そのときデキムス・ユニウス・シラヌス(11)は、当時次

---

(1)第三四章三および四三頁註(2)参照。

(2)ガイウス・カルプルニウス・ピソ。門閥派の政治家で、前六七年の執政官。前六六―六五年に内ガリアと外ガリア両属州の総督となった。

(3)現在のポー川。

(4)ローマの国家宗教を司る神官。ここではその神官団の長である大神祇官を指す。カトゥルスは前六四年末ないし六三年初め頃の大神祇官の選挙で、二〇歳ほど年少のカエサルに敗れた。

(5)当時三七歳。

(6)とくに前六五年の高等造営官に在職中、カエサルは盛大な見世物を催した。

(7)これは、前六三年十二月五日の元老院議会で、カエサルが本件の首謀者らの処罰に関する演説(第五一章)を行なったあとに起きた事件を指すのであろう(スエトニウス『ローマ皇帝伝』「カエサル」一四参照)。

(8)この元老院議会は前六三年十二月五日にコンコルディア神殿で開かれた。その会議でキケロは『カティリナ弾劾』第四演説を行なう。

(9)レントゥルス、ケテグス、スタティリウス、ガビニウス、カエパリウスの五名(第四七章参照)。

(10)おそらく前日十二月四日の元老院議会を指すと思われる。

(11)ルキウス・リキニウス・ムレナとともに前六二年の執政官になる人。

期執政官だったため最初に意見を求められ、拘禁状態に置かれている者らについて、さらには——その後逮捕された場合——ルキウス・カッシウス、プブリウス・フリウス、プブリウス・ウンブレヌス、クイントゥス・アンニウスについても極刑が科されるべきであると提案した。(1) シラヌスはその後、ガイウス・カエサルの演説に強く動かされ、ティベリウス・ネロ(2)の意見に賛成したいと言った。すなわちネロは、守備隊を増強したうえで、この事案については再審議に付すべしとの意見を述べたのである。(3) [5] さてカエサルは、発言の順番が来て執政官から意見を求められると、次のような言葉を語った。

五一「元老院議員諸君、不確かな問題について協議する者はみな、憎しみや友情、怒りや憐れみに妨げられてはならない。[2] そうしたものが邪魔をすると、精神は真実を容易に見分けることができない。誰であれいかなる人も、情念と実益の両方に同時に従うことなどできないのだ。[3] 知性を強く働かせれば、知性が優勢となり、情念に捕らわれれば、情念が支配して精神は力を失う。[4] 元老院議員諸君、諸王や諸国民が怒りや憐れみに衝き動かされて、いかなる誤った判断を下したか、わたしはいくらでも述べることができる。

しかしわたしがむしろ語りたいのは、われらの祖先が自己の心の情念に抗して、正しく順当に行なった事例である。[5] われわれがペルセウス王に対して行なったマケドニア戦争(4)において、ローマ国民の援助で発展したロドス島民の大きく立派な都市が、われわれを裏切って敵対した。(5) ところが戦争が終わり、ロドス島民について協議したあと、われらの祖先は、彼らの不正のゆえでなくその富のために戦争を始めたなどと誰かが語るのを恐れて、彼らを罰せず放免した。(6) [6] 同じくポエニ戦争の全期間において、カルタゴ人は平時や休戦時にも多くの非道な所業を犯したが、われらの祖先はその機会はあってもけっして報復せず、彼らに対する正当な復讐よりも、むしろ自身にふさわしい振る舞いを追求した。[7]元老院議員諸君、同様に諸君もまた、慎重に考えていただきたい、プブリウス・レントゥルスその他の悪行が、この元老院において、諸君自身の品格以上に重きをなすことがないように。そして諸君が、自己の名声よりも怒りに心を配ることがないように。

(1) キケロ『カティリナ弾劾』(三・一四) によると、スラがファエスラエに入植させた者。
(2) ティベリウス・クラウディウス・ネロ。前六三年以前に法務官だった人物。
(3) 当面は容疑者たちの拘禁状態を確実にするよう警備体制の万全を期し、彼らの処罰の最終的決定はカティリナの反乱軍を制圧したあとに延期するという提案である。
(4) 第三次マケドニア戦争。前一六八年のピュドナの戦いで、ペルセウス(ペルセス)王のマケドニア軍はローマ軍に敗れた。
(5) エーゲ海のロドス島は、前二世紀初頭のシリア戦争でローマに協力して小アジアの領土を得たが、第三次マケドニア戦争では翻身してペルセウス王に味方し、ローマに講和を求めた。
(6) ローマはロドスに対して武力で報復せず、以前に与えた小アジアの領土を取り上げるなどの措置でよしとした。その寛容な外交策を強く提言したのは、じつはこのあと強硬な意見を述べる小カトの曽祖父大カトであった。カエサルはこの「われらの祖先」の先例を故意に用いて、小カトの発言を巧みに牽制しようとする。
(7) この言及がどのような歴史的事実を指すのかは不明。

8 実際、彼らの行ないに鑑みてふさわしい罰[1]が見つかれば、わたしは前例のない提言[2]に賛成する。しかし悪行の大きさがあらゆる人々の才知を凌ぐものなら、法によって定められた措置を用いるべきだと考える。

9 わたしの前に意見を述べた方々の大半は、入念かつ悲壮な言葉で国家の災厄を嘆かれた。彼らは戦争がどれほど残忍かを語り、敗者には何が起こるのかを数え上げた。娘や少年らは暴行を受け、子供は親の抱擁から引き離され、一家の母親は勝者が望むままに弄ばれ、神殿も家も略奪に遇い、殺戮と放火が起こる。要するに、いたるところ武器と死体と血と悲嘆で満ちるのだ。10 しかし不死の神々にかけて、いったいそのような演説は、何を目指していたのか。それは、陰謀に対する反感を諸君に抱かせるためか。つまり、これほど大規模で残酷な事件に動揺しなかった人も、演説でなら焚きつけられるというわけか。11 いや、そんなことはありえない。そもそも誰であれ、自分が受ける被害を小さいと思う人はいない。多くの人は、自身の被害を過大に評価するものである。

12 しかし元老院議員諸君、人にはそれぞれ異なる自由がある。身分が低く世に埋もれて暮らす人々の場合、たとえ怒りに駆られて何かの過ちを犯しても、それを知る者はわずかである。彼らの名声と境遇は釣り合っている。だが大きな権力を具え、高位に生きる人々の行ないは、世のすべての者に知らされる。13 こうして最高の境遇には、最小の自由しかないのである。14 片寄った関心も憎しみもふさわしくなく、とくに怒りは最も似つかわしくない。他の人々の場合は怒りと言われても、権力の座にある人の場合には、それは傲慢と残忍の名で呼ばれるのである。

15 元老院議員諸君、むろんわたしとしては、いかなる拷問も彼らの悪行には十分でないと考えている。しかしたいていの人々は、最後の事態のみを記憶するものである。そして不敬な者らに関しても、彼らの罪を忘れ、もしも罰が少し厳しすぎれば、その罰についてのみ取り沙汰するのだ。

[16]わたしはもちろん、デキムス・シラヌスが果敢で熱心な人物であり、その言葉は国家に対する献身的精神のゆえに述べられたもので、これほど深刻な事態に際し、彼が恩情や敵愾心を示していないことは承知している。この人のそうした性格と慎み深さはわかっている。[17]しかしシラヌスの意見は、残酷ではないにせよ——実際このような者らに対していかなる措置が残酷と言えようか——、他方わが国にはそぐわないと思われる。[18]たしかにシラヌスよ、あなたが次期執政官として前例のない種類の刑罰を提案せざるをえなかったのは、恐れのゆえか、あるいは不法な所業のためであろう。[19]だが恐怖については、語ることは無用である。とくに今、卓越した執政官の細心の配慮によって大勢の守備隊が武装を固めているのだから。(3) [20]罰については、今の事態に関連してわれわれはこう言えるだろう。すなわち、悲嘆と悲惨の中にあって、死は辛苦からの休

---

(1) 犯行自体のみならず、それを裁く元老院にとっても適正な処罰を指す。

(2) 容疑者たちを処刑すべしとのシラヌスの提案を指す。前一二三年に制定されたセンプロニウス法により、民会の同意なく市民の生命を奪う決定を下すのは禁じられた。ただし、元老院最終決議によって特別な権限を与えられた政務官がその法を遵守すべきか否かは、政務官自身の責任で判断する問題となる。ここで「前例がない」と述べられたのは、正確には、実際に暴動などが発生した場合に執行された従来の元老院最終決議による公敵抹殺の事例とは異なり、今回の事案では市中の反乱は未遂の状態で、しかもそれに直接関わる共謀者たちの身柄はすでに拘束されているからである。

(3) キケロの採った措置については、第五〇章三参照。

息であり、責め苦ではないのだと。そして死は、人間のすべての苦しみを終わらせるものであり、そのかなたには不安の余地も喜びの機会もないのであると[1]。

[21]ところで不死の神々にかけて、なにゆえあなたは提言に際して、あの者らがまず鞭打ちの刑を受けるべきだと付け加えなかったのか。[22]それは、ポルキウス法[2]により禁じられているためか。だが別の法律では同様に、市民は有罪判決を受けても、命を奪われることはなく、亡命することが許されると定められている[3]。[23]それとも、殺されることよりも、鞭打たれるほうが厳しいからなのか。しかしこれほどの悪行の罪が確定した者らに対して、何が苛酷で厳しすぎるのか。[24]いやむしろ逆に、鞭打ちのほうがより軽い刑であるためか。もしそうであるなら、より小さい事柄については法をはばかりながら、いっそう重要な問題では法を侮ることがどうして適切だと言えるのか[4]。

[25]だが、国家への反逆の罪に対して議決されることを、誰が咎めようかと言うかもしれない。いやそれは、時勢と日々と運命であり、運命の気まぐれは諸国民を支配している。[26]あの者らにとっては、どんな結果が降りかかろうと、それは当然の報いであろう。しかし元老院議員諸君、諸君の決定が他の人々にいかなる影響をおよぼすのか、それを考えていただきたい。[27]あらゆる悪しき模範は、立派な施策に由来するものである。さらに、統治権が無能な者や立派でない者に渡ると、そうした新しい模範は、罰に値するふさわしい者どもに対してでなく、それに値しない罪なき人々に適用されることになる。

[28]かつてラケダイモン人は、アテナイ人を打ち破ると、その国家を運営させるべく三〇人を任命した[5]。[29]この人々は最初、きわめて悪質で誰もが嫌う者らをみな、裁判なしに殺し始めた。すると国民はそれに喜び、正

当な処置だと語った。[30]だが放縦な行為はしだいに拡大していき、彼らは善人も悪人も区別なく気が向くままに殺害し、また他の人々を恐怖で威圧した。[31]こうして国家は圧政のもとに隷従し、愚かな喜びの償いとして重い罰を受けたのである。[32]われわれの記憶にあることだが、勝利者スラは、国家の弊風の中で力を増したダマシップス(6)やその類いの他の者らを殺すようにと命令した。そのとき、誰がスラの行動を称賛しなかっただろうか。騒乱によって国家を揺るがした極悪な叛徒らが、当然の報いを受けて誅殺されたと人々は語った。[33]しかしこの事態こそ、大災厄の始まりであった。なぜなら誰もが、他人の邸宅や別荘を、そしてついには調

(1) 死後には意識や感覚は失われ、ゆえに恐怖も喜びも生じないと説いたのはギリシア哲学者エピクロスであり、その見方は原子論的世界観にもとづいている。前六三年に大神祇官となったカエサルがエピクロスの無神論をどの程度信じていたのかは不明である。キケロはこの場面での彼の発言に触れて、カエサルは「死は自然の必然的な成り行きか、もしくは労苦と苦難からの休息として、不滅の神々によって定められたと見なしている」と述べている（『カティリナ弾劾』四・七）。

(2) 前二世紀初頭に制定された三つの法律で、ローマ市民を鞭打ち刑、ないし民会への上訴を認めず死刑に処することを禁じていた。

(3) センプロニウス法を指すと思われる（六三頁註（2）およびキケロ『カティリナ弾劾』四・一〇参照）。

(4) 軽いほうの鞭打ち刑についてはポルキウス法に従い、それよりも重い死刑に関しては正式の裁判を受ける権利を定めたセンプロニウス法などを無視していると、カエサルはシラヌスを批判する。

(5) ペロポネソス戦争が終結した前四〇四年、スパルタは三十人僭主と呼ばれる寡頭政の政権を敗戦国アテナイに設置した。しかしこの政権は恐怖政治を行ない、ほぼ一年後に解体した。

(6) ルキウス・ユニウス・ブルトゥス・ダマシップス。前八二年の都市法務官。マリウス派の人物で、元老院議員などスラ派の市民たちを殺害した。

度品や衣服さえも手に入れたいと思ったなら、所有者の名を政敵追放名簿(1)に載せようと躍起になったからだ。[34]こうしてダマシップスの死に歓喜した人々は、やがて自分自身が死へと引きずり込まれ、その殺戮は、スラがすべての部下を富で満足させるときまで終わらなかった。

[35]わたしとしては、こうした事態をマルクス・トゥリウスについて、あるいは今の時代に関して恐れているのではない。しかしこの大きな国家では、人の性質は多種多様である。[36]別の時代に、別の執政官が同じように軍隊を掌握した場合、何か根拠のない事柄が真実として信じられることもありえるのだ。執政官が今回のことを先例にして、元老院の決議にもとづき剣を抜いたとき、さて誰が彼を止めたり、抑制したりできるだろうか。

[37]元老院議員諸君、われらの祖先は思慮にも勇断にも不足はなかったが、思い上がりに妨げられず、すぐれたものでありさえすれば、他国の慣習を真似ることができた。[38]彼らは多くの軍事用の武具や武器をサムニウム人から、また政務官の多数の表象をエトルリア人から採り入れた(2)。要するにわれらの祖先は、同盟者のもとであれ敵国にであれ、どこにでも有用と思われるものを見つけて、それらをじつに意欲的に国内で実施した。良いものに関しては、彼らは羨むよりも、むしろ真似るほうを好んだのである。[39]ところが彼らは同じ時代に、ギリシアの習慣を模倣して、市民に対して鞭打ちの刑罰を科し、断罪された者を極刑に処した(3)。[40]やがて国家が発展し、市民の数が増えて党派の争いが盛んになると、罪のない人々を虐げるなど、そうした種類の不当な行為が始まった。そしてそのときポルキウス法やその他の法律が制定され、それらの法にもとづいて、有罪になった者には亡命が許されることとなった。[41]元老院議員諸君、わたしは思うに、こうした先例こ

そ、われわれが前例のない提言を採用すべきではない最大の理由なのである。42 まことに、わずかな資力からこの偉大な統治国家を築いた祖先たちには、立派に生み出されたこの国をかろうじて保持しているわれわれなどよりも、いっそう大きな徳と知恵が具わっていたのだ。

43 では、あの者らを放免し、カティリナの軍隊を増大させればよいのか。いや、まったくそうではなく、わたしの提案は次のとおりである。すなわち、彼らの財産は国が没収し、身柄は最大の力を具えた諸自治市において拘禁する。そして今後彼らの件については、いかなる者も元老院の審議に付したり、国民と討議したりすることはできないものとし、それに違反する場合、元老院が国家と万人の安泰に敵対する行為をもくろむ者と見なすのである」(4)。

五二　カエサルが話し終えると、他の人々はそれぞれ、異なる提言に対する各様の賛意を短く示した。し

（1）一七頁註（1）参照。

（2）サムニウム人はイタリア中南部の山中に住む好戦的な種族。ローマ人は彼らから投げ槍や方形盾などを採用した。また隣接の民族エトルリア人からは、儀鉞（ぎえつ）、高官椅子、紫縁取りの高官服などを採り入れた。

（3）前四五〇年頃に成立した十二表法には、鞭打ち刑と死罪に関する条文があった。そしてこのローマ最古の成文法の起草のために、アテナイなどのギリシア都市へ調査団が派遣されたと伝えられる。

（4）カエサルの提案は、容疑者たちの処刑を阻むためと見なされるが、他方彼らの上訴権をいっさい認めないという点では、元老院最終決議の超法規的な権限を尊重しているとも解される。

かしマルクス・ポルキウス・カト(1)は、意見を尋ねられて次のような演説を行なった。

[2]「元老院議員諸君、われわれが直面する危険な事態を考慮し、また何人かの方々の意見をよく考えてみると、わたしの所感は大きく異なっている。[3]先の方々は、みずからの祖国や親、祭壇や家に対して戦争を企てた者らの罰について論じられたとわたしは思う。しかし事態が促しているのは、あの者らに対してわれわれが何を決定すべきかを協議することではなく、むしろ、奴らに対して警戒することである。[4]というのも、他の悪事は犯行のあとに起訴できるが、しかしこの事案の場合は、事が起こらないように対策を講じなければ、起こってしまったあとでは、裁きに訴えても無駄であろう。都が攻略されてしまえば、敗者には何も残りはしない。

[5]さてわたしは、不死の神々にかけて諸君に訴えたい。諸君はつねに自分の邸宅や別荘、彫刻や絵画を国家よりも高く評価してきた。もし諸君が、いかなる種類のものであれ、大事にしているそうした財産を持ち続けたいのなら、そして自分の楽しみを平穏に味わいたいなら、今こそついに目を覚まし、しっかりと国家を守っていただきたい。[6]今問題になっているのは、国の歳入や同盟者に対する不正などではない。われわれの自由と生命こそが危機に瀕しているのである。

[7]元老院議員諸君、わたしはしばしばこの高位の方々の前で長く話をし(2)、何度もわが国の市民の奢侈と貪欲について苦言を呈してきた。そのため、わたしは多くの人々を敵に回している。[8]わたしはこれまで、過ちに対する許しを自分にも自分の心にも与えたことはないので、他人が欲に眩んで犯した悪事を容易には許せなかったのだ。[9]しかしわたしの言葉を、諸君は顧みなかった。そして国家は、それでも揺らぎはしなかった。

国の繁栄がそうした無関心を甘受したのである。

[10]ところが今や問題は、われわれの生活態度が良いか悪いかではないし、またローマ国民の統治がいかに偉大で素晴らしいかでもない。問題はむしろ、この国の資産が――いかなる種類のものと思われようと――われらのものであり続けるか、それとも、われらとともに敵の手に落ちるのかということである。[11]このようなときに、誰かがわたしに温情と憐憫を語るのか。たしかにずっと以前からわれわれは、物事の真の名称を失っている。他人の財産を惜しみなく与えることが気前よさと呼ばれ、悪事を大胆になすことが勇気と名づけられており、そのために国家は破滅寸前の状態にある。[12]それが世の習いなのだから、さあどうか同盟者の財産で気前よく振る舞い、国庫の盗人に憐れみを垂れるがよろしい。だがそうした者らが、われらの血を惜しみなく人に与えたり、少数の極悪人を許すことによって、すべての善良な人々を滅ぼしたりしてはならないのである。

[13]少し前にガイウス・カエサルは、この高位の方々の前で生と死に関して見事に、また入念に論じた。思うに彼は、冥界についての人々の言葉、すなわち悪人は善人と異なる道を行き、忌まわしく荒れ果てた、汚らわしくて恐ろしい場所に住むという話が偽りだと考えているようだ。[14]それゆえにカエサルは、奴らの財産は

---

(1) 前九五―四六年。同名の大カトの曽孫で、小カトとも呼ばれる。前六五年または六四年に財務官を務め、前六三年当時は次期護民官。まだ三二歳で、元老院での発言順位は遅かった。

(2) 小カトはまだ官職歴が浅く、元老院での演説経験も少なかったはずなので、作者の誇張であろう。

国が没収し、身柄は諸自治市において保護監視下に置くべきだと提案したが、それはむろん、もし奴らがローマにいれば、陰謀の仲間どもか、あるいは雇われた集団によって力ずくで救出されまいかと恐れるためであろう。[15]だがそれはまるで、邪悪で非道な輩は都のみにいてイタリア中には存在せず、防衛力がいっそう弱い場所では、無謀な行動はさらに増大しないかのようである。[16]したがって、もしカエサルが奴らから生じうる危険を恐れているのなら、その提言はまったく意味がない。しかし万人が大きな恐怖を抱く中で、もしも彼のみが恐れていないとすれば、⑴わたしが自分と諸君のために恐れを感じることがますます重大な意味を帯びてくる。

[17]それゆえ諸君は、プブリウス・レントゥルスその他について決定を下す際、同時にそれが、カティリナの軍隊および共謀者すべてに関する決議になると確信していただきたい。[18]諸君がより用心して事に当たるならば、それだけいっそう奴らの気力は衰えるはずである。だがもし奴らが少しでも諸君の気の緩みを見たなら、すぐに全員猛々しく攻め寄せてくるだろう。

[19]われらの祖先が国家を弱小な状態から偉大なものへ築き上げたのは、武力によるのではないと思っていただきたい。[20]もしそうだとすれば、われわれははるかに立派な国家を持っているはずである。というのも、われわれは同盟者も市民も、さらに武器や馬も、祖先より多数有しているのだから。[21]いや、むしろ祖先を偉大にしたのは別のものである。それは、われわれにはまったく欠けているもの、すなわち、国内での精励恪勤（かっきん）、国外での公正な統治、評議における罪過や欲に染まらない自由な精神である。[22]それらに代わって、われわれにあるのは奢侈と貪欲、公共の貧窮と個人の裕福なのだ。われわれは富を称賛し、怠惰を求めている。善良

な人と邪悪な人の間には何の区別も存在せず、野望が功勲に対するすべての褒賞をわがものにしている。何[23]も驚くべきことはない。諸君はみな、めいめい自分のために策を巡らし、家では享楽の奴隷となり、公事では金銭や名望に支配されているが、まさにその結果、主人なき国家に対するこの攻撃が発生したのである。

[24]しかしわたしは、こうした話は措くこととする。今やきわめて高貴な身分の市民たちが、祖国を炎で燃やそうと陰謀を企てたのだ。そして奴らは、ローマ国民にとって最も危険なガリアの部族(2)を戦争へと呼び寄せている。敵の首謀者は、軍隊を率いてわれわれの頭上にいる。[25]ところが、今でもまだ諸君は、城壁内で捕らえた敵どもをどうすべきかとぐずぐず迷い、ためらうのか。[26]思うに諸君は、奴らに同情すればよい。奴らは若気のいたりで野心に燃え、過ちを犯したのだと。それのみか、奴らを武装させて解き放てばよい。[27]だが実際には、諸君のそのような温情と憐憫は、もしも奴らが武器を取るならば、まさに悲惨に変わるだろう。[28]むろん事態は深刻だが、諸君はそれを恐れはしない。いや、むしろ諸君は非常に恐れている。無為と柔弱な精神のために、めいめい互いをあてにしながら躊躇しているにすぎないのだ。そして諸君は明らかに、しばしば最大の危機の際この国家を救ってくれた不死の神々を信頼している。[29]だが神々の援助は、祈願や女のような嘆願で得られるものではない。警戒し、行動し、賢い策を講じることによって、すべては首尾よく進むのである。無気力と怠慢に身を委ねてしまえば、いくら神々に懇願しても無駄であろう。神々は怒り、敵対し

(1) カエサルが陰謀に加担ないし共鳴していることを暗示するような表現である。

(2) 前三九〇年のガリア人によるローマ市略奪以来、ローマ人はガリア人を不倶戴天の敵と見なしていた。

たままである。

[30]われらの祖先の時代にアウルス・マンリウス・トルクワトゥス(1)は、ガリア人との戦争のとき、自分の息子が命令に反して敵と戦ったため、彼の処刑を命じた。[31]その卓越した若者は、過度の勇気のために死という罰を受けたのだ。ところが諸君は、最も残忍な国事犯らに関して、どう決定すべきか迷っているのか。言うまでもなく、奴らの以前の生き方がこの犯罪と相容れないというわけだろう。[32]ではよろしい、権威ある地位(2)ゆえにレントゥルスを惜しみなさい。ただし奴自身がこれまでに一度でも、自己の節操や名声を、そして神々や人々を惜しんだというのならば。[33]またケテグスを若気のゆえに許しなさい。ただし奴が、二度も祖国に戦いを仕掛けたの(3)ではないのならば。[34]さらにはスタティリウスやガビニウスやカエパリウスについて、わたしはいったい何を語ろうか。もしもこれまで奴らに、何かを大切にする気持ちがあったなら、国家に敵対するあのようなたくらみを抱くことはなかったはずである。

[35]最後に元老院議員諸君、もしも過ちを犯す余裕がほんとうにあるのなら、諸君が事実によって誤りをただすのは、いっこうに差し支えないとわたしは思うだろう。ともかく諸君は、言葉など軽蔑しているのだから。しかしわれわれは今、四方八方から包囲されている。カティリナは軍隊を率いて喉元に迫っており、他の敵どもは城壁内に、都の真ん中にいるのである。敵に知られずには、いかなる準備もどんな協議もできない。だからこそ、いっそう急ぐ必要があるのだ。

[36]したがって、わたしの提案は次のとおりである。罪深い市民たちの非道なたくらみによって国家が最大の危機に陥ったため、そして奴らがティトゥス・ウォルトゥルキウスとアロブロゲス人の使節団の証言により

有罪と確定し、またみずからも殺戮や放火その他、市民と祖国に対する恐るべき残酷な所業を企てたことを認めたため、罪を自白したその者らは、死刑に値する犯罪の現行犯として扱い、父祖の慣習に従って処刑すべきである」(4)。

五三　カトが着席すると、すべての執政官格議員とともに元老院の大部分の人々は、彼の意見に賛同した。そしてその高潔な精神を天高く誉め上げ、互いを嘲りながら臆病者と呼び合った。カトは輝かしく偉大な人と見なされ、元老院の決議は彼の提案どおりに下された。

2　ところでわたしは、ローマ国民が平時と戦時に、あるいは海と陸において成し遂げた名高い行ないの数々を読んだり聞いたりした。そしてそのようなとき、わたしはふと、これほどの大業を可能にした原因はとり

（1）ティトゥス・マンリウス・トルクワトゥスの誤り。しかもトルクワトゥスが息子を処刑させたのは、ラティウム人との戦争中（前三四〇年）のことである。作者がガリア人との戦いと混同したのは、ティトゥス・マンリウスが前三六一年に巨体のガリア人を決闘で殺して首飾り（トルクイス）を奪い、そこからトルクワトゥスの添え名を得たという有名な逸話のためであろう。

（2）二三頁註（1）参照。

（3）ケテグスが前六五年の「第一回カティリナ陰謀事件」（二三頁註（15）参照）にも関わったことを指すのか。

（4）現行犯で逮捕された場合、略式の裁判だけで刑が確定した。つまりその簡易な手続きにより死刑判決が下されると、先にカエサルが示したような（第五一章参照）民会に上訴したり亡命を選択したりする権利はなかった。寛大な措置を提案したカエサルと同様に父祖の慣習を規範として挙げながら、カトはむしろ元老院最終決議の特別な権限を強く支持し、正反対の厳格な処分を提起している。

わけ何だったのか、それをよく考えてみたいと思った。[3]しばしばローマ国民が、少数の兵力で敵の大軍と戦ったことはわかっていた。また、わずかな資力で強力な王と戦争を行なったことも、さらには、しばしば運命の乱暴な力に耐え忍んだことも知っていたし、弁舌の才ではギリシア人が、戦争の栄光ではガリア人がローマ人を凌いでいたことも承知していた。[4]こうしてわたしはあれこれと考えを巡らした結果、すべては少数の市民の卓越した精神の力によって成し遂げられ、そのおかげで貧困が富に、また少数が多数に打ち勝つにいたったのだと確信した。[5]ところが、市民たちが贅沢と怠惰に溺れて堕落すると、そのあとは逆に、国家はみずからの偉大な力によって将軍や政務官たちの欠陥を耐え忍ぶこととなり、まるで生み疲れた母親(1)のように、長期にわたってローマでは、精神の力において偉大な人物は誰一人として現われなかった。[6]しかしわたしの時代には、性格は異なるが、偉大な精神の力を持つ二人の人物、すなわちマルクス・カトとガイウス・カエサルが出現した。ここで話が彼らにおよんだのだから、この二人について何も語らずに通り過ぎるのは本意ではない。よってわたしの才でなしうるかぎり、両人の気質と性格を説明してみよう。

五四　そこで生まれと年齢と雄弁の力であるが、それらはほぼ同じであった(2)。精神の偉大さも、栄光も同等だが、それぞれの栄光の種類は異なっていた。[2]カエサルは恩恵と気前よさのため、またカトは高潔な生き方のゆえに大人物と見なされていた。カエサルは温情と憐憫で名声を馳せ、カトは厳格さにより尊敬を得ていた。[3]カエサルは与え、支援し、許すことによって、カトは何も施さないことによって(3)栄光を獲得した。カエサルは不幸な人々にとっての避難所だったが、カトは悪人にとっての災厄であった。人々は融通のきくカエサルを称え、意志強固なカトを誉めた。[4]最後に、カエサルは働き、眠らず、友人の世話に専念して自分のことを顧みず、与えるに値するものは何も惜しまないことを信条としていて、功勲を輝かせることのできる大きな指揮権と軍隊と新たな戦争(4)を強く求めた。[5]他方カトは、自制と品格、そしてとりわけ厳格さを追求した。[6]彼は富める者と財産を、また派閥を好む者と党派活動を争わず、強壮な人と功勲を、節度ある人と節制を、清廉な人と無欲恬淡（てんたん）を競い合った。カトは立派に見えることではなく、立派であることを望んだ。みずから栄光を求めなかったが、それだけいっそう栄光が彼のあとを追った。

五五　先述のように元老院がカトの意見を採択したあと、執政官は、夜が迫っているため、その間に新しい動きが起こらないよう先手を打つのが最良と考え、三人委員(5)に対して処刑に必要な準備をするよう命じた。[2]そして守備隊を配置し、みずからレントゥルスを牢獄(6)へ連行した。他の者らは法務官たちが連行した。

---

(1) テクストに改竄があり、いくつかの写本に従い「生み疲れた母親（effeta parente）」の読みを採る。

(2) カエサルのユリウス氏は古い貴族で、カトのポルキウス氏は平民家系の氏族だが、高官職の祖先を仰ぐ名門である。カエサルは当時三七歳で、カトは約五歳年少。雄弁については、両人ともキケロによって称賛されている（『ブルトゥス』一一八、二五一―二五三）。

(3) つまり賄賂を与えないこと。

(4) カエサルはガリアやゲルマニアなどで誰も着手したことのない征服戦争を遂行した。

(5) 死刑執行三人委員のことで、牢獄の管理や罪人の処刑などに従事した役人。

(6) 牢獄（カルケル）はカピトリウム丘の東麓、中央広場（フォルム）の北にあった。

3 牢獄には、左手に少し上ったところに、十二歩ほど地下に窪んだトゥリアヌム[1]と呼ばれる場所がある。4 その場所は四方を壁で囲まれ、上には石のアーチで作られた丸天井がある。そこは汚くて暗く、悪臭が立ち込め、見るからに忌まわしく恐ろしい場所である。5 レントゥルスはその場所へ降ろされると、指示を受けた死刑執行吏ら[2]がその首を縄で絞めて殺した。6 こうしてきわめて名高いコルネリウス氏出身の貴族であり、ローマで執政官の権威も保持した人物が、自己の生き方と行ないにふさわしい最期を遂げた。ケテグス、スタティリウス、ガビニウス、カエパリウスも同様に処刑された[3]。

五六　こうしたことがローマで起こっている間、カティリナは、自分が率いてきた軍勢とマンリウスのもとにいた軍勢をすべて集めて、そこから二軍団を編成したが、各大隊の人員は兵士の実数に合わせて充当した[4]。2 その後志願者や陰謀仲間が陣営にやってくると、彼はそれらの者をみな均等に配分し、最初はせいぜい二千人の兵士を擁したにすぎなかったのが、たちどころに両軍団の定員を充足させた[5]。3 しかし軍勢全体の約四分の一のみが軍事用武器[6]を装備していたにすぎず、他の兵らはたまたま武器として手に入れた狩猟槍や騎兵槍[7]を持ち、なかには先の尖った杭を携えている者もいた。

4 さてアントニウスが軍隊を率いて接近してくると[8]、カティリナは山中を行軍し、陣営を都の方向へ移したり、ガリアの方角へ動かしたりして、敵に戦闘の機会を与えなかった。ローマにいる仲間たちが首尾よく計画を実行すれば、彼はまもなく大軍を得るだろうと期待していたのである[9]。5 その間カティリナは、最初大挙して自分のところへ駆け集まってきた奴隷たちの受け入れを拒んだ。それは陰謀集団の兵力を信頼していたからだが、同時にまた、市民の大義の一端を逃亡奴隷に担わせたと人々に思われるのは、自己の意図にそぐわないと考えたためでもあった(10)。

五七　しかしローマで陰謀が発覚し、レントゥルスやケテグスその他先述の者らが処刑されたという知らせが陣営に届くと、略奪を期待し政変を熱望して戦いに誘われていた大多数の者らが四散した。カティリナ

---

(1) 語源は噴水（トゥリウス）か。ローマではセルウィウス・トゥリウス王に因むと信じられた。ここは死刑執行用の部屋である。

(2) 死刑執行三人委員か、またはその配下の者たち。

(3) このあとキケロは、中央広場の群衆に向かって「彼らは生き終えた（vixerunt）」と告げた（プルタルコス『対比列伝』「キケロ」二二参照）。前六三年十二月五日の夜のことである。

(4) 一軍団は一〇箇大隊で構成され、一大隊は通常約六〇〇人の兵士からなるが、反乱軍の大隊は最初、その六分の一の一〇〇人程度に過ぎなかった。

(5) 一大隊六〇〇人とすると、一軍団は六〇〇〇人。二軍団で合計一万二〇〇〇人となる。なおプルタルコス（『対比列伝』「キケロ」一六）では、反乱軍は総数約二万人に達したとされている。

(6) 剣、投げ槍、方形盾、胴鎧、兜（かぶと）、脛当てなど。

(7) 狩猟槍（sparus）は短く、騎兵槍（lancea）は長くて軽い。

(8) 執政官アントニウスには、元老院の決議でカティリナ追撃の任務が与えられていた（第三六章三参照）。

(9) ローマの共謀者たちはカティリナの軍隊がローマ近郊に到着した時に合わせて市内の暴動を決行することになっていたので（第四三、四四章参照）、この記述はその当初の計画と矛盾する。おそらくカティリナは、ローマ軍に阻まれて容易に都へ進軍できないため、ローマでの暴動を先行させ、その結果を待つという段取りに変更したと思われるが、作者は詳細な説明を省略している。

(10) カティリナは最初、ローマでの暴動における市内の奴隷の参入を考慮していたが（第二四章四参照）、自己の軍隊に奴隷を取り込むことは拒んだ。悲惨な境遇の下層民としては、奴隷ではなく、あくまでも自由市民を擁護する自己の政治的立場を保持しようとしたのであろう。

は残りの兵を、険しい山々を強行軍で抜けてピストリア(1)の地へ導いたが、それは、間道を通ってひそかに外ガリアへ逃亡しようともくろんだからである(2)。[2]だがクイントゥス・メテルス・ケレル(3)が、敵の窮状から察して、今述べたのとまさに同じ行動をカティリナが取ると考えながら、ピケヌム地方で三箇軍団を率いて警戒していた。[3]それゆえケレルは、脱走者らからカティリナの進路を聞くと、ただちに陣営を移し、敵がガリアへ急ぐとき下るはずの山の麓に陣を敷いた。[4]他方アントニウスも遠く離れてはいなかった。というのは、彼はより平らな場所で大軍を率いて、逃げる軽装の敵兵を追跡していたからである。

[5]さてカティリナは、自分が山と敵勢に挟まれており、ローマでは事が挫折して、もはや逃亡も援軍も望めないとわかると、こうした事態では戦運を試すのが最良の道だと考え、ただちにアントニウスと交戦する決意を固めた。[6]そこで集会を開き、彼は次のような演説を行なった。

五八　「兵士諸君、言葉は勇気を与えずということを、わたしはよくわかっている。指揮官の演説で無力な軍隊が強くなったり、臆病な軍が勇敢になったりはしないものだ。[2]生まれながらにせよ習慣によるにせよ、めいめいの胸にいかほど勇猛心が具わっているかは、戦いの中で明らかになるのが世の常である。栄光によっても危険によっても奮い立たない者は、激励しても無駄である。心中の恐怖が耳を塞ぐのだ。[3]しかし今わたしは、いくらかの忠告をするために諸君を呼び集めた。そして同時に、わたしの決意の理由を説明するためでもある。

[4]兵士諸君、君らはよく知っていよう、レントゥルスが無能と臆病のために、彼自身とわれわれにどれほどの災いをもたらしたかを。また都からの援軍を待っている間に、わたしがガリアへの退去の道を逸した事情

を。[5]今やわれわれがいかなる状況にあるのか、君らはみな、わたしと同様に了解している。[6]敵の二つの軍隊が、一つは都のほうから、もう一つはガリアのほうから立ちはだかっている(4)。たとえ心が強く望んでも、これ以上長くこの場所にいることはできない。食糧その他の物資の欠乏が阻むからだ。[7]どこへ進むと決めても、道は剣で切り開かねばならない。

[8]したがってわたしは諸君に忠告する。果敢で決然とした心を失うなと。そして戦闘に入るとき、自分自身の右手に、富と名誉と栄光を、さらには自由と祖国を携えていることを覚えていてもらいたい。[9]もしわれわれが勝利するなら、われわれにはすべてが確保されるだろう。食糧は豊富に供給され、自治市や植民市は門を開くであろう。だがもしわれわれが恐怖のために退くならば、事態はまったく逆になろう。[10]武器で自分を守れなかった者を、守ってくれる場所や友人はどこにもあるまい。[11]そのうえ兵士諸君、敵はわれわれと同じ必要に迫られているのではない。われわれは、祖国と自由と生命のために戦っている。だが彼らは、少数の者どもの権力のために余分な戦い(5)をしているのである。[12]だからして、昔日の武功を心に留め、いっそう勇猛

(1)エトルリア北部、アペニン山麓の町。ファエスラエの北西に位置する。現在のピストイア。
(2)おそらくアロブロゲス人の領土を目指すつもりであろう。ただしカティリナが、その部族の使節団の裏切りを知っていたかどうかは不明。
(3)イタリア中部のピケヌム地方へ派遣された法務官（第三〇章五参照）。
(4)すなわち、南から北上してくるアントニウスの軍とアペニン山脈の北に待機するメテルス・ケレルの軍に挟まれて、進退窮まっている。
(5)すなわち、自分にとって重要でなく、一握りの権力者のためだけの戦い。

に攻めかかれよ。
[13]諸君は追放の地で、きわめて不面目な暮らしに甘んじることもできただろう。また何人かはローマで、財産を失ったのち、他人の援助をあてにすることもできただろう。[14]だがそのような生き方は、男にとって不名誉で耐えがたいと思ったから、諸君はこの道を進む決意をした。[15]もしこの道を切り抜けたいなら、勇猛な心が必要である。勝者以外の誰も、戦争を平和に変えることはできない。[16]さよう、体を守る武器を敵から逸らし、逃げて身の安全を望むのは、まことに狂気の極みである。[17]戦闘ではつねに、最も恐怖を抱く者が最も危険な目に遇うのだ。勇猛心こそが防壁なのである。
[18]兵士諸君、わたしは諸君のことを考え、諸君の功績を思うと、勝利に向かって大きな希望を抱くのである。[19]諸君の気概と年齢と武功、さらには臆病者さえ勇敢な人に変える切迫した事態がわたしを励ましてくれる。[20]実際、敵はむしろ多勢ゆえに、われわれを包囲することはできまい。隘路がそれを妨げているのだ。[21]だがもし運命が諸君の勇気を疎んじることになれば、恨みを晴らさぬまま命を失わぬよう留意せよ。虜囚となり家畜のように殺されるのではなく、雄々しく戦って、敵どもには、血にまみれた悲惨な勝利だけを残してやるのだ」。
五九　カティリナはこう述べると、少しの間待機したのち合図を鳴らすように命じ、戦列を整えた軍隊を平地へ導いた。次に彼は危険を平等にして戦士らの士気を高めるため、全員の馬を遠くへ放ち(1)、みずからも徒歩で、地形と兵力に応じて軍隊を配列した。[2]すなわち、平地は左手に山、右手に険しい崖で囲まれていたので、八箇大隊を前列に配置し、残りの大隊を予備戦力として密集隊形にして並べた。[3]そしてこの予備隊か

ら全員精鋭で再役古兵(2)の百人隊長を、さらに兵卒集団の中から最も堅く武装した者を選び、彼らを最前線に置いた。またガイウス・マンリウスには右翼の、ファエスラエのある者には左翼の指揮を命じた。カティリナ自身は、解放奴隷と入植民ら(3)とともに鷲の軍旗(4)のそばに身を置いた。その軍旗は、キンブリ人(5)との戦いのときガイウス・マリウスが軍隊で用いたものだと言われていた。

[4]他方ローマ軍側においては、ガイウス・アントニウスは足の病気で戦闘に加われなかったため、副官のマルクス・ペトレイウス(6)に軍隊を任せた。[5]ペトレイウスは騒乱のために徴集していた古参兵の大隊を前列に置き、そのうしろに他の軍隊を予備戦力として配置した。彼は馬で巡回し、兵士ら各々の名を呼んで声をかけ、彼らを激励した。そして彼らに、まともな武器のない盗賊どもを敵として、みずからの祖国と子供らのために、祭壇や家のために戦うのだということを忘れないようにと頼んだ。[6]軍事に練達した人で、軍団副官、部

(1)馬で逃亡できなくするため。

(2)退役後に再召集された古参兵。ここでは、その多くは以前スラに仕えた老兵であると思われる。なお底本では、写本の「精鋭（lectos）」の語は削除されている。

(3)おそらくスラの退役軍人たち（二一頁註（6）参照）。

(4)キケロ『カティリナ弾劾』（一・二四、二・一三）によると、カティリナはマリウスが採用した銀鷲（ぎんわし）の軍団旗を神聖視し、大切に保管していた。

(5)テウトネス人とともに共和政ローマを脅かしたゲルマン系の部族。前一〇二年のアクアエ・セクスティアエの戦いで、テウトネス族はマリウスが率いるローマ軍に敗れ、キンブリ族は前一〇一年のウェルケラエ付近の戦いで、マリウスとカトゥルスの軍に敗北した。

(6)のちにポンペイウス配下の武将として活躍し、内戦でカエサル軍と最後まで戦い続ける人。

隊長、副司令官、長官として三〇年以上軍務に就き、大きな栄光を得ていたペトレイウスは、大半の兵士たちと彼らの果敢な功績を知っていた。彼はそれらの手柄を思い起こさせ、兵士らの士気を燃え立たせた。

六〇　さて全軍の点検が終わると、ペトレイウスは合図の喇叭を吹かせ、大隊にゆっくり前進するよう命じた。敵の軍隊も同様に前進した。[2]両軍は前哨兵による交戦可能な地点にまで進んだとき、大きな雄叫びを上げ、軍旗で互いを威嚇しながら激突した。投げ槍が放たれ、剣による合戦となる。[3]古参兵らはかつての武功を思い出して激しく接戦に挑み、他方敵軍も臆せず対抗した。まさに大戦闘となった。[4]その間カティリナは、軽装兵らとともに最前線を駆け回り、苦闘する者らを助け、無傷の兵を呼んで負傷者と交代させ、全体に目を配り、さらにはみずからもおおいに戦い、何度も敵兵を討ち倒した。彼は勇壮な兵士とすぐれた指揮官の任務を同時に果たしたのである。

[5]ペトレイウスは、カティリナが予想に反して激しく戦うのを見ると、護衛隊(1)を敵軍の真ん中へ突進させ、敵を大混乱に陥れて、あちこちで抵抗する兵を殺した。そして彼は両翼で他の敵を攻撃した。[6]マンリウスとファエスラエの男(2)は、最前列で戦いながら倒れた。[7]カティリナは、軍勢が総崩れになり、自分が少数の者らとともに取り残されたのを見ると、みずからの生まれとかつての威信を思い浮かべ、敵の最も密集したところに向かって突撃し、そこで戦いながら刺し殺された。

六一　ところで、戦闘が終わって初めて、カティリナの軍隊がどれほど勇猛で、いかに強い闘志を具えていたかがわかった。[2]なぜなら、ほとんどすべての者らが、命を失ったあと、めいめい生きて戦いを始めたその場所を体で覆っていたからである。[3]そして護衛隊が中央で四散させた少数の者らは、少し離れた場所に倒れていたが、それでもなお彼らは、みな体の前面に傷を受けていたのである。(3) [4]一方カティリナは、味方から遠くの敵軍の死体の間で発見された。そのとき彼はまだ少し息をしていて、存命中と同じ大胆不敵な精神をその表情に留めていた。[5]結局、全軍勢の中で、戦闘中にも敗走中にも、捕虜となった生まれながらの自由市民は一人もいなかった。[6]それほどに彼らはみな、敵のみならず自己の命も惜しまなかったのである。

[7]他方ローマ国民の軍隊も、喜ばしい無血の勝利を得たわけではなかった。というのも、最も勇壮な者らはすべて、戦闘中に倒れるか、あるいは重い傷を受けて退却したからである。[8]そして多くの者が視察のためか、あるいは戦利品を得るために陣営からやってきて敵の死体をひっくり返すと、そのときある者は友人を、またある者は客人や親族を発見した。さらにまた、自己の個人的な敵対者を見つけた者らもいた。[9]こうして全軍は、嬉しさと悲しみ、そして悼みと喜びというさまざまな感情に揺れ動いたのである。

---

(1) 指揮官（将軍）の身辺を警護する精鋭部隊。

(2) 反乱軍の左翼の指揮者（第五九章三参照）。

(3) 最初の持ち場から離れても、最後まで敵に背を向けなかったことを示す。

ユグルタ戦記

一　人間は自己の性質について、弱くて命短く、徳ではなく偶然によって支配されていると言って嘆くが、それは間違っている。[2]実際よく考えてみれば、むしろ逆に、人間の性質以上に偉大で卓越したものはほかになく、ただそれに欠落しているのは力や時間でなく、人間自身の精励恪勤（かっきん）だということがわかるだろう。[3]さて、人間の生を導き支配するものは精神である。精神が徳の道を通って栄光へと進んでいくとき、能力も勢力も名声も満ち溢れ、運命を必要とはしない。というのも運命は、高潔な心や精励恪勤や他のすぐれた技量を誰にも与えることはできないし、また誰からも奪えないからである。[4]しかし精神が邪悪な欲望に捕らわれて無為と肉体の快楽に溺れてしまえば、それは有害な楽しみをしばらくは味わうが、そのあと力も時も天賦の才も怠惰の中で消失するという事態にいたる。そのとき人は自己の性質の弱さを責めるのだ。自分に責任がありながら、誰もがみずからの罪を境遇に転嫁するのである。

[5]しかし人間は、自分とは無関係で何の利益ももたらさず、しばしば危険で〈有害で〉さえもあるようなことを熱心に追求することがあるが、もしもそれと同じ熱意で立派な事柄に専念すれば、人は不慮の事態に支配されず、むしろそれを支配することができるだろう。そして死すべきものではなくなり、栄光のゆえに永遠の存在になるという偉大の極みに達することができるであろう。

二　というのは、人間が肉体と魂からなるように、われわれのあらゆる行為とすべての営みは、肉体の性質かまたは魂の性質のどちらかに従うからである。[2]それゆえ、類いまれな美しい姿や大きな富、さらに肉体の力やそうした種類の他のすべてのものは短い間に消え去るが、それに対して精神の卓越した業績は魂と同様に不滅なのである(1)。

[3]要するに、肉体と運命のよきものには始まりがあるように終わりがあり、生じたものはみな滅し、成長したものはみな衰える。だが精神は、朽ちることなく永遠で、人間を導くものであり、すべてを動かして支配するが、しかしそれ自体は支配されることはない。[4]だからして、肉体の楽しみに溺れて奢侈と怠惰に人生を送りながら、他方人間の性質の中で最良で最も秀でたものである精神を怠慢と無為に委ねて鈍化するままに放置する者らが犯している過ちは、いっそう驚くべきものである。とりわけ、最高の名声をもたらす精神の業(わざ)は非常に多く、さまざまな種類があるというのに。

三　しかしそうした業の中で、政務官職と軍隊の指揮――要するに国家のあらゆる公務――は、この時代において(2)望ましいものだとはわたしには少しも思われない。なぜなら、名誉は功勲には与えられないし、またたとえ策謀を用いてそうした公職に就いたとしても、それで身の安全やいっそうの尊敬を得るわけではな

(1) 人間が精神（魂）と肉体からなるという二元論、および肉体に対する精神の優位性については『カティリナ戦記』の序文（第一―二章）でも語られた。

(2) サルスティウスは前四四年三月のカエサル暗殺後に政界を引退し、本書を執筆した（解説参照）。したがって「この時代」とは、アントニウス、レピドゥス、オクタウィアヌスによる第二回三頭政治の時期（前四三―三三年）を指すものと思われる。

いからである。[2]実際祖国や親を力で支配することは、たとえそれで悪弊をただすことができ、また現に悪弊をただしているとしても、しかし冷酷な行為である。とりわけ体制の変革はすべて、殺戮や亡命その他の敵対状況を前触れするものだから。[3]それでもいたずらに奮闘し、疲労困憊（こんぱい）のすえ憎しみのみを得ようとするのは愚劣の極みである。[4]とはいえ、不面目で破滅的な熱情に捕らわれて、少数の者の勢力に自己の名誉も自由も気前よく捧げたいのならば別であるが。

四　ところで知力を用いて行なわれる活動の中で、過去の事績の記録はとくに大きな益をもたらすものだ。[2]その価値については、ここでは省略するのが妥当だと思う。すでに多くの人々がそれを語っているからだが、同時にまた、わたしが不遜にも自己の関心事を称賛し、それを過大評価しているなどと誰にも思われたくないためでもある。[3]そのうえわたしは、自分が公事から離れて生活することを決意したので、ある人々がこれほど重要で有益なわたしの仕事に「暇つぶし」の名をつけるだろうと思っている。とくに、民衆に挨拶したり、宴会を催して人気を得ようとしたりすることを(1)最も精励すべき行為と見なす人々は、たしかにそう呼ぶだろう。[4]だがもしそうした人々が、わたしが政務官職に就いた時期に(2)、どれほどの著名人がわたしと同じ官職を得ることができなかったのか、そしてその後どんな種類の人間たちが元老院に入ってきたか(3)をよく考えれば、わたしが心中の見方を変えたのは、怠惰のゆえでなく正当な理由にもとづくものであり、国家にとってより大きな利益は、他の人々の活動からよりも、むしろわたしの閑居から生じるだろうときっと思うはずである。

[5]実際わたしは、クイントゥス・マクシムス(4)やプブリウス・スキピオ(5)その他のわが国の著名な人々がいつも、

祖先の肖像(6)を見つめるたびに、自分の心は功勲へと激しく燃え立つと言っていたという話をしばしば聞いた。[6] もちろんその話は、あの蠟と肖像自体に大きな力があるということではなく、祖先の業績を思い出したために、そうした炎が卓越した人々の心に燃え上がり、そしてその炎は自己の功勲が祖先の名声と栄光に並ぶまでは鎮静しないということを意味している。

[7] ところが昨今の風習ではそれと反対に、高潔な生き方や精励恪勤ではなく、富と浪費で自己の祖先と張り合おうとしない者がはたしているだろうか。かつてはつねに功勲によって貴族を凌いだ新参者たち(7)でさえ、今はすぐれた技量によってではなく、盗人や追い剝ぎに類する仕方で政権や公職を目指して努力する。[8] それはあたかも、法務官職や執政官職およびその他同様のすべての官職が、それ自体で輝かしく立派なものであ

---

(1) 高級政務官職のための選挙運動を意味する。

(2) 著者の公職歴については解説参照。

(3) カエサルはガリア人たちを元老院議員に任命し、またアントニウスは、カエサルの遺志によるとして同様に卑賤な身分の人々を元老院に受け入れた(スエトニウス『ローマ皇帝伝』「カエサル」八〇、「アウグストゥス」三五参照)。

(4) クイントゥス・ファビウス・マクシムス・クンクタトル(前二七五頃―二〇三年)。第二次ポエニ戦争中の将軍で、持久戦略によりイタリア内での敵将ハンニバルの攻勢に対抗した。

(5) プブリウス・コルネリウス・スキピオ・アフリカヌス(前二三六―一八三年)。大スキピオと呼ばれる第二次ポエニ戦争で活躍した将軍。ヒスパニアからカルタゴの勢力を一掃し、その後ハンニバルを北アフリカのザマの戦いで破ってローマ軍を勝利に導いた。

(6) 高官職を務めた祖先の顔をかたどった蠟製の肖像で、普段は邸宅の広間に飾られ、家族の葬儀などの際には葬列で公衆に披露された。

(7)『カティリナ戦記』第二三章六および三三頁註(1)参照。

り、それらを担う人々の功勲に従って評価されるのではないかのようだ。[9]だがわたしはわが国の風習を遺憾に思い、それに対する嫌悪を述べている間に、あまりにも自由に主題から離れてしまった。今は本題にもどるとしよう。

五　ローマ国民がヌミディア人の王ユグルタ(1)に対して行なった戦争を、わたしは記そうと思う。その理由はまず、それが長く苛烈で、勝利が転変した戦いだったためである。次に、この戦いで初めて、貴族の暴慢に対する反抗が起こったからである。[2]その争いは神々や人間に関わるあらゆることを混乱に陥れ、常軌を逸した状態にまでいたった結果、ついに市民間の確執に終止符を打ったのは、戦争とイタリアの荒廃だったのである。(2)[3]だがこうした事柄を語り始める前に、全体がより明らかに、いっそうはっきりと示されて理解しやすくなるよう、時をさかのぼって若干の出来事について述べよう。

[4]第二次ポエニ戦争においてカルタゴ人の将軍ハンニバルは、イタリアの勢力に対して、ローマ国民が偉大な地位を獲得して以降最大の打撃を与えた。(3)その戦争の間、ヌミディア人の王マシニッサは、のちに功勲のためアフリカヌスという添え名を与えられたプブリウス・スキピオによって盟友として認められ、多くの華々しい軍事的な手柄を立てた。(4)そのために、カルタゴ人が敗北し、アフリカで強大かつ広範な支配権を掌握していたシュパクスが捕らえられると、ローマ国民は武力で獲得したすべての都市と土地をこの王に贈与した。[5]こうしてマシニッサは、われわれに対して心から誠実に友情を抱き続けた。しかし彼の支配は、その命とともに終わった。(5)[6]その後、息子ミキプサが単独で王国を獲得した。兄弟のマスタナバルとグルッサが病気で死んだからである。[7]ミキプサはアドヘルバルとヒエンプサルの二子をもうけた。一方ミキプサの弟マス

タナバルにユグルタという息子がいたが、愛妾から生まれたため、マシニッサはその孫を見捨てて臣民と見なしていた。だがミキプサはユグルタを宮廷に置き、実の子と同じように育てた。

六　ユグルタは成長すると、力強く容姿端麗な若者となったが、とりわけすぐれた知性を具えていた。彼は奢侈や怠惰に身を委ねて堕落することはなく、自民族の習慣に従って乗馬や槍投げに励み、競走で同年輩の者らと張り合った。そして栄光では誰をも凌いだが、しかし誰にでも愛された。さらに彼は狩りをして大

（1）北アフリカの古代ヌミディアは現在のアルジェリア北部周辺にあった王国で、その名称はギリシア語ノマデス（遊牧民）に起源すると言われる。ユグルタ王は前一一八―一〇六年に在位した。

（2）ユグルタとの戦い（前一一一―一〇五年）のあと前一世紀には、同盟市戦争（前九〇―八九年）、マリウスとスラの内戦（前八八―八二年）、カティリナの陰謀事件（前六三年）、カエサルとポンペイウスの内戦（前四九―四五年）と紛争や戦争が連続して発生した。作者はそうした戦乱の原因と徴候が、すでにユグルタとの戦いをめぐるローマ市民間の対立、すなわち貴族と平民の抗争にあったと見ている。

（3）第二次ポエニ戦争（前二一八―二〇一年）でハンニバルは、ヒスパニアからアルプス山脈を越えてイタリア半島に侵攻し、各地で次々とローマ軍を撃破した。しかしついに彼は、ザマの戦いで大スキピオ率いるローマ軍に敗れた。

（4）第二次ポエニ戦争中マシニッサは、最初カルタゴに味方してヒスパニアでローマ軍と戦ったが、ヌミディア東部の自己の領土がヌミディア西部の王シュパクスに乗っ取られると、大スキピオ率いるローマ軍に加担した。その後、前二〇四年に北アフリカへ侵攻した大スキピオの軍隊を支援してカルタゴの同盟者シュパクスを破り、前二〇二年のザマの戦いでもヌミディア騎兵を率いてカルタゴ軍と戦った。こうしてローマ軍の勝利に大きく貢献した彼は、ヌミディア全土を得てローマからその王として承認された。

（5）前一四九年ないし前一四八年初め頃のこと。

半の時を過ごし、獅子やその他の野獣を殺すときも先頭に立つか、または先頭の群れの中にいた。彼の行動はじつに卓越していたが、自分自身について語ることはほとんどなかった。

[2]ミキプサは最初、ユグルタの功勲が自己の王国に栄誉をもたらすだろうと考えて、こうした事態を喜んでいた。しかし自分は齢を重ね、子供らはまだ幼いのに、この若者の力がますます増していくのに気づくと、そうした成り行きを深く憂慮し、しきりに思案を巡らした。[3]ミキプサを恐れさせたのは、支配権を熱望し心の欲求を満たそうとはやる人間の性質だったが、さらに、自分の歳と子供らの年齢が与えている機会もまた彼を不安にした。そのような好機は、凡庸な男らさえをも強奪の希望によって邪道へ導くものである。それに加えて、ヌミディア人らがユグルタを熱烈に支持していた。そうした支持のために、もしこのような人物を策略で殺せば、何らかの反乱か戦争でも起こりはしまいかと彼は心配であった。

七　ミキプサはこうした難問に直面し、それほど同国民に好かれている人物は武力や謀略を用いて取り除くことはできないと思った。そこで彼は、ユグルタが戦闘力に満ち溢れ、戦争の栄光を渇望していたため、彼を危険の中へ投げ入れて、そのような仕方で運命を試そうと決意した。[2]こうしてミキプサは、ヌマンティア戦争(1)においてローマ国民に騎兵と歩兵の援軍を派遣したとき、ヒスパニアへ送るヌミディア軍の指揮をユグルタに委ねた。彼は、ユグルタが武勇を発揮しようとしてか、あるいは敵の猛攻撃を受けてか、いずれにせよたやすく倒されるだろうと見込んだのである。

[3]しかしその結果は、ミキプサの予測とはまったく異なるものとなった。[4]というのは、ユグルタは活気ある鋭敏な知性を具えていたため、当時ローマ軍を指揮していたプブリウス・スキピオ(2)の性格と敵の常習的戦法

に精通したのである。そして多大の労力と細心の注意を払うとともに、さらにはきわめて謙虚に命令に従い、また幾度も危険に向かっていくなどして、たちまち大きな評判を得た。すなわち彼は、われらの軍には絶大な好感を与え、ヌマンティア人にはこのうえない恐怖の的となったのだ。[5]実際ユグルタは、非常に困難なことであるが、戦闘に果敢でありながら同時に助言にもすぐれていた。たいていの場合、助言にすぐれた人は用心のゆえに臆病を招き、戦いに果敢な人は向こう見ずのために軽挙を引き起こすのが世の常である。[6]こうして将軍は、ほとんどすべての困難な任務をユグルタを用いて遂行し、彼を友人の一人として遇して、日ごとますます彼を珍重するようになった。ユグルタの助言と行動は、いずれも奏効しないことはなかったからである。[7]それに加えてユグルタには、気前のよさと臨機応変の才が具わっていた。そうした美点によって彼は、多数のローマ人を親友にすることができた。

八　当時のわが国の軍隊には、新参者(3)であれ貴族であれ、立派で高貴なことよりも富を優先する者が多かった。彼らは国内では党派活動に明け暮れ、同盟国では勢力を振るい、美名よりむしろ悪名を馳せていた。

(1) 前二世紀中頃にローマ軍がヒスパニア東部の都市ヌマンティアを攻略した戦い。原住民ケルト・イベリア人の抵抗はすさまじく、戦争は長期化したが、ついに前一三三年にローマ将軍小スキピオが兵糧攻めにより町を陥落させた。

(2) プブリウス・コルネリウス・スキピオ・アエミリアヌス（前一八五頃—一二九年）。小スキピオとも呼ばれ、第三次ポエニ戦争でカルタゴを滅亡させた（前一四六年）。その後ヌマンティア戦争の勝利により、イベリア半島におけるローマの支配権を確立させた。

(3) 平民や騎士身分から成り上がって高位に就いた人々。一三三頁註（1）参照。

こうした者らがユグルタの野心に火をつけた。彼らは彼にこう断言したのである。すなわち、もしミキプサ王が死ねば、ユグルタは単独でヌミディアの支配権を獲得できるだろう。彼自身にはずば抜けた功勲があり、しかもローマでは金で買えないものはない(1)のだから、と。

[2]さて、ヌマンティアを滅ぼしたあと、プブリウス・スキピオは援軍を解散し、自身は帰国することに決めた。そのとき彼は、召集した兵士らの前でユグルタに褒賞を与え、壮麗な賛辞で彼を誉め称えたあと、自分の幕舎へ彼を連れていった。そしてユグルタに、ローマ国民との友情は公的な仕方で深めて、私的な友情を求めないよう、また誰に対しても賄賂を贈る習慣に染まらないようにという内密の忠告を与えた。さらに彼は言った。多数の人々に属するものを少数の者らから買い取ることは危険であり、ただひたすら自己の品行を守り続けようとさえすれば、栄光も王位もおのずと手に入るだろう。だが、もしもあまり性急に事をやり遂げようとしたら、まさに自分の金のせいで真っ逆さまに転落するだろう、と。

九　こう語るとスキピオは、ミキプサに届けるための手紙を渡して彼を退去させた。その手紙の趣旨は次のとおりであった。[2]「ヌマンティアの戦いでは、あなたのユグルタが立てた功勲は絶大でした。あなたはそのことを喜ばれると確信します。彼はわれわれにとって、その功績ゆえに大切な人であり、またローマの元老院と国民にとっても大切な人となるよう、われわれは最大限の努力を払うでしょう。われわれの友情のために、わたしはあなたに心よりお祝い申し上げます。じつにこの人こそ、あなたと彼の祖父マシニッサにふさわしい勇士であります」。

[3]こうして王は、噂で聞いていたことが将軍の手紙により真実だとわかると、この人物の功勲のみならずそ

の信望によっても揺さぶられ、以前の意向を変えて、恩恵でユグルタを懐柔しようと企てた。彼はただちにユグルタを養子に迎え、[2] 遺書により息子たちと対等の相続人と定めた。

4 さてミキプサは数年後に病気と高齢ゆえに衰弱し、命の終わりが近いと悟った。そのとき王は、友人や親族および息子アドヘルバルとヒエンプサルの面前で、ユグルタに次のような話をしたと言われる。

一〇「ユグルタよ、幼いおまえをわが王国に受け入れたのはこのわたしである。その頃おまえは父を失い、将来の見込みも財力もなかったが、この好意のためにおまえが、実の子であった場合に劣らずわたしを大事にしてくれるだろうと思ったからだ。その期待については、わたしは間違っていなかった。2 なぜならおまえは、他の偉大で傑出した行ないは言うまでもなく、最近ヌマンティアから帰ったとき、栄光によってわたしとわが王国に名誉をもたらし、またその功勲によって、すでに以前から盟友だったローマ人を最も親しい盟友にしてくれたからである。ヒスパニアでわが一族の名声は、再び輝きを放ったのだ。[3] 最後に、人間の間で

(1) ローマではいかなる願いも金（買収）によってかなうという同じ意味の言葉が、このあと本書で繰り返される（第二〇章一、第二八章一、第三五章一〇）。

(2) この記述によると前一三三年のヌマンティア陥落から間もない頃のこととなるが、しかし第一一章六では、ユグルタの養子縁組は、前一一八年のミキプサの死のあとの相続人たちの会合で「最近の三年間」（すなわち前一二一―一一八年の間）に成立したと述べられる。この矛盾をどう受けとめるかについてはさまざまな説がある。

(3) かつて第二次ポエニ戦争中に彼の父マシニッサが、カルタゴ軍から離反しローマ軍に協力して戦い（九一頁註（4）参照）、その対カルタゴ戦で騎兵隊を率いて活躍したことなどを示唆している。

は一番難しいことだが、おまえは栄光により人々の妬みにも打ち勝った。
3 しかし今、自然の理（ことわり）ゆえにわたしに命の終わりが来ようとしている。だからわたしは、この右手にかけ
て、また王国への忠誠心にかけて[1]おまえに忠告し、懇願したい。生まれはおまえの近親であり、私の恩恵で
おまえの兄弟となったこの子らをどうか大切にしてくれ。血縁で結ばれた者らを見放して、よそ者らと同盟
を組もうなどとは思わないでほしい。4 王国を守るものは、軍隊でも財宝でもなく友人だ。友人は武器で強引
に得られはしないし、黄金で買うこともできないだろう。友人は献身と誠意によってのみ獲得できるのだ。
5 しかるに兄弟にとって、兄弟以上に親しい者はあろうか。もしもおまえが身内の敵となるなら、よそ者の中
に信頼できるどんな人物が見つかるというのか。
6 たしかにわたしはおまえたちに王国を引き渡すが、その王国は、おまえたちの行ないが良ければ堅固だが、
しかし邪まに振る舞えば脆弱になる。なぜなら、協調により小さなものも大きくなるが、不和のゆえに最大
のものでも崩れ去るからだ。7 だがユグルタよ、この子らよりもむしろ、歳と知恵では先を行くおまえこそが、
わが意に違（たが）うことが起こらぬように用心すべき立場にある。というのは、どんな争いにおいても、より強力
な者は、たとえ危害を受ける側であっても、力まさるゆえに危害を与えていると見なされるからだ。8 ところ
でおまえたち、アドヘルバルとヒエンプサルよ、この立派な男を敬い尊重するのだぞ。その功勲を見習い、
わたしが生んだ子供らよりも、養子にした者のほうがすぐれていると思われないよう努めるのだ」。

一一　この言葉に対してユグルタは、王が本心を偽って語ったことに気づき、また自分も心にまったく別の考えを抱いてはいたが、その場に合わせて恭（うやうや）しく返答した。

[2]数日後、ミキプサは逝去した(2)。若い王たちは王家の慣例に従い荘厳な葬儀を挙行したのち、国事全般について互いに話し合うために集まった。[3]だが三人のうち最年少のヒエンプサルは、横柄な性格で、母方の血筋が劣るゆえにユグルタの素姓の卑しさを以前から見下していたため、ヌミディア人の間で名誉な位置と見なされる三者の中央の席にユグルタが来ないようにと、アドヘルバルの右側に座った。[4]しかしそのあとヒエンプサルは、年長者に譲歩するよう兄から幾度も請われたすえ、ようやく別の側に移動させられた。

[5]三人はその会合で、王国の運営について多くのことを議論したが、他の諸案件の中でユグルタは、最近五年間のすべての決定や布告を取り消すべきだと提案した。なぜならその時期には、ミキプサは高齢のために衰弱していて、正常な判断力を失っていたからであると。[6]するとヒエンプサルは、その提案に賛成であると答え、その理由は、ユグルタ自身が最近の三年間に養子縁組によって王家の一員に加えられたからだと(3)言った。[7]この言葉は、誰の想像もおよばぬほど深くユグルタの心に浸透した。[8]こうしてそのときから彼は、怒りと恐怖に苛まれ、ヒエンプサルを策略で陥れる方法のみをひたすら計画し準備し思案した。[9]だが計画があまり迅速に進まぬばかりか、猛り立つ心は和らがなかったので、彼はどんな仕方によってでも企てをやり遂げようと決意した。

一二　若い王たちが行なった前述の最初の会合では、彼らは意見の食い違いのため、財宝を分割し、各々

---

(1) ミキプサが握りしめているユグルタの右手と彼の忠誠心に訴えている。
(2) 前一一八年のこと。
(3) この記述の矛盾については、九五頁註（2）参照。

が支配すべき領地の境界を定めることに決めた(1)。[2]こうして両方の案件の期日が定められたが、財産分配の日のほうが先となった。若い王たちはその間、各々財宝に近い別々の場所へ移動した。

[3]さてヒエンプサルはティルミダ(2)の町へ行き、ユグルタの腹心の先導吏(3)で、彼がいつも目を掛けて贔屓にしていた男の家にたまたま宿泊していた。偶然にも手先となる者を得たユグルタは、その男に十分な報酬を約束し、家財の点検を口実にして家へ行き、扉の鍵を偽造するように仕向けた。本物の鍵はいつもヒエンプサルに渡されていたからだ。さらに自分はしかるべきときに、多くの手勢を連れて駆けつけるつもりだと伝えた。[4]このヌミディア人は命令をすみやかに実行した。そして彼は教えられたとおり、夜にユグルタの兵士らを中に引き入れた。[5]兵士たちは家に突入すると、あちこちに分散して王を探し、めいめい眠る者らや逆らう者らを殺し、隅々までくまなく調べ、閉じた扉を打ち破り、どよめきと騒動で家中を混乱させた。だがまもなくヒエンプサルは、女中小屋に隠れているところを見つけられた。恐怖に襲われ、周辺の様子も心得ない彼は、最初からそこへ逃げ込んでいたのだ。[6]ヌミディア兵らは命令されたとおり、彼の首をユグルタのもとへ届けた。

一三　だが今やこの大悪事の噂は、たちまちアフリカ中に広まった。アドヘルバルと、以前ミキプサの配下にあったすべての者らは恐怖に襲われた。ヌミディア人は二派に分裂した。過半数の者らはアドヘルバルに従ったが、もう一方の人に味方したのは、戦いにいっそうすぐれた者らであった。[2]こうしてユグルタは、できるかぎり多くの軍勢を武装させ、ある諸都市は武力で、またある諸都市は自発的に自己の統治権のもとに従属させ、全ヌミディアを支配する準備を進めた。[3]アドヘルバルはローマへ使者を送り、元老院に弟の殺害と自己の状況について報告させたが、しかし数にまさる兵力を恃(たの)み、武力で争う構えも示した。[4]だが事態が戦争にいたるや、彼は戦闘で敗れてわれらの属州(4)へ逃亡し、そのあとローマに向かった。

[5]一方ユグルタは、計画を成し遂げて全ヌミディアを手に入れた今、静かに自己の行為について考えてみた。するとローマ国民が恐ろしくなり、彼らの怒りから身を守るには、貴族の強欲と自己の財力に頼ること以外にどこにも望みはないと思った。[6]そこで数日後に、使者たちを多量の金銀を持たせてローマへ送った。彼は使者らに、まず旧知の人々に十分な贈り物をすること、次に新たな友人を獲得すること、要するに惜しまず与えて、できるかぎりの成果を手早く挙げるようにと指示した。

[7]さて使者たちはローマに到着すると、王の指示どおり客人たち(5)や、当時元老院で権勢を誇っていた他の人々に巨額の贈り物をした。するとと大きな変化が起こり、ユグルタに対する著しい反感は消え、彼は貴族たちに好まれ、支持されるようになった。[8]すなわち彼らのある者らは期待によって、またある者らは報酬で誘惑され、元老院議員の各々に請願して回り、この人物に対しあまり厳しい決定が下されないよう働きかけた

---

(1) この分割統治の決定により、ミキプサが抱いていた後継者三人の共同統治の希望（第一〇章参照）は退けられたことになる。

(2) この名称の古代の町は確認されていない。ティミダ・レギアないしティミダ・ブレならば現在のチュニジアに存在した。

(3) 原語はリークトル（lictor）。ローマの政務官の前を隊列を組んで警護する役人。作者はローマの役職名をヌミディア王の随員にあてはめている。

(4) 前一四六年のカルタゴ滅亡後、その領土はローマの属州アフリカになっていた。

(5) 互いに歓待し合う関係を結んだ知人。

のである。[9]こうして使者たちが十分な自信を得たとき、当事者双方に対して、元老院にて会見を行なう期日が定められた。そのときアドヘルバルは、次のように述べたと伝えられる。

一四「元老院議員の方々、わが父ミキプサは死去に際してわたしに、ヌミディアの王国については、わたしはたんに管理する者にすぎず、それに対する権利と統治権はあなた方の手中にあると思えと命じました。また父は同時に、平時と戦時を問わず、できるかぎりローマ国民の役に立つよう努力し、あなた方を血縁とも親戚とも見なすようにと諭しました。そしてわたしがそれらをなせば、あなた方の友情の中にこそ、軍隊も富も王国の砦も見出せるだろうと言いました。[2]わたしはわが父のそうした教えを実行しましたが、しかしそのとき、地上に生息するすべてのもののうち最も邪悪な男ユグルタが、あなた方の統治権を蔑ろにし、マシニッサの孫であり、世襲によりローマ国民の同盟者で朋友たるわたしから、王国とすべての財産を奪い取りました。

[3]元老院議員の方々、こうしてわたしは悲惨の極みに陥らざるをえなくなりました。だからしてわたしは、わが祖先でなくわたし自身の貢献のゆえに、あなた方に援助を求めることができるでしょうし、またかりに必要がなくても、わたしにはローマ国民から恩恵を受ける特段の権利があると思います。ところが無用であるどころか、実際に必要になったのです。それならばわたしは今、あなた方から当然の恩恵を受けることができるでしょう。

[4]さて誠実だけでは身を守れず、またユグルタのような人物はわたしの手に余るため、元老院議員の方々、わたしはあなた方のもとに避難しました。じつに惨めなことではありますが、あなた方の役に立つというよ

り、むしろ重荷にならざるをえないのです。
5 他の王たちは、戦争に敗れたとき、あなた方の盟友として受け入れられ、あるいは危機に陥ったとき、あ
なた方との連合を求めました。わが一族はカルタゴとの戦いに際してローマ国民との盟友関係を確立しまし
たが、そのときローマ人の幸運よりは、むしろその信義こそが強く訴えたからです[1]。6 元老院議員の方々、そ
の一族の子孫であり、またマシニッサの孫であるわたし[2]が、あなた方に援助を求めても無駄であるなどとい
うことがないようにしていただきたい。
7 かりにわたしには、支援を得るための理由として、憐れむべき運命しかないとしましょう。すなわち少し
前には血筋と名声と富により力ある王だったが、今は難儀のため見る影もなく、困窮し、他人の力をあてに
していると。しかし、それでもなお不正を阻み、いかなる者の王国であれ犯罪によって強大になるのを許さ
ないのは、ローマ国民の威厳にふさわしいことであるはずです。8 しかるにわたしが追放された領土とは、
ローマ国民がわたしの祖先に授けたものであり、またわたしの父と祖父が、あなた方と力を合わせてシュパ
クスとカルタゴ人らを追い払った土地です[3]。つまり元老院議員の方々、わたしから奪われたのはあなた方の
恩恵の印であり、わたしが不正をこうむることで侮蔑されているのはあなた方なのです。9 ああ、わたしは何

(1) ローマ軍がハンニバルの激しい攻勢を受け、まだ勝利を見込めなかったときに協力したのは、ローマ人は同盟者を裏切らないという将来の信用性を重視したためだということ。

(2) 底本では「マシニッサの孫であるわたし」が削除されている。

(3) 九一頁註(4)、九五頁註(3)参照。

と惨めなことか。おお父ミキプサよ、あなたの恩恵はこんな結果になってしまったのか——あなたが実の子供らと対等に扱い、王国を分け合う者とした男が、誰よりもまずあなたの家系を破滅させる者になるなどとは！

それではわれら一族は、いつまでも安らぎを得られないのでしょうか。いつも流血や武器や逃亡の中で生きるのでしょうか。[10]カルタゴ人が安泰である間、当然われわれはあらゆる苦難に耐えねばなりませんでした。敵はすぐそばにいるが、盟友のあなた方は遠く離れており、すべての希望は武器にしかありませんでした。だがあの天敵がアフリカから駆逐されたあと、われわれは幸福に平和を享受しました。というのも、たまたまあなた方からの命令でもないかぎり、[1]敵は誰もいなかったからです。[11]ところがそこに突然ユグルタが、許しがたい無謀と邪心と傲慢に駆り立てられて自己の近親でもあるわたしの弟を殺し、弟の王国をおのれの邪心の最初の餌食にしました。次に彼は、同様の策略でわたしを陥れることに失敗したあと、わたしがあなた方の支配下にあって暴力沙汰や戦争をまったく懸念していなかったため、ご覧のごとくわたしを祖国と家から追放し、困窮と悲惨の極みに追い込みました。その結果わたしは、どこにいても自分の王国よりは安全であるというありさまです。

[12]元老院議員の方々、わたしはわが父がこう公言するのを聞いて、いつもそのとおりだと考えてきました。すなわち、あなた方との友情を誠実に培う者は大きな労苦を背負うが、しかし誰よりもはるかに安全に過ごせるのだと。[13]わが一族は、あらゆる戦いであなた方を助けるという役目を力のかぎり果たしました。そのわれわれが平和の間無事に過ごせることは、元老院議員の方々、あなた方の力にかかっています。[14]父はわたし

たち二人の兄弟を残しました。そしてユグルタを三番目の兄弟にして、その恩恵によって彼をわれわれ二人に結びつけようと思いました。しかしこの三人のうち一人は殺され、わたし自身はもう一人の者の非道な手からかろうじて逃れました。[15]わたしはどうすればよいのでしょう。不幸なわたしは、ほかのどこへ訴えればよいのですか。家系が与える保護はすべて消え去りました。父は必然に従って、自然の寿命に屈しました。弟の命は、最もあってはならないことに、近親の犯罪によって奪われました。わたしの親戚や友人その他の近しい者たちは次々と異なる災厄に襲われました。ユグルタに捕らえられた者らのうち、ある者は磔にされ、ある者らは獣に投げ与えられ、命を許された少数の者らも暗い場所に閉じ込められて、嘆き悲しみながら死よりも耐えがたい生を送っています。

[16]たとえわたしが失った支えや、敵対するものに変わった血族の絆がすべて元のままここにあるとしても、何か突然の災難に見舞われたときにはやはり、元老院議員の方々よ、わたしはあなた方に訴えるでしょう。なぜならあなた方こそ、統治の広大さゆえに、正義と不正の全般を配慮するにふさわしいからです。[17]だが今や祖国と家から追放され、孤独で、名誉ある地位に属するすべてのものを失ったわたしは、どこへ向かい、誰の助けを求めればよいのですか。諸部族や王たちのところへですか。しかし彼らはみな、われらがあなた方と盟友であるためわが一族と敵対しています。たとえどこかに頼っていっても、そこにはかならず、わが祖先たちの敵対行為を思い出させるものが数かぎりなくあるのです。以前にあなた方の敵であったにもかか

（1）当時ローマが協力を依頼した戦争としては、ヌマンティア戦争があった。

わらず、われわれを憐れんでくれる者がいるでしょうか。[18]最後に元老院議員の方々よ、マシニッサはわれわれに、ローマ国民以外の誰をも尊重してはならない、他の新たな連合や同盟を受け入れてはならないと教えました。そしてあなた方の友情こそがわれらにとって十分大きな守りとなり、万一あなた方の支配に対する運命の態度が変わったなら、われわれもまた、ともに転落すべきであると言いました。[19]あなた方は功勲と神々の好意によって偉大で強力であり、すべてが順調であなた方の意に従っています。それゆえあなた方はいっそう容易に、同盟者がこうむる不正に注意を払うことができます。

[20]ただわたしが恐れるのは、誰かがユグルタとの私的な友情の意味を認識せず、そのため邪まな道へと導かれることです。わたしの耳に入っていることですが、その人々は、彼が不在でその言い分を聴取せぬまま、あなた方が何かの決定を下さないよう最大の力を傾けて骨折り、あなた方めいめいに請願して回り、執拗に働きかけています。また彼らは、わたしが虚偽を語っており、王国にいることができたのに逃亡を装っているのだと言います。[21]それなら願わくは、非道な所業でこうした不幸へわたしを投げ入れたあの男こそが、同じ芝居を打つのを見たいものです。そしていつかついにあなた方かまたは不死の神々の間に、人間の問題に対する配慮が生じてほしいものです。そのときこそ、今は自己の悪事に勢いづいて得意満面のあの男は、あらゆる苦悩に責め苛まれ、われらの父に対する不実と、わが弟の殺害と、そしてわたしの不幸に対する重い罰を受けるはずです。

[22]ああ、わが心に最も愛しい弟よ、たしかにおまえは時ならず、しかも最もふさわしからざる者の手によって命を奪われた。しかしおまえの不遇は嘆くべきことであるよりは、むしろ喜ぶべきものとわたしは思う。

なぜなら[23]、おまえが命とともに逸したのは王国ではなく、逃亡と追放、そして困窮と今わたしを苦しめている艱難辛苦のすべてなのだから。一方わたしは不幸にも、父の王座からこの大きな危難の中に突き落とされ、人の世の盛衰の見世物を提供しているのだ。わたしは何をすべきかわからない。自分こそ支援が必要であるのに、おまえが受けた危害を罰するべきか、それとも、自己の生死に対する権限が他人の力に依存していながら、王権のことを顧みるべきか。どうか[24]死によって、わが運命に名誉ある結末が与えられんことを！　あるいは、たとえ災厄に疲れ果てて不正に屈したとしても、どうか軽蔑に値する者だと思われないように！　今やわたしには生きる気力がないが、しかし恥辱をこうむらずに死ぬこともできないのだ。

元老院議員[25]の方々、あなた方とその子供と親にかけて、そしてローマ国民の威厳にかけてお願いします、どうか惨めなわたしを助けてください。不正に対して立ち向かい、あなた方自身のものであるヌミディア王国が、わが一族による犯罪と流血のために破滅するのを許さないでいただきたい」。

一五　王が話し終えたあと、ユグルタの使者たちが、大義ではなくむしろ贈賄に頼りながら言葉少なに答えた。すなわち、ヒエンプサルはみずからの残忍な行為のためにヌミディア人らによって殺されたのであり、アドヘルバルは自分から進んで戦争を仕掛けておきながら、敗北したあとになって、危害を加えることができなかったと泣き言を並べているのだと。そしてユグルタ本人は元老院に対して、今の彼がかつてヌマンティアで認められた者とは異なっていると思わないよう、また彼自身の業績よりも敵の言葉を尊重しないようお願いしていると伝えた。このあと双方は元老院議事堂から退出した。

元老院[2]はただちに協議した。使者たちを支持する人々に加え、彼らの影響力によって正道から逸らされた元老院議員の多数は、アドヘルバルの言葉を侮り、ユグルタの功勲を称賛し誉めそやした。影響力と弁舌、要するにあらゆる手段を用いて彼らは、あたかも自己の栄光のためであるかのように他人の恥ずべき犯罪のために尽力した。[3]しかしそれに対して少数の人々は、富よりも正道と公正を尊重し、アドヘルバルを援助すべきであり、またヒエンプサルの死については厳しく処罰すべきであるとの意見を述べた。[4]その人々すべての中で、最も際立ったのはアエミリウス・スカウルス(1)である。この人は精力的で党派争いを好む貴族であり、勢力と名誉と富に貪欲な人物だが、他方自己の欠点を隠すことに巧みだった。[5]彼はユグルタ王の悪名高く慎みのない贈賄のことを知ると、こうした事態にはつねに起こるように、この著しい腐敗が人々の反感を掻き立てはしまいかと恐れた。それで彼はいつもの強欲な心を抑えたのだ。

一六　しかし元老院において勝利したのは、正義よりも金銭や影響力を優先するあの一派だった。[2]以前ミキプサが所有した王国は、一〇人の使節団がユグルタとアドヘルバルの間で分割すべしとの決議が下された。その使節団の長はルキウス・オピミウスであった。彼は著名な人であり、執政官のときガイウス・グラックスとマルクス・フルウィウス・フラックスを殺害し、平民に対して貴族の勝利をきわめて苛酷に行使した(2)ので、当時の元老院では有力者であった。[3]ユグルタはこの人物を、ローマでの敵のうちに数えていたが、しかし最大の敬意を払って厚遇した。そして彼に多くの贈り物と約束を与え、名声や信用といった要するに自己のどんな利点よりも王の利益を優先するように仕向けた。[4]ユグルタは他の使節たちにも同じ方法で攻勢をかけ、彼らの大半を丸め込んだ。金銭よりも信用を大事にしたのは少数の者だけだった。[5]分割においては、マウレタニアに隣接するヌミディアの部分で、農地も人口も豊かな土地(3)はユグルタに引き渡され、実利よりも

むしろ景観にすぐれており、港が多く、より多数の建物が備わる他方の土地はアドヘルバルの所有に帰した。（4）

一七　ここで本書の主題上、アフリカの地理を簡略に説明し、われわれにとって戦争や同盟の相手となった諸民族にも言及することが必要だと思われる。[2]とはいえ暑さや難路あるいは荒野のゆえにあまり人が訪れない場所や部族については、確かなことを語るのは容易ではなかろう。他の場所について、できるだけ簡潔に述べることにしたい。

[3]全世界を分割するに際し、大半の人々はアフリカを第三の部分に分類したが、（5）少数の人々はアジアとヨーロッパのみを認め、アフリカはヨーロッパに含めている。（6）[4]アフリカの境界は、西はわれらの海とオケアヌス

（1）マルクス・アエミリウス・スカウルス。前一一五年に執政官となり、その後議会で最初に発言する権利を有する主席元老院議員として勢力を振るった。

（2）前一二一年の執政官ルキウス・オピミウスは、元老院最終決議によって全権を委任され、国家の敵と宣告された農地等の改革推進派の中心人物ガイウス・センプロニウス・グラックスとマルクス・フルウィウス・フラックスを攻撃して殺害した。さらに彼の命令により、二人の改革を支持した約三千人の平民が殺されたと伝わる。

（3）ヌミディアの西部。

（4）ヌミディアの東部。

（5）前五世紀のギリシアの歴史家ヘロドトスの時代には、すでにヨーロッパ・アジア・アフリカ（リビュア）の世界三分法は流布しており、ヘロドトスはそれを批判している（『歴史』二・一六）。

（6）例えば前二―一世紀の学者ウァロの見解（『ラテン語考』五・三一）。

をつなぐ海峡[1]であり、東はカタバトモス[2]と住民たちが呼ぶ傾斜した広い土地である。5 海は荒くて港がなく、
土地は穀物の実り豊かで家畜にも適しているが、樹木には不毛である。天からも陸からも水には乏しいのだ。
6 人間は体が丈夫で足が速く、労苦によく耐える。たいていの人間は武器や獣によって殺されないかぎり、年
老いて死ぬ。病気に打ち負かされる者がめったにいないからである。以上に加えて、危険な種類の動物はき
わめて多い。
7 さて最初アフリカに住んだのはいかなる人間たちか、その後ここにやってきたのはどのような人種か、そ
して彼らはどのように混じり合ったのか、それらの点をできるだけ簡潔に述べよう。その記述は、大多数の
人々が受け入れている伝承とは異なるが、しかしヒエンプサル王[3]が書いたと伝えられたポエニ語[4]の書物から
わたしのために翻訳されたとおりであり、また当地の住民らが事実と見なしていることとも一致している。
ただしその内容の信頼性については、典拠の著者に委ねることとする。

一八　アフリカの最初の住人は、ガエトゥリア人とリビュア人であった[5]。彼らは荒々しく粗野で、家畜の
ように野獣の肉と大地に生える草を食べ物としていた。2 彼らは慣習にも法にも誰の権力によっても支配され
ず、あちこちに散らばってさまよい、夜が来て止まらざるをえない場所をねぐらにしていた。
3 しかしヘルクレスが――アフリカ人がそう思っているように――ヒスパニアで没した[6]あと、多様な人種か
らなる彼の軍隊は指導者を失い、あちこちで多くの者らが指揮権を求めたためたちまち解体してしまった。
4 その兵員の中からメディア人とペルシア人とアルメニア人は船でアフリカへ渡り、われらの海に最も近い場
所に住みついた。5 ただしペルシア人はオケアヌスにより近い所に住み、船体をひっくり返して小屋に用いた。

陸地には材木がなく、資材をヒスパニア人から売買や交換で入手する方途もなかったからである。[6]つまり大海と言語の無知が交易を妨げたのだ。[7]ペルシア人はしだいに通婚によってガエトゥリア人と混じり合い、適地を探り求めながら次々と別の土地に移ったので、みずからを「遊牧の民（ノマデス）」[(7)]と称した。[8]なお、今でもヌミディアの農民のマパーリアと呼ばれる家屋は、ちょうど船の竜骨のように細長く、屋根の両側が曲がっている。

[9]他方、メディア人とアルメニア人に隣接したのはリビュア人であった。というのも、リビュア人はアフリカ海[(8)]により近い所に暮らし、ガエトゥリア人はいっそう太陽に近い、灼熱地帯から遠からぬ場所に住んだからである。彼ら[(9)]は早くから町を設けた。ヒスパニアとはただ海峡のみで隔てられていた彼らは、その地との

（1）「われらの海」すなわち地中海と「オケアヌス」すなわち大西洋の間のガデス海峡（現在のジブラルタル海峡）。

（2）ギリシア語で「下降」を意味する。リビュアのキュレナイカ地方とエジプトの間にある土地。したがってエジプトはアジアの一部と見なされる。

（3）ヒエンプサル二世（前六〇年頃没）。ユグルタ戦争後のヌミディア王で、大ポンペイウスの同盟者ユバ一世の父。なおこの王が「書いた」ではなく「所有した」とも解しうる。

（4）古代フェニキア語の方言で、カルタゴ人の言語。

（5）おおむねガエトゥリア人は北アフリカの西部、リビュア人はその東部に住んだ。

（6）ギリシアの英雄ヘルクレス（ヘラクレス）は、カルタゴ人が活動した北アフリカやヒスパニアで広く崇拝されたフェニキア起源の神メルカルトと同一視されていた。

（7）「牧場、牧草」を意味するノモスに由来するギリシア語。その後ローマ人はヌミダエ人と呼び、そこからヌミディアの国名が生じた（九一頁註（1）参照）。

（8）地中海西部を指す。

（9）すなわちメディア人、アルメニア人、リビュア人。

間の交易を始めたためである。[10]リビュア人はメディア人の名前を徐々に変化させた。つまり、リビュア人はその野蛮な言語でメディア人でなくマウリ人(1)と呼んだのだ。

[11]さてペルシア人の国(2)は急速に成長したが、その後ヌミディア人と称する人々が人口過剰のため親の世代と別れ、カルタゴに隣接して現在ヌミディアと呼ばれている土地を占領した。[12]次に両民族(3)は互いに支え合いながら、近隣の諸国を武器と脅威で自己の支配に服従させ、名声と栄光を得た。とりわけわれらの海の近くへ来た人々が躍進したのは、リビュア人がガエトゥリア人よりも好戦的でなかったからである。こうしてついにアフリカ北岸部の大半はヌミディア人の所有に帰し、敗者はみな支配者の種族と名前の中に溶け込んでいった。

一九　その後フェニキア人(4)が、あるときは国内の過剰人口を減らすため、またあるときは領土的野心に駆られて、民衆や新体制を渇望する他の人々を煽動し、ヒッポ(5)、ハドルメトゥム(6)、レプティス(7)その他の沿岸地域の諸都市を建設した。そしてその諸都市はたちまち大きく発展して、あるものは母体都市の守りとなり、あるものはその栄光となった。[2]カルタゴについては、わずかしか語らぬよりは黙するほうがよいと思う。時が別の話題へ急ぐよう促すからである。

[3]そこでエジプトをアフリカから分かつ地域カタバトモスの近くを海に沿っていくと、まずテラ人の植民都市キュレネ(8)があり、次に二つの砂州（シュルティス）(9)がきて、その間にレプティス(10)がある。その次にはピラエニ兄弟の祭壇(11)がくるが、それはカルタゴ人がエジプトとの間の国境とした場所である。そのあとにはフェニキア人の他の諸都市がある。[4]マウレタニアにいたるまでの他の土地はヌミディア人が占めており、ヒスパ

ニアに最も近いのはマウリ人である。[5]聞くところでは、ヌミディアの南にはガエトゥリア人がおり、彼らのある者らは小屋に住むが、ある者らはもっと未開の流浪生活を送っている。[6]ガエトゥリア人の南にはエティオピア人(12)が住み、さらに南には太陽の灼熱で焼かれる地域がある。

[7]さてユグルタとの戦争の当時、フェニキア人の大半の町とカルタゴ人が最近まで所有した領土は、ローマ国民が政務官を通して統治していた(13)。ガエトゥリア人の大部分とムルッカ川(14)までのヌミディア人は、ユグルタの支配下にあった。全マウリ人の上に君臨していたのは王ボックス(15)であり、この王はローマ国民について

---

(1)中世にはムーア人と呼ばれた。マウリ人の土地がマウレタニアである。
(2)先述のペルシア人とガエトゥリア人が融合した遊牧民の国。
(3)すなわち、オケアヌスの近くに住むペルシア人とガエトゥリア人の融合民族と、新たに地中海岸へ進出したヌミディア人。
(4)現在のレバノンの地域に住み、地中海交易で栄えた民族。代表的な植民都市は、前八一四年にアフリカ北岸に建設されたカルタゴである。
(5)ヒッポ・ディアリュトゥス(現在のチュニジア北岸のビゼルト)か。
(6)現在のスース(チュニジア東岸)。
(7)レプティス・ミノル(スースの南東)。
(8)前六三一年にエーゲ海のテラ島民によって建設された。このあとの地名は西に向かって順次列挙される。
(9)大シュルティスと小シュルティス(第七八章参照)。
(10)レプティス・マグナ(第七八章一参照)。
(11)第七九章参照。この祭壇は、じつはレプティス・マグナの東にある。
(12)現在のモロッコ南部やサハラ砂漠北辺の広範な地域に住んだ皮膚の浅黒いアフリカ人たちを指す。
(13)属州アフリカを指す(九九頁註(4)参照)。
(14)ヌミディア王国とその西隣のマウリ人の王国マウレタニアとの国境となっていた川。
(15)ボックス一世。ユグルタの義父(第八〇章六参照)。

は名前以外知らなかったし、彼は同じくわれわれにも、戦時と平時を問わずそれ以前には知られていなかった。[8]以上でアフリカとその住人に関しては、主題にとって必要なことは十分に述べた。

二〇　使節団が王国を分割してアフリカを去ると、ユグルタは内心恐れていたこととは逆に悪行の報酬を獲得できたと思った。そして彼はヌマンティアで友人たちから聞いていたこと、すなわちローマではすべてが金で買えるというのは真実だと得心し、同時にまた、少し前にたっぷり贈り物を与えたあの人々(1)の約束によっても鼓舞されて、アドヘルバルの王国に心を向けた。[2]ユグルタ自身は敏活で好戦的だが、他方彼の攻撃相手は穏やかで戦いを好まず、温厚な性質で危害を受けやすく、恐怖を与えるよりはむしろ恐怖におののく人物であった。

[3]こうしてユグルタは、突然大軍を率いてアドヘルバルの領地に侵入し(2)、多くの人々を家畜その他の戦利品とともに奪い去り、家屋に火を放ち、騎兵らを用いて多くの場所を襲撃した。[4]そしてその後全軍とともに自分の王国へ退却した。そのとき彼は、アドヘルバルが憤怒に駆り立てられ、受けた危害に対して力による復讐の行動を起こし、そのことが戦争の口実になるだろうと考えていた。[5]しかしアドヘルバルは、武力では相手にかなわないと思い、またヌミディア人よりはむしろローマ国民との同盟を頼みとして、危害に対し抗議するために使者たちをユグルタのもとへ送った。使者たちは、相手の侮辱的な言葉を持ち帰った。だがそれでも彼は戦争を選ばず、いかなる事態も耐え忍ぶ決意を固めた。なぜなら、以前に戦いを試みた結果、不首尾に終わっていたからである。[6]ユグルタの野望はそれでもまったく衰えなかった。心中では、彼はすでにアドヘルバルの全王国を奪取していたのである。[7]こうして彼は以前のように略奪のための軍勢ではなく、大軍

隊を編成して戦争に着手し、公然と全ヌミディアの支配を求め始めた。[8]さらに彼は、どこへ進軍しても都市や農地を荒らし、略奪品を持ち去り、味方の自信とともに敵の恐怖を増大させた。

二一　アドヘルバルは、王国を捨てるべきかそれとも武力で守るべきか、いずれかの事態にいたったと悟るや、やむなく軍勢を整えてユグルタに立ち向かった。[2]まもなく両王の軍隊は、海からそう遠くないキルタの町(3)付近に陣を張ったが、日も遅かったので戦闘開始にはいたらなかった。だが夜の大半が過ぎて、まだ未明の薄暗い頃、ユグルタの兵士らが合図を受けて敵陣を襲撃した。敵のある者らはまだ半ば眠っており、またある者らは武器を取ろうとしたが、敗走させられて四散した。アドヘルバルは少数の騎兵とともにキルタへ逃げた。そこには多数のトガを着た人々(4)がいて、ヌミディア人の追っ手が城壁内に入るのを妨げた。もしもその助けがなかったなら、両王の間の戦いは一日のうちに開始し終了していたであろう。[3]そこでユグルタは町を包囲し、防御用屋台(5)や櫓（やぐら）などあらゆる種類の装置を用いて攻略しようとした。戦闘が始まる前にアドヘルバルがローマへ使者を送ったことを聞いていたので、その使者たちがもどる時までに事を成し遂げようとことさら急いだのである。

---

(1) 第一六章三―四参照。
(2) おそらく前一一二年のこと。ゆえに実際は、ローマ使節団の王国分割から数年経過している。
(3) ミキプサ王の時代のヌミディアの首都。現在のアルジェリアのコンスタンティヌ。
(4) トガはローマ人の市民服。それを着た人々とは、ここでは商用等でキルタに滞在していたイタリア人を指す（第二六章参照）。
(5) 攻城戦などで兵を敵の飛び道具から守るための木製の移動式小屋。

[4]さて元老院が両王間の戦争について聞くと、三人の青年(1)がアフリカへ派遣された。その使節たちの目的は、両方の王のもとへ行き、元老院とローマ国民の名において、双方とも武器を置くよう、そして彼らの争いに関しては戦争でなく法によって解決するように望みかつ命じると告げ、それがローマ人にも両王にもふさわしいと伝えることであった。

二二　使節たちはアフリカへすみやかに赴いた。出発の準備をしている間、戦闘が起きてキルタが包囲されたという風聞がローマにもたらされたため、彼らはいっそう道を急いだ。だがその風聞は穏やかなものだった。[2]ユグルタは使節たちの話を聞くとこう答えた。自分にとって元老院の権威よりも偉大で大切なものはなく、若い頃より自分はすべての最良の人々に認めてもらうよう努めてきた。そして奸策ではなく功勲によって、最も偉大な人プブリウス・スキピオの寵愛を得たのであり(2)、またミキプサによって王家の養子に選ばれたのも、同じ技量のゆえであって、義父に子供がなかったからではない。[3]しかし、こうして多くの立派なことを精魂傾けてなせばなすほど、いっそう自身の心は不正を耐え忍ぶことができなくなった。[4]アドヘルバルこそが自分の命をつけ狙って計略を仕掛けたのであり、自分はそれを知って相手の卑劣な行為に立ち向かったまでである。もしもローマ国民が万民の権利(3)を自分に対して拒むのならば、その行為は正義にも善にもそぐわないであろう。最後にユグルタは、すべての事態を説明するためにまもなく使者たちをローマへ派遣すると伝えた。[5]こうして両者は別れた。アドヘルバルとの会見の機会は設けられなかった。

二三　ユグルタは使節たちがアフリカを離れたと思うや、土地の形状のゆえにキルタを武力で攻略できないので、その城壁を堡塁と壕（ごう）で取り囲み、櫓（やぐら）を築き、それらの櫓を守備隊で固めた。さらに彼は昼も夜も戦力と策略で攻勢をかけ、城壁を守る敵兵らにあるときは報酬を見せつけ、またあるときは威嚇行為を示し、他方味方には勇気を奮い起こすよう激励した。要するに、彼は集中的にあらゆる企てを試みた。

アドヘルバル[2]は、自己の運命が絶望的な状況にいたり、敵は執念深くて支援を得る望みがなく、必要な糧食も不足して戦争を長引かせることはできないと悟ると、ともにキルタへ逃げ込んだ者らの中から最も精悍な二人を選んだ。そして二人に多くの褒美を約束し、またみずからの不遇を嘆いて、夜に敵の防備体制をすり抜けて最も近い海岸へ行き、そのあとローマへ渡るよう説き伏せた。

二四　二人のヌミディア人は数日で命令を果たした。アドヘルバルの手紙は元老院で読み上げられた。その趣旨は次のとおりであった。

「元老院議員の方々[2]、幾度もあなた方にお願いを送るのは、わたしの過ちのためではなく、ただユグルタの暴力がそれを強いるのです。彼はわたしを滅ぼそうという激しい欲望に取りつかれて、あなた方も不死の神々も意に介せず、何よりもまずわたしの血を求めています。

こうして[3]ローマ国民の同盟者で盟友のわたしは、軍隊に包囲されて今や五ヵ月目になります。わが父ミキ

(1)元老院の若手議員。
(2)第七―九章参照。
(3)戦争や外交などについて諸民族に共通する慣例を定めた万民法すなわち国際法にもとづく権利。ここでは正当防衛の権利を主張している。

プサの恩恵(1)も、あなた方の決議(2)もわたしの助けにはなりません。剣と飢えのどちらがより激しくわたしを襲っているのかさえわからぬほどです。[4]これ以上ユグルタについて書くのは無駄であると、わたしの不運は告げています。不幸な者は信用されない――それをわたしは以前にも経験しました。[5]ただしわたしは、これだけはよくわかっています。すなわち彼は、わたしの地位より上の場所を目指していて、あなた方との同盟とわたしの王国を同時に望んではいないということです(3)。この二つのうち彼がどちらを重視しているか、それは誰にも明らかです。[6]なぜなら、まず彼はわが弟ヒエンプサルを殺し、次にわたしを父の王国から追い払ったからです。たしかにこうしたことはわれわれが受けた被害であって、あなた方に関わることではないかもしれません。[7]しかし今ユグルタが武力で掌握しているのはあなた方の王国であり、また彼が包囲して閉じ込めているは、あなた方がヌミディア人の統治者として定めたわたしなのです。使節たちの言葉(4)を彼がどれほど蔑ろにしているかは、わたしの危難によって明らかです。

[8]ユグルタを動かしうるものがあるとすれば、あなた方の力以外に何が残っているでしょうか。[9]実際わたしとしては、今書いている言葉も、また以前に元老院で訴えた言葉も戯言(ざれごと)にすぎず、それらの言葉がわたしの苦境で実証されることなどないよう願うばかりです。[10]けれども、わたしはユグルタの悪事の証拠となるために生まれてきたのですから、もはや死や苦難から逃れようとは思いません。ただわたしが免れたいと祈るのは、敵の暴虐と身体への拷問です。ヌミディアの王国については、あなた方のものなので、お望みのように計らってください。どうか、ローマの統治の威厳と盟友の信義にかけて、わたしを非道な手から救ってください、もしもわが祖父マシニッサの記憶が少しでもあなた方に残っているのならば」。

二五　この手紙が読み上げられると、ある人々は軍隊をアフリカへ派遣し、できるだけ早急にアドヘルバルを救助すべきであり、その間ユグルタに関しては、使節たちに従わなかったため、その処遇を協議すべきだと提言した。[2]だがいつもの王の支持者たちは、そのような決議が下されないよう全力を傾けて阻もうとした。[3]こうして多くの事例でつねに起こるように、公益が私的影響力によって打ち負かされた。[4]とはいえアフリカに使節たちが派遣され、彼らは年長の貴族で高い官職を務めた人々であった。その中には、先に述べた元執政官で、当時主席元老院議員だったマルクス・スカウルス(5)もいた。

[5]この人々は、その事件が人々の不評を買っており、また同時にヌミディア人からも懇願されたので、三日のうちに乗船した。その後彼らはまもなくウティカ(6)に上陸した。そしてユグルタに対して、できるだけすみやかに属州(7)に来るように、また自分たちは元老院から彼のもとへ派遣されたのだと伝える手紙を送った。

[6]ユグルタは、ローマで権勢を振るっていると聞いていた著名な人々が、自分の企てに反対するためにやってきたと知るや、最初は動転し、不安と欲望の相反する感情に揺れ動いた。[7]彼は使節たちに従わなかった場合、元老院の怒りをこうむるだろうと恐れたが、しかし他方、強欲のために盲目になった心は、着手した悪

---

(1) ユグルタに授けた養子縁組のこと（第一四章九参照）。

(2) 王国分割の決議（第一六章二参照）と戦争停止の決議（第二一章四参照）。

(3) ユグルタはヌミディア全体の支配権を掌握したあと、引き続きローマに奉仕する立場を守るとはかぎらないということを意味する。

(4) 第二一章四参照。

(5) 第一五章四―五および一〇七頁註（1）参照。

(6) ローマの属州アフリカの中心都市。そこに総督が駐在した。

(7) 属州アフリカ。

行へと駆り立てた。[8]だが貪欲な性格のこの人物において、打ち勝ったのは邪まなもくろみであった。[9]こうしてユグルタは、キルタを軍隊の包囲戦で攻略せんと全力を傾けた。彼は敵勢を分散させれば(1)、武力か策略で勝利の機会を得ることができようとおおいに期待していた。[10]しかしそのもくろみは期待どおりには進まず、使節たちに会う前にアドヘルバルを捕らえるという目的も達成できなかった。そこで彼は、これ以上遅れて自分が誰よりも恐れているスカウルスを怒らせてはならないと、少数の騎兵とともに属州へ赴いた。[11]使節たちは、ユグルタが攻略を中止しようとしないので、元老院の名において厳重に威嚇したが、しかし多弁を弄するだけに終わり、成果を挙げずに立ち去った。

二六　こうしたことがキルタに伝わると、武勇を発揮して城壁を守っていたイタリア人たち(2)は、降伏がなされた場合にはローマ国民の偉大さのゆえに自分たちに危害はおよぶまいと確信して、アドヘルバルに対し、自己の身柄と町はユグルタに引き渡して、ただ生命のみを彼と交渉して確保するよう、そして他のことは元老院の配慮に委ねるようにと忠告した。[2]一方アドヘルバルは、ユグルタを信頼することほど愚かなことはないと思ってはいたが、自分が反対してもイタリア人たちは強制力を行使できたので、彼らの提言どおりに降伏した。[3]ユグルタはまずアドヘルバルを拷問にかけて殺し、次に、出会ったとき武器を持っていたヌミディア人のすべての成人と商人たち(3)を無差別に殺害した。

二七　こうした事態はローマに知らされ、事件は元老院で議論され始めた。そのとき、あのいつもの王の手先たちは議論を遮り、しばしば影響力によって、またときには口論で時間を引き延ばし、事件の残忍さを緩和しようとした。[2]そこで次期護民官であり、貴族の勢力に敵対する気魄に満ちた人物ガイウス・メンミウス(4)が、これはユグルタの犯罪が少数の徒党の力で容赦されるよう図った策動であるとローマ国民に教えた。もしも彼がそうしなかったら、明らかに人々の反感は、討議が長引くうちにすっかり消え失せたことだろう。王の影響力と金には、それほど大きな力があったのだ。[3] しかし元老院は、過ちを意識して国民を恐れた。そのときセンプロニウス法(5)にもとづいて、ヌミディアとイタリアが次期両執政官の職務領域となることが決定された。[4] 両執政官に選出されたのは、プブリウス・スキピオ・ナシカ(6)とルキウス・ベスティア・カルプルニウス(7)であった。カルプルニウスにはヌミディアが、またスキピオにはイタリアが割り当てられた。[5] 次にアフリカへ移すべき軍隊が召集され、兵士の俸給と戦争に必要な物資に関して議決された。

二八　他方ユグルタは、ローマではすべてが金で買えると確信していたので、期待に反した知らせを受け

---

(1) 多方向から一斉に攻撃をかけて、敵の防衛線を拡散させ弱体化する作戦。

(2) 第二一章二および一一三頁註（4）参照。

(3) 先述のイタリア人たち。

(4) 前一一一年の護民官に選出された人。その後法務官を務め、前一〇〇年には執政官に立候補するが、そのとき暴動の最中に殺害される。

(5) 護民官ガイウス・センプロニウス・グラックスが前一二三年に成立させた法律で、毎年の両執政官の職務領域を前年の選挙前に決定しておくというもの。選挙後に両執政官は、話し合いか籤(くじ)引きで各々の職務領域を決めた。なお当時の執政官は任期中に海外の職務領域へ赴任した。

(6) 前一三三年にティベリウス・センプロニウス・グラックスの殺害を主導した保守派プブリウス・コルネリウス・スキピオ・ナシカ・セラピオの息子。この人物は執政官在任中に死ぬ。

(7) 正確にはルキウス・カルプルニウス・ベスティア。前一二〇年頃に護民官を務めたが、熱心な元老院保守派の一人である。

取ることとなった。そこで彼は、息子と二人の側近を使者として元老院へ送った。そして彼らには、ヒエンプサル殺害後に派遣した使者たちと同様、あらゆる人々に対して金で攻勢をかけよと命じた。[2]使者たちがローマ付近に到着したとき、ベスティアは元老院に、ユグルタの使者らを城壁内に受け入れるべきか否かを諮った。すると元老院は、使者たちが王国とユグルタを引き渡すために来たのではないならば、次の一〇日以内にイタリアから退去せよとの決定を下した。[3]執政官は、元老院の決議どおりヌミディア人らに伝えるよう命じた。こうして彼らは目的を遂げずに本国へ去った。

[4]その間カルプルニウスは軍隊を編成し、自己の副官として貴族の身分で党派心の強い人々を選んだ。自分が不正を犯しても、彼らの権威で身を守れるだろうと期待したのだ。その中には、先にわたしがその性格と行状について述べたスカウルス(1)もいた。[5]じつのところ、われらの執政官には心身の多くのすぐれた技量が具わっていたが、ただ貪欲がそれらすべての美質を台なしにしていた。彼は労苦によく耐え、知性も鋭く、十分な洞察力を持ち、戦争に練達し、危険や憎悪にもまったく動じなかった。[6]さて軍団はイタリアを横断してレギウム(2)へ、そしてそこからシチリアへ、さらにシチリアからアフリカへと移動した。[7]そこでカルプルニウスは最初、糧食を準備したのち、ヌミディアを激しく攻撃して多くの者らを捕虜とし、いくつかの都市を攻め取った。

二九　しかしユグルタが使者たちを通じて金銭で誘惑し、カルプルニウスが指揮を受け持つ戦争の困難さを示し始めると、強欲に冒された彼の心はあっさりと変化した。[2]さらに王は、すべてのもくろみの仲間となり手先ともなる者としてスカウルスをも手に入れた。スカウルスは最初、自己の党派の大半の者らが買収されても非常に強く王と敵対していたが、しかし莫大な金銭によって善良で清廉な道から邪悪な道へ誘い込まれたのである。[3]ところでユグルタは初め、戦いの遅延のみを金で確保しようとしていた。その間ローマにおいて、賄賂や自己の影響力により何らかの成果を得られるだろうと考えていたのだ。だがスカウルスが取り引きに加わった(3)ことを知るや、講和の獲得に大きな期待を抱き、すべての協定の交渉を彼ら二人と直接会って行なおうと決意した。

[4]他方その間執政官は、敵を信用させるため、財務官セクスティウスをユグルタの町ウァガ(4)へ派遣した。その任務の口実は、カルプルニウスがユグルタの使者たちに公式に命じていた穀物を受け取ることであった。つまり降伏を待つための休戦が遵守されていたからだ(5)。[5]そこで王は、申し合わせていたとおりにわれらの陣営へやってきた。そして軍事会議の面前で、自己の行為が買った不興について、降伏を受け入れてほしい旨を短く述べたあと、他のことについてはベスティアとスカウルスだけと内密に交渉した。そして翌日、さまざまな議案が一括して(6)採決され、ユグルタの降伏は受け入れられた。[6]しかし軍事会議の面前で命じられた

---

(1)第一五章四および第二五章四参照。
(2)イタリア半島の最南端、シチリア（シキリア）島の対岸にある都市。
(3)ユグルタの使者を通じて打診された内密の交渉。
(4)現在のチュニジアの都市ベジャ。
(5)降伏までの間の休戦を要請するため、敵軍に食糧を供給するのが慣例であった。
(6)直訳すると「ごちゃまぜ料理（サトゥラ）のように」。

ように、財務官には、三〇頭の象と多数の家畜と馬が少量の銀とともに渡されたのみであった[1]。7 カルプルニウスは政務官の選挙を主宰するためローマへ出発した[2]。ヌミディアとわれらの軍隊は平時の体制となった。

三〇　アフリカでの出来事とその経過が風聞により広く伝わると、ローマでは執政官の行為が、あらゆる場所と集会で議論の的となった。平民の間では反感が高まり、元老院議員たちは動揺した。これほどの恥ずべき行為を是認すべきか、それとも執政官の決定を無効にすべきかと彼らの意見は一致しなかった。2 とりわけスカウルスがベスティアを先導し、彼と連携していると伝えられたため、その勢力によって彼らは正しく立派に対処することを妨げられた。3 しかし元老院がぐずぐずと決断を引き延ばしている間、先にわたしがその独立不羈の気質と貴族の勢力に対する憎しみについて述べたガイウス・メンミウス[3]が、集会で民衆に対して報復を訴えた。そして国家とみずからの自由を見捨てないよう彼らに警告し、貴族の傲慢で残酷な多くの所業を指摘した。要するに彼は、平民の心を燃え上がらせようとあらゆる仕方で力を尽くした。4 ところで当時メンミウスの弁舌の才は、ローマで名高く影響も大きかったので、かなり多くの彼の演説の中から一つだけを詳細に記すのは適切であると思う。ここではとりわけ、ベスティアが帰国したあと彼が集会で話した内容を述べておこう。彼は次のような言葉で説いたのである。

三一　「市民諸君、国家に尽くしたいという意欲がすべてにまさることがなければ、わたしは多くの理由のため諸君に語りかけるのは控えるだろう。それはすなわち、党派[4]の力、諸君の忍従、正義の欠如、そしてとりわけ、清廉潔白が名誉よりはむしろ危難をこうむるという事実である。2 実際、あのようなことを語るのは遺憾でならない。つまり、ここ一五年もの間、諸君がいかに少数の尊大な者らの愚弄の的になってきたか、また諸君を守る人々(5)が何と不面目に復讐を果たされずに滅びたのか、そして諸君の精神が怠慢と無気力のため何と退廃してしまったのかということを。[3]じつに諸君は、敵が服従している今でさえ立ち上がろうとせず、相手に恐れられるべきでありながら、今なお彼らを恐れているのだ。[4]だがこうした始末であるとはいえ、わが心は党派の勢力に立ち向かうよう迫るのである。[5]ともかくわたしは、わが父から受け継いだ自由な弁舌を試してみたい。だが市民諸君、それが不首尾に終わるか功を奏するかは諸君の手中にあるのだ。

[6]わたしは諸君に、しばしば諸君の祖先がしたように武装して不正に対抗することを勧めはしない。武力も総退去(6)も必要ではなく、彼らは自己の流儀に則って自滅すべきなのだ。[7]彼らはティベリウス・グラックスが(7)王位を得ようとしていると言って彼を殺害したあと、ローマの平民に対して査問を行なった(8)。ガイウス・グ

---

(1)つまりローマ軍側の人質を通して国家に支払われたのはこれだけで、降伏の証しとなるユグルタ自身の身柄の引き渡しについての合意はない。おそらくかなり多額の返礼が、密談の際にベスティアとスカウルスに渡されたのであろう。

(2)たんなる停戦であり、正式の和平が成立したわけではないことを暗示する。

(3)第二七章二および一一九頁註(4)参照。

(4)貴族・門閥派のこと。

(5)グラックス兄弟を筆頭とする改革推進派の人々。

(6)貴族に対する平民の闘争方式で、全員一斉に市外の丘へ退去すること。最も古くは前四九四年にモンス・サケルに退去した聖山事件がある。『カティリナ戦記』第三三章三および四一頁註(7)参照。

(7)ティベリウス・センプロニウス・グラックス(前一三三年没)。農地改革に着手して元老院門閥派と激しく対立した結果、暴動の最中に殺害された。

(8)ティベリウス・グラックス殺害の翌年、彼を支持した多数の平民が両執政官主宰の査問にかけられて処刑された。

ラックスとマルクス・フルウィウスの殺害後にも同様にして、諸君の身分の人々が多数牢獄で殺された(1)。いずれの災厄の場合も終息をもたらしたのは、法ではなく彼らの気まぐれであった。

[8] だがよろしい、平民に自己の権利を回復させるのは王政を目指すことだったとしよう。またいかなる処罰も市民の流血なくしてはなしえず、すべて正当に行なわれたものとしよう。[9] 近年においては、公庫が略奪され(2)、諸王や自由な諸民族が少数の貴族に貢ぎ物を納め、最高の栄光も最大の富も彼らの手中にあることに対して、諸君は黙って憤りを抱いた。しかし、彼らはそうした大罪を犯して罰を受けなかったことだけで満足せず、かくしてついに法も諸君の威厳も、また神々や人間に関わるあらゆることをも敵に引き渡してしまった。[10] しかもそれらをなした者らは羞恥も後悔も感じておらず、むしろある者らは神官職や執政官職を誇示し、またある者らは自分の凱旋式をひけらかしながら、諸君の面前を偉そうに闊歩している。まるでそれらが名誉の印であり、略奪品ではないと思っているかのようである。

[11] 金で買われた奴隷でさえ、主人の不当な支配を我慢してはいない。ところが市民諸君、諸君は支配する者として生まれながら、平然と奴隷の待遇に甘んじるのか。[12] だが国家を占領した彼らは何者なのか。じつに悪逆非道な人間どもである。手は血にまみれ、途方もなく貪欲で、きわめて罪深く、同時にまた非常に傲慢な者どもなのだ。彼らにとっては信義も栄誉も忠義心も、要するに美徳も悪徳もおしなべて利益を得る手段にほかならない。[13] 彼らは身を守るためと称して、ある者は護民官たちを殺害し、ある者は不正な査問を行ない、また大半は諸君の殺戮に手を染めた。[14] こうしてめいめい最も悪辣な所業をなせば、最も安全でおられるというわけである。つまり彼らはみずからの犯罪ゆえの不安を諸君に感染させて、臆病ゆえの不安に変えた。彼

らが抱く共通の欲望と憎悪と恐怖――それらが彼らを一つに団結させているのだ。[15]ともかくこうした一致は、善良な人々の間では友情となるが、邪まな者らの間では徒党となる。

[16]しかしながら、もし諸君が彼らを煽ってきた独裁欲と同じほど強く自由を愛するならば、かならずや国家は今のように略奪の餌食とはならず、諸君の愛顧(3)も不敵きわまる者らでなく、最も高潔な人々が授かることになろう。[17]諸君の祖先は、法的権利を獲得し主権を確立するため二度も総退去を行ない、武装してアウェンティヌス丘を占拠した(4)。諸君は祖先から受け継いだ自由のために、力のかぎりを尽くそうとはしないのか。そのうえ、まったく何も獲得しないことよりも、一度得たものを失うことのほうがもっと不面目である。ならば、それだけいっそう熱心に努力すべきではないか。

[18]「では、おまえの意見はどうなのか」と誰かが言うだろう。国家を敵に売り渡した者らは処罰されるべき

(1) 第一六章二および一〇七頁註(2)参照。

(2) 公金横領のこと。ローマの国庫より属州の公庫のほうがいっそう政務官たちの餌食になりやすかった。直接公金に手をつけなくとも、公的地位を利用した不法収奪の方法はいくらでもあった。そうした汚職の実情については、サルスティウス自身が誰よりもよく知っていたはずであり、著者がどんな思いを込めてメンミウスの義憤の論調を記しているのかと読者は興味をそそられる。

(3) 政務官選挙の投票で平民が立候補者に対して示す支持のこと。

(4) 三度の平民の総退去(一二三頁註(6)参照)が伝わっており、そのうちアウェンティヌス丘は前四四九年に退去場所となった。ここで著者は、前一二一年の改革推進派ガイウス・センプロニウス・グラックスらによるアウェンティヌス丘の占拠も念頭に置いているのかもしれない。

である。だが、腕力や暴力によってではない。そうした罰は、彼らが受けるのにはふさわしいが、諸君が科するのにはふさわしくない。むしろ査問を行ない、ユグルタ自身に証言させるのである。[19]もしユグルタがすでに降伏しているのならば、彼はかならず諸君の命令に従うだろう。しかし命令を無視するなら、あの講和ないし降伏はいかなるものかと、諸君は当然考えることであろう。それはユグルタに罰の免除を、少数の有力者には莫大な富を、そして国家には損害と不名誉をもたらしたのであるから。[20]まさか諸君は、彼らの独裁にまだ飽き足らないのではないだろう。そして現在よりも、あの過去の時期のほうが好ましいと思っているのではないはずだ。あの頃は諸王国も属州も、法も権利も法廷も、戦争も平和も、要するに神々や人間に関わるあらゆることが少数の者らの手中にあり、他方諸君すなわちローマ国民は、無敵不敗で全民族の統治者でありながら、命を保つだけに甘んじていた。実際諸君のいったい誰が、あえて隷従を拒否しようとしたのか。

[21]わたしとしては、不正を罰せずに容認するのは、人間にとって最も恥ずべきことだと思う。だが諸君が、卑劣きわまりない者らでも市民であるかぎり許すと言うなら、おとなしく認めてもよろしい。ただしそれは、憐憫が破滅に終わらぬかぎりのことである。[22]実際彼らははなはだ横柄であり、今後もしたい放題のできる特権を奪われないかぎりは、今回悪行の罰を受けなかっただけでは満足してはいない。そして諸君は隷従を受け入れるべきか、それとも力ずくで自由を守るべきかのいずれかだと悟って、永久に不安のまま生きることになろう。

[23]いったい相互の信頼や協調に、どんな望みがあるのか。彼らは支配したいと欲し、諸君は自由でありたい

西洋古典叢書

月報 152

2021＊第3回配本

ニケの泉（サモトラケ島）

目次

2021年8月
京都大学学術出版会

巨悪を探せ
――サルスティウス断章

栗田伸子

「アラブのもとに偉大な幼な子が生まれた――山々の中で
そしてそよ風は言った――これはユグルタの孫だ」
（筆者試訳）

一八六九年七月のある日、一人のフランスの生徒が高等中学校の教室の机の上でこうラテン語で書き始めた。コンクールに出すためのラテン詩の作文で、課題は「ユグルタについて記せ」。与えられた時間は六時間だった。少年は一等賞をとり、このラテン語詩『ユグルタ』は学区の公報に掲載された（『ランボー全集』青土社、二〇〇六年に依る）。少年の名はアルチュール・ランボー。そう、この作品こそはかのフランスの詩人の最初期の作品の一つであった。早熟な文学的天才の最初の結実が学校の教室での一種のテスト時間中に答案として作成されたという珍しくも驚くべき例なのだが、このエピソードはさらに次のようなことも教えてくれる。十九世紀のフランス――いや多分ヨーロッパ中どこでも――の教育においてローマ共和政期の歴史家サルスティウスの現存する二つの著作――『ユグルタ戦記』と『カティリナ戦記』――がいかに一般的な――作文コンクールの出題の前提となるような教材であったかという点と、そのように当時一定以上の教育（ラテン語はその必須の構成要件である）を受けた者なら一度は目を通すようなものであるにもかかわらず、サルスティウスというテクストはなお優等生にその属する社会の政治的規範を敢えて踏み越えさせてしまうような誘いを発し続けていたのだ、という点である。事実、ランボーの『ユグルタ』はナポレオン三世の第二帝政下の学区公報に載っているというのに政治的にはかなり大胆不敵な主張を含んでいるのである。

一八三〇年のアルジェ市占領以来、フランスは地中海の対岸、北アフリカのアルジェリアを植民地化しつつあった。七月革命（一八三〇年）、二月革命（一八四八年）を経たのちの第二帝政期はフランスによるアルジェリア支配・経営の本格化の時代である。この植民地化に対するアルジェリア人の最初の組織的抵抗を率いたのは、現地イスラム教団の指導者アブデルカーディルであり、侵略者に対するジハードを宣言した彼は、一八四七年についに降伏を余儀なくされるまで、果敢な戦いを続けた。冒頭のランボーの詩の主人公である「偉大な幼な子」のモデルはこのアブデルカーディルであるらしい。続く詩の中では、刃の曲がった短剣をおもちゃにしているこの幼児の上に「ユグルタの影」が出現する。古代のアルジェリア、チュニジアにあったヌミディア王国の王であるユグルタは幼児に、自らのローマとの戦い——祖国を奸計により少しずつからめ取ろうとしている者との戦いを物語りつつ、対仏（ガッリア）抵抗を呼びかける。つまりランボー少年はコンクール応募のためのラテン語作文の中でユグルタ王の口を借りてアブデルカーディルのアルジェリア解放闘争を激励してしまっているのである（なぜこんな「過激」な作文が一等賞になりえたのかという謎は、詩のごく短い第二連を読むと解けるのだが……）。

さてサルスティウスの『ユグルタ戦記』の中のユグルタはと言えば、ローマの将軍小スキピオに気に入られた、忠実なローマの友人、であったはずなのに、結局、自国ヌミディアを戦場としたローマとの全面戦争の末、捕われる（そしてローマの獄中で死ぬ）のであり、そこに至る過程での肉親の殺害やローマの門閥層（ノービリタース）への買収工作が強調されていて、基本的に「悪人」として描かれているように読める。

しかし『ユグルタ戦記』が突きつける戦いの構図は「悪い外国の王と正しい共和国ローマの戦い」というような単純なものではない。ローマ共和政自体が、——その国制（レース・プーブリカ）自体が危機にあるのである。買収事件の真相解明のためユグルタ本人をローマに召喚することを求める護民官メンミウスの演説（第三一章）は『ユグルタ戦記』前半のハイライトであり、そこではユグルタの工作に応じて対ヌミディア政策をねじ曲げた門閥貴族の国政私物化が厳しく告発されている。「内地でも外地でも、国家が売り物になったのである」（小川氏訳）。すなわちこの戦争はローマ対ヌミディアの戦争であると同時に――いやそれ以上に――ローマ国内における、国政を独占する門閥層に対する疎外された国民多数の戦いだとサルスティウスは言いたいようである。この観点からすれば真の敵は門閥層――かつてグラックス兄弟の改革運動を圧殺して以来、ローマ国民に対して恐怖政治を敷いているオピミウス、スカウルスらの元老院中枢なのであり、ユグルタは「主敵」ではない。その分、「悪人」ユグルタの方にも何らかのヌミディア側の「大義」（第八一章）が存在する余地があるし、ランボーのような問題提起の余地もあることになる。

二

「そのような［カエサルのカティリナ事件への関与を覆い隠すための弁明書の意。栗田。以下同じ］類いのものの一つがサッルスティウスの『カティリナ』である。著者は、有名なカエサル派の人物で、［中略］明らかに実際にはローマの君主政［カエサルが造り上げようとした体制をモムゼンはこう呼ぶ］が依拠した民衆派［原著では「民主派」］を讃え、カエサルにしみついた真っ黒な染みを拭い去って、カエサルの思い出をきれいなものにするために、［中略］政治的傾向性の濃い書物として公表された（長谷川博隆訳　モムゼン『ローマの歴史Ⅳ』名古屋大学出版会、二〇〇七年、一五九―一六〇頁）。

これが、十九世紀ドイツの歴史家テオドール・モムゼンによって下されたサルスティウスの作品への宣告である。「大政治家カエサル」という現在まで引き継がれている見方を確立した彼が、「有名なカエサル派」であるはずの古代の歴史家をこのように粉砕せねばならなかったのはなぜだろうか。

結論から言えば――それ故やや印象論になってしまうのだが――それはサルスティウスがカティリナとその共謀者らによる政権奪取計画を、邪悪な陰謀として（この主題で本を書く以上あたり前かもしれないが）描き、この計画を阻止した執政官キケロと小カトーをやはり評価している（前者については目立たないように、後者についてはより積極的に）からだと思われる。『カティリナ戦記』の読者はスリルを感じつつ陰謀の進行を追い、山場である元老院でのカエサルと小カトーの演説（第五一と五二章）――それはこの両者の、言葉による決闘で、勝者は小カトーである――に高揚を覚えるのが普通ではないだろうか。たとえ陰謀への「カエサルの関与」を隠そうとしているかもしれないにもしても、『カティリナ戦記』は結局、カティリナ一味をかばい損なってカエサルが面目を失った事件をわざわざ取り上げて詳細に叙述した歴史書なのであり、モムゼンにとっては目障りな書物であったのだろう。

このようにカティリナを本物の悪人として提示した上でサルスティウスは、このカティリナ事件の背景として、その十数年前まであったスラの独裁官時代の支配の闇を指す。スラは内戦の末「民衆派」寄りの軍事指導者マリウスの一派を倒し、その支持者らをリストに従って処刑したが、その没収財産で味をしめたスラの退役兵や徒党こそが、カティリナ陰謀団の中核をなしていることをサルスティウスは多数の実名を挙げつつ（第一七章）立証しようとする。つまり『カティリナ戦記』は、事件の真因をスラ体制の負の遺産であるとし、カティリナの背後に「閥族派」側の軍事指導者であるスラの亡霊を見るのである。カティリナ一味を実際に執政官として摘発し、告発したキケロの『カティリナ弾劾』演説では明言はされない視点である。モムゼンは基本的にキケロ的説明原理（借金を抱えた各種無法者集団説）に沿いつつカティリナ陣営を「無政府主義者と民衆派の同盟」として叙述するので、サルスティウスの作品は全く邪魔な史料となってしまったわけである。近代歴史学の成立と共にサルスティウスの受難は始まったと言える。

三

サルスティウスは古代の歴史家の中の「現代史家」――彼自身の生きた時代、あるいはそれにごく近い最近の時代の歴史を叙述した歴史家である。『カティリナ戦記』における小カトーの演説、『ユグルタ戦記』におけるメンミウス演説など、他では読めない同時代史料がここにはある。録音手段のない古代（速記は既にあった）ではあるが、これらは当時評判の演説であり、想定されている元老院身分の読者の中には自分の耳で聞いたり、親の世代からの伝聞として内容を知っている人々もいたはずなので、私たちの想像以上にもとの演説に近いのではないだろうか。また『ユグルタ戦記』にはカエサルがヌミディアを属州化した後、初代総督を務めたサルスティウス自身が現地で収集したと思われるアフリカの地誌・民族誌も含まれている。サルスティウスは、これらの材料を駆使して古代なりの「史料による実証」を行なった。共和政（レース・プーブリカ）の危機の背後にある市民団（キーウィタース）の構造変化――それは成功した対外支配の必然的結果でもある――と、そこにほの見える巨悪（スラだけではない）の影を捉えようとした彼は、敢えて言うなら「社会派」的批判眼を備えた勇気（ウィルトゥース）ある歴史家であった。

（古代ローマ史・東京学芸大学名誉教授）

連載

西洋古典雑録集 (26)

幸福論の試み (3)

三木清は『人生論ノート』の中で、「今日の人間は幸福について殆ど考えないようである。試みに近年現われた倫理学書、とりわけ我が国で書かれた倫理の本を開いて見たまえ。只の一個所も幸福の問題を取扱っていない書物を発見することは諸君にとって甚だ容易であろう」（「幸福について」）と書いている。三木がこの文章を書いたのは昭和一三年頃であるが、今の哲学界もそれほど変わっていない。それがなぜなのかについては考えるべき理由があるだろう。おそらくこれと関係していると思われるのは、ドイツの哲学者のカントが古代の哲人たちの展開した幸福論を批判したことである。

カントの批判はかんたんに言うと、幸福というのは各人の感情的な要因に左右されやすいというところにある。ここでカントがしばしばもちだすのは「傾向性（Neigung）」という言葉である。人間は生来の好みだけでなく、その置かれた状況次第でさまざまな行動をする。しかし、そういう人間の傾向性はあてにならないから、道徳の基準たりえない。幸福をみいだすことに関しては、知性は無力であり、むしろ自然的な本能に一任するほうがよいというのがカントの考えである（『人倫の形而上学への基礎づけ』Akademie Textausgabe, IV 395）。カントはこう言っている。「古代の哲学者や近代の哲学者が、この世［感覚的世界］において幸福が徳と完全にふさわしい比例をなしていることをみいだしたのは、あるいは、それを意識しているとみずからを説得することができたのは奇異に思わざるをえない。なぜなら、エピクロスもストア派も、人生における徳の意識を起源とする幸福をなににもまして称揚したからである」（強調は原著者、『実践理性批判』Akademie Textausgabe, V 208）。言葉が少しむずかしいが、要するに、徳と幸福という異なるものを同一の規則にしたがわせようとした点で古代の哲学者たちは誤ったということである。

ところで、人間の「傾向性」があてにならない例として、次のようなものが挙げられている（同、V 30）。ひとつは、ある人に好きな相手がいて、みずからの欲望を満足させようとする場合、自分の「情欲の傾向性」に逆らうのはむずかしい。しかし、家の前に絞首台が置かれていて、快楽を満足させようとすると自分が吊るされるとわかっていれば、その人は自分の情欲を抑制しないであろうか。もうひとつは、君主がある立派な人物を殺すために、偽証しろと迫るような事例である。これを拒否すれば自分の身が危ないとしたら、命を優先するだろうか、それともあえて犠牲になることを選ぶだろうか。カントはこのような場合にどちらを選ぶかは確言できないはずである、と言う。

右はあえて極端な例を選んだのであろうが、君主が偽証を迫るような例は、ローマ時代のストア派のエピクテトスが挙げている事例と類似している。ローマ帝政期の政治家で熱心な共和主義者にヘルウィディウス・プリスクス（後七五年頃死去）という人物がいたが、皇帝のウェスパシアヌスが権力を笠に着て、元老院に来させないようにする。以下、こんな問答が続く。「元老院に来させないようにするのはあなたの自由だが、私は元老院議員であるかぎりは行かねばならないのだ」「それでは、来ても黙っていたまえ」（中略）「しかしお前が話すのなら、お前を殺すだろう」「私が不死な人間だといつあなたに言いましたか。あなたはあなたのことをするでしょうし、私は私のことをするまでです。あなたのすることは殺すことであり、私のすることは恐れることなく死ぬことです。あなたのすることは追放することであり、私のすることは苦しむことなく立ち去ることです」（『語録』第一巻第二章）。

最後の「立ち去る」という言葉は死を意味する。ところで、エピクテトスとカントの二人が挙げている例だが、自然的な本能に一任されるような問題ではないだろう。このような場合にはこうすべきだという信念はエピクテトスにもあった。カントがみずからの心の内にある道徳律に畏敬を感じたように、その場面にふさわしい行為が存在すると信じたわけである。「ふさわしい行為」とはギリシア語でカテーコンという。キケロは『義務について』においてこの語をラテン語でofficiumと訳した。意味は同じだが、後代において「義務」という概念に変わる。カントが言葉として継承したのもこれである。

両者ともそこから人格論を展開している。ギリシア語で人格はプロソーポンという。普通は「顔」の意味だが、劇中で使われる「仮面」の意味になる。いわば内面の顔である。これが登場する人物の「役割」から「登場人物」そのものに、さらに「人格」の意味になる。キケロは先の『義務について』において、この語をペルソーナ（persona）というラテン語に訳している。この語も仮面の意味をもつが、ギリシア的な人格の意味を背負っていく。これがキリスト教のペルソーナ論を介して、近代的な人格概念（personality）となっていくのである。

（文／國方栄二）

西洋古典叢書

［2021］全5冊

★印既刊　☆印次回配本

●ギリシア古典篇

デモステネス　弁論集 7　栗原麻子・吉武純夫・木曽明子 訳

プルタルコス　英雄伝 6★　城江良和 訳

ルキアノス　遊女たちの対話 ── 全集 8☆　内田次信・西井　奨 訳

●ラテン古典篇

オウィディウス　恋の技術／恋の病の治療／女の化粧法★　木村健治 訳

サルスティウス　カティリナ戦記／ユグルタ戦記★　小川正廣 訳

●月報表紙写真 ── エーゲ海北辺に位置するサモトラケ島は、すでに紹介したように（「付録月報74」、有史以前からの大地母神信仰および豊穣神的性格の英雄カベイロイ信仰の中心地の一つであった。しかし今日この島の名は、むしろメロス島のアプロディテ像（ミロのヴィーナス）とともにルーヴル博物館を飾る有翼の女神像サモトラケのニケ（前二世紀初め頃）の出土地として広く知られているであろう。一八六三年にパロス大理石製のこの像が発見されたのは聖域南端の高所（わずかに確認できる円形劇場跡の上辺部の外側）にある方形の泉水池（ニケの泉）跡で、往時には泉の一郭に船の舳先に模した台座に立った姿で設置されていたものとも考えられているが、詳細は不明。（一九九五年六月撮影　高野義郎氏提供）

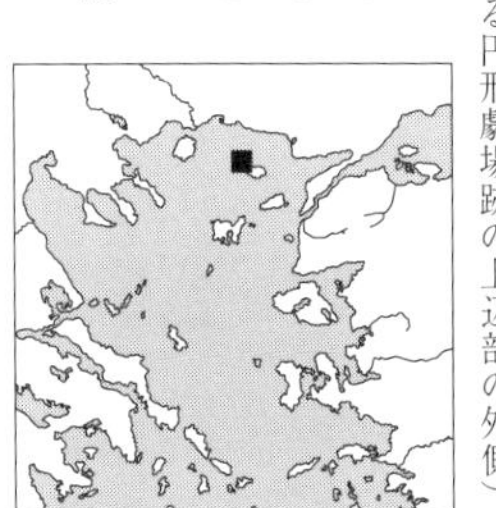

と望んでいる。彼らは不正を働きたいと思い、諸君はそれを妨げたいと望む。結局、彼らはわれわれの同盟者を敵として扱い、敵を同盟者として遇している。[24]これほど異なる考え方の間に、和睦や友情はありえるのか。[25]だからしてわたしは、この大きな犯罪を処罰せず見逃してはならないと諸君に警告し勧告しているのである。問題は、公金の横領や同盟者からの金銭強奪などではない。それらは重大ではあるが、習慣化してもはや何とも思われていない。まさに元老院の権威こそが、苛烈きわまりない敵に引き渡され、諸君の統治権もその敵に引き渡されたのだ。内地でも外地でも、国家が売り物になったのである。

[26]こうしたことを取り調べ、罪人どもに罰が科せられなければ、それらの所業の張本人どもに服従して生きる以外に、われわれには何が残されるだろうか。実際、何でもしたいことを罰を受けずに行なえるとは、すなわち王であることにほかならない。[27]市民諸君、わたしは諸君に、同胞市民が無実であるよりは有罪であることを望むよう勧めているのではない。むしろわたしは、悪人どもを許すことによって善良な人々を破滅に追い込んではならないと説いているのである。[28]そのうえ国政においては、不正の記憶を失うよりも、善行を忘れるほうがはるかに好ましいのである。人が無視すれば、善人は以前より無精になるだけだが、悪人は前よりもっと凶悪になる。[29]さらにまた、不正がなくなると、頻繁に援助(1)を必要とすることもなくなるだろう」。

三二　メンミウスは以上のことや他の同様の事柄を繰り返し語り、当時の法務官ルキウス・カッシウス(2)を

(1) 例えば護民官の支援。

(2) ルキウス・カッシウス・ロンギヌス。前一〇七年にはマリウスとともに執政官になる人物。

ユグルタのもとへ派遣すること、そして身柄の安全を公に保証して王をローマへ連れてこさせることを国民に説得した。メンミウスの目的は、王の証言によって、彼が収賄で告発していたスカウルスその他の者らの罪をいっそう容易に摘発するためであった。

[2]このような事態がローマで進行している間、ベスティアがヌミディアに残して軍隊の指揮を委ねていた者らは、上司の将軍の流儀に倣ってじつに多くの破廉恥きわまる所業をなした。(1) [3]ある者は金で買収されて象をユグルタに返し、ある者は脱走者らを売り渡し、またある者は平定した人々に対して略奪を働いた。[4]貪欲の大きな力がまるで疫病のように彼らの心を冒していたのである。[5]しかしすべての貴族が驚愕したことに、メンミウスの提案は可決され、法務官カッシウスはユグルタのもとへ出発した。カッシウスは、ユグルタが怯え、心やましさから自己の立場に自信を失っている様子を見て、すでにローマ国民に降伏したからには、ローマ人の力ではなくむしろ彼らの憐憫の情を試すよう王を説き伏せた。そのうえ彼は、個人的に身柄の安全を保証した。ユグルタがそれを公的な保証に劣らないものと評価していたからだ。当時カッシウスの名声はそれほど高かったのである。

三三　こうしてユグルタは、栄誉ある王の地位に反してできるだけ憐れみを誘う服をまとい、カッシウスとともにローマに到着した。[2]彼は胸中に大きな自信を秘めていた。だがそれでもユグルタは、その勢力と悪行のおかげで先述のあらゆる所業をなしえたすべての人々に力づけられ、護民官ガイウス・バエビウス(2)を多大の賄賂で抱き込んだ。厚顔無恥なこの男を用いて、法とあらゆる虐待から身を守るためであった。

[3]しかしガイウス・メンミウスが集会を召集すると、民衆は王への敵意を露わにし、ある者は彼を投獄せよ

と主張し、またある者は、自己の悪事の共犯者どもを暴露しないなら、父祖の慣習に従い敵と見なして処刑せよと求めた[3]。だがメンミウスは、怒りよりはむしろ威信ある態度を顧慮して騒動を和らげ、民衆の激情を静めた。そしてついに、自分が守るかぎり公の身柄保証を破らせはしないと断言した。[4]すると静かになったので、ユグルタがその場に連れ出された。そこでメンミウスは話し始め、ローマとヌミディアでの王の所業を述べ、父親と兄弟に対する悪行を説明した。そしてローマ国民は、彼が誰の助けを得、誰を手先にしてそのような罪を犯したのかを知っているが、しかし彼自身からもっとはっきりしたことを聞きたい。もし真実を明らかにすれば、ローマ国民の誠意と寛恕に大きな望みを託せるが、黙っているならば、共犯者どもを救えないのみか、彼自身も彼の希望も損われるであろうと語った。

三四　次にメンミウスが話し終えると、ユグルタが返答を命じられた。だがそのとき、先述の金で買収された護民官ガイウス・バエビウスが、王に黙っているよう命じた。すると集会に来ていた大衆は激しく興奮し、バエビウスに対してどなり声と怖い顔を向け、またしばしば攻撃のしぐさや怒りが誘発するあらゆる素振りを示して威嚇しようとしたが、勝ちを制したのは厚顔無恥であった。こうして民衆は愚弄されたすえ

（1）属州アフリカ内の住民か、あるいはベスティアの軍が占領したヌミディアの土地に住む人々。

（2）この年（前一一一年）の護民官であったこと以外は不詳の人物。

（3）鞭打ちに処したあと死刑にすること。なおカティリナの事件の際、容疑者らの処罰に関して小カトが述べた提言をも想起させる（『カティリナ戦記』第五二章三六および七三頁註（4）参照）。

集会から退去し、その[2]査問のため不安に陥っていたユグルタとベスティアとその他の者らは自信を回復した。

三五　当時ローマに、マッシウァという名のヌミディア人がいた。彼はグルッサの息子でマシニッサの孫であり、王たちの争い(1)の際にはユグルタに敵対する側についた。キルタが降伏してアドヘルバルが殺されたとき、彼は逃亡して祖国を去っていた。[2]翌年ベスティアのあとクイントゥス・ミヌキウス・ルフス(2)とともに執政官職に就いたスプリウス・アルビヌス(3)は、この人物がマシニッサの血統を汲み、またユグルタが犯罪のため反感と恐怖の的になっていたので、ヌミディアの王位を元老院に請い求めるよう彼を説き伏せた。[3]この執政官は戦争の遂行を熱望していて、すべてが沈静した状態よりも混乱していることを望んでいたのである。またヌミディアは彼の職務領域として割り当てられており、他方ミヌキウスにはマケドニアが割り振られていた。

[4]マッシウァはもくろみの遂行に着手した。一方ユグルタは、もはや友人たちから十分な支援を得ることができなかった。彼らのある者らは心やましさによって、またある者らは悪評と心配に妨げられたからだ。そこでユグルタは最も親密で忠実な家臣ボミルカルに――以前にもそうして多くを成し遂げてきたように――マッシウァの刺客を金で雇うように命令した。そして極力内密に、しかし万一うまくいかなければどんな方法を用いてでも、あのヌミディア人を殺すようにと命じた。

[5]ボミルカルは素早く王の命令を実行した。彼はそうした仕事に精通した男たちを通じてマッシウァの外出の経路を探り、結局彼が訪れるすべての場所とその時間を調べ上げた。そして機会が来たとき待ち伏せを仕

掛けた。[6]そこで殺害のために雇われた者らのうちの一人がマッシウァを攻撃したが、少々しくじり、相手を殺しはしたけれども、自分も取り押さえられ、多くの人々、とりわけ執政官アルビヌスに問い詰められて共犯を自供した。[7]ボミルカルは公の保証のもとにローマへ来た人物の同伴者ではあったが、万民法によってではなく公正と正道にもとづいて告訴された。

[8]しかしユグルタは、これほど目に余る犯罪の責任は明らかであったが、犯行に対する憎しみが自分の影響力と財力を凌ぐことに気づくまでは、真実に歯向かうことをやめなかった(4)。[9]こうして最初の審問となり、そのとき彼は友人の中から五〇人を保証人(5)に立てたが、保証人よりも王位を顧慮し、ボミルカルをひそかにヌミディアへ立ち去らせてしまった。もしもボミルカルが処罰されれば、他の臣民たちが自分に従うのを恐れるようになりはしまいかと心配したのである。そして自身も元老院よりイタリアからの退去を命じられ、数日後に帰国した。[10]だがユグルタはローマを出たとき、黙って幾度もうしろを振り返り、最後にこう言ったと伝えられる、「金に身をまかせる都よ、買い手が見つかればすぐに滅びるだろう」と。

三六　その間アルビヌスは戦争を再開し、糧食や兵の俸給その他軍隊に必要なすべての物資を早急にアフ

---

(1)ユグルタとアドヘルバルの対立・抗争。

(2)この年（前一一〇年）に執政官だったのはマルクス・ミヌキウス・ルフスで、クイントゥスはその人の兄弟である。

(3)スプリウス・ポストゥミウス・アルビヌス。

(4)初めは証拠や証言を否定して、家臣ボミルカルの裁判に応じなかったということ。

(5)被告が法廷に出頭しなかった場合に、罰金を支払う責務を負う人々。

リカへ運ばせた。そして自身もただちに出発したが、それは、民会[1]の期日があまり離れていなかったため、それ以前に戦闘や降伏ないしは何らかの仕方で戦争を終結させたかったからである。2 だがそれに対して、ユグルタは万事を遅らせ、時間稼ぎのために次々と異なる口実を作った。彼は降伏を約束してはその後悔がるふりをし、また相手の攻撃に対して退却したかと思うと、すぐあとには味方が戦意を失わぬよう攻勢に転じた。こうしてユグルタは、あるときは戦争を引き延ばし、またあるときは和平を遅らせて執政官を翻弄した。3 そこである人々は、アルビヌスがまだ王のもくろみを知らないはずはないと考え、あれほど急いで始められた戦争がたやすく引き延ばされてしまうのは、無能のゆえではなく策謀[2]のためだと思った。4 しかし時が過ぎて、民会の期日が近づいてきたので、アルビヌスは弟アウルスを法務官格代理として陣営に残し、ローマへ立ち去った。

三七　当時ローマでは、護民官たちの紛争によって国家がひどく混乱していた。2 護民官プブリウス・ルクルスとルキウス・アンニウス[3]が、同僚の反対を押し切って自己の任期を延長しようとしたのである。そしてこの争いは、年内すべての民会を妨げていた[4]。3 先述したように法務官格代理として陣営に残されたアウルスは、その遅れのために戦争を完遂できるか、あるいは軍隊で脅しをかけて王から金銭を取れるだろうとの希望を抱いた。それで一月に[5]兵士たちを冬季陣営から呼び出して征討体制を取らせ、厳冬下の長い行程を経て王の財宝が保管されている町ストゥル[6]に到着した。4 しかしアウルスは、厳しい気候と地の利のため、その町を攻め取ることも包囲することもできなかった。町の城壁は切り立った山の端に築かれ、その周囲のぬかるんだ平地は冬の雨水のため沼になっていたからである。それでも彼は、王を恐れさせようと見せかけの攻撃をするためか、あるいは財宝のために町を攻め落としたいという欲に目が眩んでか、防御用屋台を稼働させ、土塁を積み上げ、企てに必要な他の作業を急いだ。

三八　一方ユグルタは、副官(7)のうぬぼれと無経験がわかったので、巧みに相手の錯乱を助長した。彼は幾度も命乞いの使者を送り、他方自身は敵を避けるふりをして、森の中の場所や脇道を通って軍隊を導いた。
2 そしてついにアウルスに協定の望みを抱かせてストゥルから離れさせ、自分は退却を見せかけて、そのあとを追って遠くの土地へ来るように仕向けた(8)。
3 その間ユグルタはまた、練達の部下を用いて昼も夜も敵軍に働きかけた。百人隊長や騎兵小隊長を買収し、ある者らには脱走するよう、またある者らには合図とともに持ち場を捨て去るよう促したのだ。

(1) 次期執政官を選出するために現執政官が主宰するケントゥリア民会は当時、毎年十月ないし十一月頃に開催された。

(2) ベスティアの場合と同じような執政官のたくらみ。とくにアルビヌスは戦争の終結を急いだので、その遅れゆえにユグルタとの癒着を疑われた。

(3) 前一一〇年の護民官。

(4) 二人の護民官は拒否権を行使して選挙民会の開催を停止させたものと思われる。この状態は、彼らの任期が終了する前一一〇年十二月九日まで続いた。

(5) 前一〇九年一月。しかし第三九章ではアウルスの兄アルビヌスは現職の執政官として登場し、また第四三章一において、アウルスがこの戦いで敗れたときには前一〇九年の執政官メテルスとシラヌスはまだ次期執政官だったとされているため、アウルスの戦争開始は前一一〇年中でなければならない。

(6) この町の位置は不明である。戦いの場所はキルタの東にある町カラマ付近だったという説もある。

(7) アルビヌスの弟で法務官格代理アウルスのこと。

(8) このあと写本では「こうして罪はいっそう見えにくくなった」という文が続くが、文脈にそぐわないため底本では削除されている。

[4]こうした準備を存分に整えたあと、ユグルタは突然真夜中に、ヌミディア兵の大軍を率いてアウルスの陣営を包囲した。[5]ローマ兵らは予想外の襲撃に動転し、ある者は武器を取り、ある者は身を隠した。怖がる仲間を励ます者らもいたが、どの場所も騒乱に襲われた。敵軍は大勢で、空は夜と雲に覆われて暗く、どちらの道にも危険があった。つまり逃げるか留まるか、そのどちらがより安全なのか疑わしかった。[6]しかし少し前に述べたように、ユグルタに買収された者らがいて、そのうちのリグリア人(1)の一大隊が、トラキア人(2)の二騎兵小隊および少数の兵卒らとともに王の側へ寝返った。そして第三軍団の首位百人隊長(3)が、防御を命じられていた堡塁から侵入する余地を敵軍に与え、そこからヌミディア軍が一斉に突入した。[7]われらの軍は不面目にも逃走し、大半が武器を捨てて近くの丘に身を置いた。[8]敵軍は夜と陣営の略奪のために手間取り、これ以上勝利の成果を得ることはできなかった。

[9]その後翌日にユグルタはアウルスと会見し、こう述べた。「わたしはおまえ自身と軍隊を飢えと武器により包囲しておる。しかし人の世の転変を顧みて、もしおまえがわたしと協定を結ぶなら、おまえらを槍門をくぐらせた(4)あと全員無事に帰してやろう。加えて言っておくが、一〇日以内にヌミディアを去れ」。[10]以上の条件は耐えがたく恥辱に満ちていたが、しかし恐ろしい死との交換であったため、王の望みどおりに和平が合意された。

三九　さてこうした事態がローマに知らされると、市民たちは恐怖と悲嘆に襲われた。ある者らは国家の栄光を惜しんで嘆き、また戦争のことをよく知らない者らは自由のために憂慮した。そして誰もがアウルスに対して憤慨したが、とりわけ戦争でしばしば名を馳せた人々は、彼が武装していながら、武力でなく不面目な行為によって身の安全を求めたゆえに激しく怒った。[2]そのため執政官アルビヌスは、弟の過失から生じた反感とその後の危険を恐れ、協定の件を元老院に諮った。他方その間彼は、軍隊補充の募集を行ない、同盟諸市とラティウム諸都市からも援軍を召集した。要するにあらゆる手段で事を急いだのである。[3]元老院は、適正な手続きに鑑みて、いかなる協定も元老院と国民の命令なくして結ぶことはできないと議決した。[4]執政官(5)は、召集した軍勢を連れていくことを護民官たちに妨げられたが、数日のうちにアフリカへ出発した。というのも、全軍隊が合意(6)に従ってヌミディアを引き払い、属州で冬営していたからである。[5]彼はそこに到着すると、ユグルタを追跡して弟の不評を償いたいと心ではやったが、敗走に加えて軍律が緩んだ結果、兵士らが放縦と不節制に冒されている状態を知り、その状況を考慮して何らの行動も起こすべきではないと判断した。

四〇　その間ローマでは、護民官ガイウス・マミリウス・リメタヌス(7)が国民に法案を公示した。法案は、ユグルタに元老院の決議を無視するよう教唆した者ら、使節あるいは指揮官の任務にあって彼から金銭を受

(1) イタリア北西部に居住した古代民族。
(2) 現在のブルガリア南部やギリシア北部等に居住した古代民族。
(3) 一軍団につき六〇名いる百人隊長の最上位者。
(4) 二本の槍を垂直に立て、それらの上部に一本の槍を水平に渡して作った軛型の門の下を、敗軍の将兵にくぐらせるというローマ軍の習慣。ここでユグルタは、ローマ人自身にその屈辱を味わわせようとする。
(5) すなわち前一一〇年の執政官アルビヌス。
(6) ユグルタとアウルスの合意（前章九―一〇参照）。
(7) 前一〇九年の護民官。

け取った者ら、脱走者や象を引き渡した者ら、そして和平と戦争に関して敵と協定を結んだ者らに対して査問を行なうというものであった。[2]この法案に対して、罪を自覚した者らや党派間の反目(1)から生じる危険を恐れる者らは、公然と反対すれば、問題の所業やその他の類似行為に賛同する意向を認めることになるので、友人たち、とりわけラティウム諸都市の人々やイタリアの同盟者たちを通じて秘密裏に妨害工作を進めた。[3]しかし平民は、語るに信じられぬほど強い意欲と熱意をもって法案を可決した。それは、国家を思うためというより、その法案の災いが向けられた貴族に対する憎悪のゆえであった。人々の党派心はそれほど強かったのである。

[4]こうして他の人々は不安に襲われたが、しかし平民の歓喜と自己の党派の敗退の間にあって、ベスティアの副官だった前述のマルクス・スカウルス(2)は、マミリウスの法に従って三人の査問官の選定が要請されたとき、当時の国政の混乱に乗じて、その一員に選出されることに成功した。[5]しかし査問は、風聞と民衆の恣意にもとづいて仮借なく乱暴に実施された(3)。貴族の場合よく起こることだが、当時の平民も順調な成り行きゆえに思い上がっていたのである。

四一　ところで、党派的分断とそこから生じるあらゆる邪まな行状がローマにおいて習慣となり始めたのは、ほんの何年か前のことであり、その原因は、閑暇と、人間が最も高く評価する物資の豊かさである。[2]なぜならカルタゴの滅亡以前には、ローマの国民と元老院は穏やかに、互いに節度を保って国家を運営し、市民の間には栄光や支配を目指す争いはなかったからだ(4)。敵に対する恐怖のゆえに、市民たちは良識ある振舞いを保ち続けたのである。[3]しかしそうした恐怖が心から消え去ると、放縦と高慢という順境のお気に入りが自然と蔓延した。[4]こうして逆境のときに切望された閑暇は、それが得られると、逆境以上に冷酷で耐えがたいものとなった。[5]というのも、貴族は威厳ある地位を、また民衆は自由を欲望達成の手段にし、誰もが自分のために着服し、奪い去り、盗み取ったからである。こうして全体が二つの部分に引き離され、共有のものだった国家は引き裂かれた(5)。

[6]とはいえ、党派を固めた貴族のほうが優勢を誇り、平民の力は、まとまりを欠き多人数の間に分散したため弱小であった。[7]戦時と平時を問わず、国は少数の人々の意向によって運営され、国庫も属州も政務官も、また栄光や凱旋式も彼らの手に握られた。民衆は軍役と困窮に苦しめられ、戦争の略奪物は将軍たちが少数の者らとともに奪い取った(6)。[8]他方兵士たちの親や幼い子供は、強力な隣人がいた場合、住まいから追い出された(7)。[9]こうして権力を伴う貪欲は、限度も節度もなくはびこり、すべてを冒瀆して荒廃させ、何も尊重せず何も神聖と見なさず、ついに自己自身の転落をもたらした。[10]なぜなら、不正な権力よりも真の栄光を優先す

(1) 門閥派と民衆派の対立のこと。
(2) 第二八章四参照。
(3) 査問の結果、ルキウス・ベスティア、スプリウス・アルビヌス、ルキウス・オピミウスその他が有罪となった。
(4)『カティリナ戦記』第一〇章でも前一四六年のカルタゴ滅亡を転換点と見なす著者の歴史観が語られたが、ここではその歴史的変化のとらえ方に相違が見られる（解説参照）。
(5) つまり、国の政治が貴族・門閥派と民衆派という二派の対立・抗争の場となった。
(6) ローマ軍が得た戦利品は原則として国家に属する物であるが、将軍が自分や部下のために優先的に分け前を取ることは慣例になっており、そうした特権が乱用されることもあった。
(7) 農民が兵役のため頻繁に家を留守にする間、横暴な隣人が勝手に境界を変更して所有地を横領することがあった。

る人々が貴族の中に見出されるやいなや、国は動揺し、そして市民の不和がまるで大地を覆す地震のように発生し始めたからである。

四二　例えば、ポエニ戦争やその他の戦争で国家におおいに貢献した祖先を持つティベリウス・グラックスとガイウス・グラックスが(1)、平民の自由を要求し、少数の者らの悪事をあばき始めたとき、貴族たちは罪があるゆえに動転した。そして彼らは、ときには同盟諸市やラティウム諸都市の人々を用い、またときには貴族との連携を望んで平民と分離していたローマの騎士身分(2)の人々を利用してグラックス兄弟の行動に対抗し、まず護民官ティベリウスを、次に数年後には兄と同じ方向へ進んでいた植民市建設三人委員(3)のガイウスをマルクス・フルウィウス・フラックスとともに剣で殺害した(4)。[2]たしかにグラックス兄弟の心は、勝利にはやって十分な抑制を欠いていた。[3]しかし高潔な人にとっては、邪まな方法を用いて不正を打ち破るよりも、むしろ敗北するほうが望ましいのである(5)。

[4]こうして貴族は、その勝利を自己の望むがままに利用して、多くの人々を剣や追放によって抹消した。そしてその後強力な者であるよりは、むしろ恐れられる存在になった。一般的に見て、これこそまさに偉大な国々を滅ぼしてきたものである。すなわち双方がどんな方法を用いても相手に勝とうとし、敗れた相手に対しては過度に冷酷な復讐をしようとするのである。[5]しかし党派間の確執と国政全般の慣習について詳細に、あるいは重要性に応じて説明しようとすれば、わたしには題材よりは時間のほうが早くなくなるだろう。それゆえ本題にもどることにする。

四三　アウルスの協定とわれらの軍の不名誉な敗走のあと、次期執政官メテルス(6)とシラヌス(7)は職務領域を分けあった。ヌミディアはメテルスに割り当てられた。彼は気力溢れる人物で、民衆の党派に反対していたが、しかしつねに変わらず清廉な人と評されていた。[2] メテルスは政務官職に就任するや、他の仕事はみな同僚とともに〈分担して〉行なえると考え、これから行なう戦争に気力を傾注した。[3] そこで、旧来の軍隊は信用せず新兵を徴集し、援軍を四方八方から召集し、武具、兵器、馬その他の軍需品、さらには十分な糧食を調達した。つまり、種々の局面が予想され、多量の物資を必要とする戦いでいつも役立つようなすべての物を準備したのだ。[4] 他方そうした準備を成し遂げるために、元老院はその裁可によって助け、また同盟諸市や

(1) 名門貴族センプロニウス氏に属するグラックス兄弟は、前二世紀後半に平民のための農地改革等を推進し、二人とも元老院保守派によって殺された（一〇七頁註（2）、第三一章七および一二三頁註（7）参照）。彼らの母方の祖父大スキピオは、前二〇二年のザマの戦いでハンニバルを破った第二次ポエニ戦争の英雄であり、父ティベリウス・センプロニウス・グラックスはヒスパニアとサルディニアでの戦争に勝利した。

(2) 貴族・元老院議員と平民の間に位置する身分で、商業・経済活動に従事する裕福な人々からなる。

(3) 北アフリカの旧カルタゴ領などに貧困市民を入植させるための役職。

(4) 一〇七頁註（2）参照。

(5) この文については種々の解釈がある。グラックス兄弟の行動は行き過ぎであったとしても、だからとて不法な手段で彼らを抹殺した保守派貴族の行為が正当化できるわけではなく、道義的には彼らに敗れた兄弟のほうが立派だったという意味であろう。

(6) クイントゥス・カエキリウス・メテルス。前一〇九年の執政官。前一〇九年と一〇八年にユグルタとの戦争の指揮を執り、その功によりヌミディクスの添え名を得る。

(7) マルクス・ユニウス・シラヌス。前一〇九年の執政官。外ガリアの職務領域を得たが、キンブリ族との戦いで敗北を喫する。

ラティウム諸都市や諸王[1]は自発的に援軍を送ることによって力添えした。要するに国全体が最大の熱意を注いで尽力したのである。5 こうしてすべての物を存分に用意し整えたのち、メテルスはヌミディアへ出発した。彼はすぐれた技量の人であるうえに、とくに富の力に対しては不屈の精神の持ち主だったため、市民たちの大きな希望を担っていた。それ以前のヌミディアでは、まさに政務官たちの貪欲な心こそがわれらの力を打ち砕き、敵の力を増大させてきたのである。

四四　ところがメテルスがアフリカに着くと、前執政官スプリウス・アルビヌスから彼に引き渡された軍隊は無気力で戦意がなく、危険や労役に耐えられず、腕よりは舌のほうが素早く、同盟者[2]を略奪してはみずから敵軍の餌食になり、軍律にも自制心にも従わない習慣に馴染んでいた。2 そのため新しい将軍は、多くの兵員数に救いや好ましい期待を感じるよりも、むしろ彼らの悪習に大きな不安を抱いた。軍務の可能な夏の期間は、民会が遅れたため短くなっていた[3]。3 またメテルスは、ローマ市民の心が成果に対する期待で張り詰めていることもわかっていた。しかしそれでも彼は、父祖伝来の軍事訓練によって兵士らをしごき終えるまでは戦争に着手しまいと決意した。

4 というのも、弟アウルスとその軍隊の敗北に打ちのめされたアルビヌスは、属州の外へ出ない決心をし、自分が指揮すべき軍事行動の期間中、悪臭や飼料不足で場所を変えねばならない場合を除いて、兵士らをたいてい常設陣営の中に留めたのである。5 だがその陣営は〈防御工事を施されておらず〉、軍務の習慣どおりに歩哨も配置されなかった。兵士らはみな、好き勝手に軍旗から離れたのだ。兵士らに混じって、従軍商人たち[4]が昼も夜も歩き回った。また兵士らはちりぢりに分かれて農地を荒らし、農家を襲い、競って家畜や奴隷を略奪し、それらと交換に商人らから外国産の葡萄酒その他の奢侈品を入手した。そのうえ彼らは公に配給された穀物を売り、毎日パンを買った(5)。要するに怠惰と放埒から生じる、言葉にできるかぎりの、あるいは想像しうるかぎりの恥ずべき行ないは、すべてあの軍隊に見出すことができたし、さらには他の悪徳もそこにはあった。

四五　しかし、メテルスが敵との戦いに劣らずこうした難事に際しても偉大で賢明な人であったことをわたしは知っている。彼は甘い顔と厳しい態度の間を非常にうまく加減しながら軍を操縦したのだ。2 実際、彼はまず布告を出して、怠惰を助長する行為をやめさせた。すなわちそれは、陣営内ではいかなる者もパンやその他の調理した食べ物を売ってはならないこと、従軍商人は軍隊に同行しないこと、〈尖兵ないし〉兵卒は陣営内でも行軍中でも奴隷や輜重獣(6)を随伴させないことであった。またその他のことにも厳格に制限を定めた。さらにメテルスは、毎日野原を横断して陣営を移動させ、まるで敵軍が近づいたかのように堡塁と

(1) ローマの同盟国の王たちだが、どの国の王を指すのかは不明。

(2) ローマ軍が冬季陣営を置いた属州アフリカの住民。

(3) 前年（前一一〇年）の執政官選挙が年末にまで遅れたため、戦争の準備とメテルスの属州到着も遅延し、夏季陣営による軍事活動の時間が減少していた。

(4) 彼らは兵士らに料理した食べ物などを売ったらしい。

(5) ローマ兵は配給される穀物を調理して食べるのがきまりであり、それを売ってパンを買うのは反則行為である。

(6) 驢馬や騾馬などの運搬用の動物。ローマ兵は武器、塹壕掘削用具、野営地防御用の杭、食糧など多量の荷物を携行した。そのうえアフリカの気候は非常に高温で耐えがたく、兵士らは奴隷や動物の力を借りようとしたのである。

壕で防御を固め、歩哨たちを密に配置し、彼らを副官らとともに直接視察した。同じく彼は行軍に際し、あるときは先頭に、あるときは最後尾に、またしばしば中央部に身を寄せ、誰も隊列から離れず、軍旗とともに密集して進軍し、兵士が食糧と武器を携帯するよう監視した。[3]こうして彼は兵を罰するのではなく、過失を未然に防ぐことによって軍隊を短期間のうちに立て直した。

四六　その間ユグルタは、伝令を通じてメテルスの行動を知り、同時に彼の清廉な性格についてローマから情報を得ると、自己の立場に自信を失い、そのときようやく本気で降伏しようと試みた。[2]すなわち彼は、使者たちを嘆願の印(1)とともに執政官のもとへ送って、自分と子供らの助命だけを請願し、他のすべてはローマ国民に引き渡すという旨を告げさせた。[3]しかしメテルスはすでにこれまでの経験から、ヌミディア人が信用できず、性格は移り気で、変動を熱愛する人種であることを心得ていた。[4]そこで彼は使者たちと一人ずつ別々に接見し、徐々に探りを入れて、彼らが自分に役立つことを確かめた。そして彼らに多くの報酬を約束して、ユグルタをできれば生きたまま、だがそれがうまくいかなければ殺して自分に引き渡すよう説き伏せた。しかしメテルスは表向きには、願いどおりの返答を王に伝えよと告げた。

[5]それから数日後メテルスは、意気込んで戦意に燃える軍隊を率いてヌミディアへ進軍した。ところがそこには戦いの気配はなく、小屋は人で満ち、野には家畜や農夫らがいた。町や集落からは王の役人らが出迎えに来て、穀物の提供や糧食の運搬など、要するにどんな命令でもすべて果たそうと申し出た。[6]だがそれでもメテルスは気を緩めず、あたかも敵軍が近くにいるかのように隊列を固めて進軍し、周辺全体を偵察し、あのような帰順の印は見せかけにすぎず、敵は罠の機会をうかがっているのだと考えた。[7]そこで彼は軽装部隊

および投石兵と弓兵の精鋭部隊を従えて先頭に立ち、最後尾では副官ガイウス・マリウス(2)が騎兵隊を率いて
指揮を執った。またメテルスは両翼に援軍の騎兵隊を配置して、軍団副官と大隊長官に割り当てた。そして
敵の騎兵軍がどこを攻撃しても撃退できるよう、その騎兵隊に混じって軽装歩兵を置いた。8 実際ユグルタは
きわめて計略に長けており、また地勢と戦法に大変熟達していたので、彼がいっそう危険なのは不在のとき
か姿を見せているときか、平和なときか戦争中かは正確に判じがたいことであった。

四七　メテルスが進軍していた道から遠くないところに、ウァガ(3)という名のヌミディア人の町があった。
そこは王国全体で最も繁華な商業中心地であり、いつも多数のイタリア出身者(4)が居住し商売を営んでいた。
2 ここに執政官は、住民が自軍を受け入れるかどうかを探るためと、同時にまた地の利〈のゆえに〉守備隊を
置いた。さらに彼は穀物と他の戦争必需品をここに搬入するよう命じた。それは、状況が示すように、多数
の商人たちが糧食の補給に際し軍隊を助けるとともに、すでに調達した物資を守ってもくれるだろうと考え
たためである。
3 こうしたことが行なわれている間、ユグルタはさらにいっそう熱心に嘆願の使者たちを送って和平を請い

---

(1) オリーブや月桂樹の枝。和平を請うための降伏の証しである。

(2) のちに民衆派の大物政治家となり、軍人としても対外戦争の大勝利や大規模な軍制改革で名を残す人物(前一五七頃—八六年)。前一一五年に法務官となり、前一〇九年には執政官メテルスによって副官に選ばれてユグルタ戦争に加わっていた。

(3) 第二九章四および一二一頁註(4)参照。

(4) キルタにも同様のイタリア商人が多かった(第二一章二および第二六章参照)。

求め、自分と子供らの命以外のすべてをメテルスに差し出した。[4]執政官は以前の使者たちと同様に、その者らにも寝返るようにと誘いをかけて帰宅させた。そして王に対しては、要求してくる和平を拒むことも請け合うこともせず、ただ時間を稼ぎながら、その間に使者らが約束を実行するのを待った。

四八　ユグルタは、メテルスの言葉をその行動と比べてみると、自分がみずからの手管によって攻められているのだとわかった。というのも、言葉では自分に和平が告げられはするが、しかし実際にはじつに激しい戦争が行なわれていて、最大の都市は奪われ、領地は敵に知り尽くされ、臣民らの心は惑わされていたからである。そうした苦境に強いられて、彼は戦闘で勝負することを決意した。[2]こうしてユグルタは敵軍の進路を探り、有利な地形ゆえに勝利の望みを抱いた。そしてあらゆる種類の軍勢をできるかぎり多く集め、隠れた間道を通ってメテルスの軍隊を先回りして進んだ。

[3]ヌミディアのその地方――領地分割でアドヘルバルの所有に帰していた土地――には、ムトゥルという名前の川(1)が南から流れており、そこから約二〇マイル(2)離れたところに川と平行して連なる山並みがあった。山は自然に荒れ果て、人の手入れの跡もなかった。その山の中央から丘のような山脚が突き出て、はるか遠くまで延びていた。そしてその丘は、野生のオリーブやギンバイカその他の不毛で砂の多い土地に生える種類の木で覆われていた。[4]その間の平地(3)は、川のそばの土地以外水の欠乏のため見捨てられていた。川のそばの土地には灌木が植えられ、多くの家畜や農夫らが行き来していた。

四九　そこでユグルタは、先述の川と垂直方向に延びるその丘の上に、自軍の戦列を細長く配置して布陣した。象の群れと歩兵隊の一部の指揮はボミルカル(4)に委ねて、どう動くべきかを教えた。そして自身は全騎兵隊と歩兵の精鋭部隊を率いて山の近くへ行き、そこに彼らを陣取らせた。[2]そのあと彼は騎兵隊と諸部隊を個別に巡回しながら、往時の武勇と勝利を思い返して、おのが身とみずからの王国をローマ人の強欲から守らねばならぬと説いて訴えた。戦闘の相手は、以前に打ち負かして槍門をくぐらせた者どもであり、(5)指揮者は変わっても、奴らの根性は変わっておらぬ。そして自分は将軍として、自軍のために講じるべき策はすべて講じた。すなわちこちらは高い場所にいて態勢を整えているが、他方敵は何も予測していない。しかもこの戦いでは、兵の数も戦闘経験も敵に劣ってはいない。[3]それゆえ合図を与えれば、すぐさまローマ軍を襲撃するよう抜かりなく構えよ。この日こそまさに、すべての労苦の成果と勝利を固める時か、それとも最悪の辛苦の始まりか、そのいずれかになるだろうと語った。

[4]さらにユグルタは、戦いの手柄のためにかつて金銭や名誉を与えて報いた者らの各々にその恩寵を思い出させ、またそうした者を他の兵士らに手本として示した。要するに彼は、めいめいの性格に〈応じて〉約束や脅しや懇願の言葉をかけ、各自を異なる仕方で鼓舞した。他方その間メテルスは、敵軍には気づかず軍隊を率いて山を下っていたが、ふと何かに目をとめた。[5]彼は最初、その見慣れない光景がいったい何を示すの

(1) 現在のメレグという水なし川で、ウァガの南西の町ブラ・レギアの少し南でバグラダス川（現メジェルダ川）に合流する。

(2) 実際はもっと近いはずなので、テクストの「二〇」の数字に改竄が疑われている。

(3) すなわち山並みと丘とムトゥル川に囲まれた平地。

(4) ユグルタの最も忠実な家臣（第三五章四―九参照）。

(5) 第三八章九および一三五頁註（4）参照。

かと怪しんだ。実際馬とヌミディア人らは、薮の間に陣取っていたが、木々が低いため十分姿が隠れていなかったのである。とはいえ、兵士らと軍旗は地形と偽装の両方により何とか人目を避けていたので、その正体は見分けがたかった。だが彼はその後すぐに伏兵に気づき、行軍を小休止させた。6そこで隊列を組み変え、敵に最も近い右側面に三列の予備隊を配置して戦列を整えた。また歩兵中隊の間に投石兵と弓兵を置き、すべての騎兵隊を両翼に配した。そして状況に応じた短い激励の言葉を兵士らに述べたのち、同じ整列形態のまま、最前列を横向きにして軍隊を平地のほうへ下らせた(1)。

五〇　しかしメテルスは、ヌミディア軍が動かず、丘から降りてこないとわかると、この季節の暑さと水の欠乏のために喉が渇いて、軍隊が弱らないかと心配した。そこで副官〈プブリウス・〉ルティリウス(2)を軽装大隊と騎兵隊の一部とともに、陣営の敷地をあらかじめ確保するため川のほうへ先に行かせた。それは、敵軍が突進と側面攻撃を繰り返して自軍の進路を妨げるはずであり、また彼らが武器に自信がないため、こちらの兵士らの疲労と渇きをうかがうだろうと考えたからである。2そのあとメテルス自身は状況と地形に従いながら、山から下ったときと同じ隊形でゆっくりと前進したが、マリウスをもとの最前列のうしろに配し(3)、自身は今や隊列の先頭をなす左翼の騎兵隊とともに行動した。

3一方ユグルタは、メテルスの隊列の最後尾が自軍の先頭部隊のそばを通り過ぎたのを見ると、敵が下ってきた山を約二千人の歩兵隊によって占拠させた。敵軍が退却した場合、そこが避難場所になり、やがて砦になりはしまいかと恐れたためである。そのあと彼は、突然合図を出して敵軍を襲撃した。4ヌミディア軍の一部は敵の最後尾を切り倒し、また別の一部は左と右から攻撃した。そして彼らは猛然と攻め寄せて迫り、ローマ軍の戦列をいたるところで混乱に陥れた。ローマ兵の中で、不屈の闘志をみなぎらせて敵に立ち向かった者らでさえ、この無秩序な戦闘に翻弄され、ただ遠くから傷を与えられるばかりで、打ち返したり格闘したりする機会はなかった。[5]ヌミディアの騎兵たちは、あらかじめユグルタから与えられた指示に従い、ローマ軍の騎兵隊が追撃し始めると、密集したり一つの方向へ駆けたりせず、個々別々にできるだけ分散して退却した。[6]こうして彼らは優勢な兵数を頼み、敵軍の追跡を妨げられない場合でも、敵兵らを背後や側面から攻め崩して包囲した。また平野よりも丘のほうが逃げるのに都合がよい場合は、そうした土地に慣れたヌミディア人の馬は薮の間を通ってたやすく逃走したが、われらの軍は荒々しく不慣れな地形に阻まれたのである。

五一　さて戦闘全体の様相は転変して定まらず、恐ろしく悲惨なものとなった。兵士らは味方から引き離され、ある者は退き、ある者は敵を追い、軍旗も隊列も保つことができなかった。めいめい危険に襲われると、その場で抵抗し反撃した。武具と槍、馬と人、敵兵とローマ兵が入り混じった。作戦や命令による行動

(1)すなわち、敵のほうに向いていた隊列全体を左へ九〇度方向転換させ、敵軍の戦列と平行に進ませた。

(2)プブリウス・ルティリウス・ルフス。小スキピオが行なったヌマンティア戦争では、援軍の将ユグルタとともに戦った。前一〇五年には執政官となり、のちに自伝的な史書も著わした。本書のムトゥル河畔の戦いの克明な描写は、彼の書物にもとづいているのかもしれない。

(3)よって軍全体が右に九〇度方向転換すれば、再び敵軍と向き合う最前列の固め役となる。

はなく、運がすべてを支配した。
[2]こうしてその日の大半が過ぎたが、それでもまだ結末は定まらなかった。[3]ついに全員が苦しい戦いと暑さで疲弊したとき、メテルスはヌミディア軍の攻勢も弱まったと見て、兵士たちを徐々に一箇所に集めた。そして隊列を立て直し、敵軍の歩兵隊に向かって軍団の四大隊(1)を対置した。敵の歩兵隊の大部分は、疲れて高い場所に身を置いていたのである。[4]同時にメテルスは兵士らに、ここでひるまぬよう、また逃げ回る敵に勝利を許さぬようにと訴えて鼓舞し、ローマ兵には退却しても向かうべき陣営も砦もなく、万事は戦力にかかっていると言った。[5]他方その間、ユグルタも休んではいなかった。彼は味方を巡回して激励し、戦闘を再開させ、みずからも精鋭を率いてあらゆる攻撃を試み、自軍を援助し、動揺した敵に攻めかかり、手ごわいとわかった敵とは遠くから戦って(2)相手を制御した。

五二　こうして名将たる二人の人物は互いに争った。二人とも同格の勇者だが、頼みの手段では異なっていた。[2]実際メテルスには、勇敢な兵士たちがいたが地勢は不利であり、一方ユグルタには、他のあらゆる利点がありながら兵士のみは劣っていた。[3]ついにローマ軍は、逃げ場がなく戦闘の機会も敵は与えないとわかり、しかもすでに夕暮れになったので、指示されていたとおり正面の丘の上へ突進した。[4]するとヌミディア軍は場所を失い、追い散らされて敗走した。だが殺されたのは少数で、大半は素早い逃走と敵が土地に無知なために助かった。
[5]その間ボミルカルは、先述のように象の群れと歩兵隊の一部の指揮をユグルタから委ねられていたが、ルティリウスが自分のそばを通り過ぎたとき、ゆっくりと自軍を平地へ下らせ、この副官が命令どおり先に川

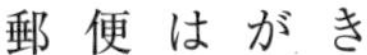

料金受取人払郵便

左京局
承認

4109

差出有効期限
2022年11月30日
まで

606-8790

（受取人）

京都市左京区吉田近衛町69
京都大学吉田南構内

京都大学学術出版会
読者カード係 行

▶ご購入申込書

書　名	定　価	冊　数
		冊
		冊

1．下記書店での受け取りを希望する。

都道府県　　市区町　　店名

2．直接裏面住所へ届けて下さい。

お支払い方法：郵便振替／代引　　公費書類（　　）通　宛名：

送料　ご注文 本体価格合計額　2500円未満:380円／1万円未満:480円／1万円以上:無料
代引でお支払いの場合　税込価格合計額　2500円未満:800円／2500円以上:300[illegible]

京都大学学術出版会
TEL 075-761-6182　学内内線2589 / FAX 075-761-6190
URL http://www.kyoto-up.or.jp/　E-MAIL sales@kyoto-up.or.j

お手数ですがお買い上げいただいた本のタイトルをお書き下さい。

（書名）

■本書についてのご感想・ご質問、その他ご意見など、ご自由にお書き下さい。

お名前

（　　歳）

ご住所

〒

TEL

■ご職業

■ご勤務先・学校名

所属学会・研究団体

E-MAIL

ご購入の動機

A.店頭で現物をみて　B.新聞・雑誌広告（雑誌名　　　　）

C.メルマガ・ML（　　　　）

D.小会図書目録　E.小会からの新刊案内（DM）

F.書評（　　　　）

G.人にすすめられた　H.テキスト　I.その他

日常的に参考にされている専門書（含 欧文書）の情報媒体は何ですか。

ご購入書店名

都道府県　　市区町　　店名

購読ありがとうございます。このカードは小会の図書およびブックフェア等催事ご案内のお届けのほか、広告・編集上の資料とさせていただきます。お手数ですがご記入の上、切手を貼らずにご投函下さい。各種案内の受け取りを希望されない方は右に○印をおつけ下さい。　案内不要へと急行している間、あたりの状況に応じて静かに戦列を整え、敵のすべての行動を間断なくうかがった。[6]彼はルティリウスがすでに陣を張り終えて気を抜いており、同時にユグルタ側では戦闘のどよめきが増してきたのに気づくと、副官が事態を察して苦戦する味方の援助に向かうことを恐れた。そこで敵の進路を阻むために、それまで兵士らの武勇に対する不信から密集形態に編成していた戦列をいっそう幅広く展開し、その隊形でルティリウスの陣営へ進撃した。

五三　ローマ軍は突然、猛烈な埃(ほこり)の雲に気がついた。灌木の植わった土地が視界を遮っていたからである。彼らは最初、乾燥した土が風で巻き上げられたと思ったが、そのあと雲は同じ形のままで変化せず、戦列が進むにつれてどんどん近づいてくるのがわかると、事実を察して急遽武器を取り、命令どおり陣営の前に整列した。[2]その後両軍は接近すると、いずれの側も大きな叫び声を上げて突撃した。[3]ヌミディア軍は象の群れに助けを期待できる間だけは持ちこたえていたが、象どもが木の枝に阻まれ、離ればなれになって敵に取り囲まれるのを見ると敗走した。そして大半は武器を捨て、丘と間近に迫った夜の助けを借りて無傷で逃げ去った。[4]象は四頭が生け捕られたが、他の四〇頭はすべて殺された。[5]一方ローマ軍は、行軍と陣営の設置作業と戦闘のため疲労していたが、しかしメテルスの到着が予想以上に遅いため、隊列を組み警戒しながら彼を出迎えに行った。[6]というのもヌミディア軍の策謀的行動は、油断や気の緩みをまったく許さなかったから

（1）一軍団の一〇分の四にあたる兵力。しかも同盟からの援軍でなくローマ兵の大隊である。

（2）すなわち矢などの飛び道具を用いて。

である。[7]闇夜の中で両ローマ軍が互いに近づいたとき、ざわめきのため、最初は敵同士の(1)ように恐怖と動揺が双方に生じた。そのとき、もしも騎兵たちが双方から送り出されて実情を偵察しなかったなら、あやうく悲惨な過ちが軽率のゆえに犯されるところであった。[8]こうして、恐怖に代わって突然歓喜が湧き起こった。兵士たちは喜んで互いに名を呼び合い、互いに手柄を語り合い、めいめい自分の果敢な行為を天に届くばかりに賛美した。たしかに、人間の社会とはこのようなものである。すなわち、勝利のときは臆病者でも自慢することが許されるが、敗北すれば勇敢な人でもそしられるのである。

五四　メテルスは四日間同じ陣営に留まり、負傷者を入念に介抱した。また戦闘の功労者に軍の慣例に従った褒賞を授け、兵士らを一同に集めて称賛と感謝を述べ、あとの容易な仕事にも同じ熱意を注ぐよう励ました。勝利のための戦いはもう終わったが、まだ残っている今後の作業は戦利品のためであった。[2]だがその間にも彼は、ユグルタがいったいどこにいて、何をしようとしているのか、少数の者しか連れていないのか、それとも軍隊を保持しているのか、また敗北後どのように身を処しているのかを探るために、脱走者たちや他の適任の者らを送り出した。

[3]他方ユグルタ本人は、森林に覆われた自然の要害の地に退却し、そこに軍隊を集めていたが、その軍隊は人員では前より大きいが、気迫も戦力も乏しく、戦争よりもむしろ耕作や放牧に精通した者らであった。[4]そのような事態になった理由というのは、敗走後に王に付き従うヌミディア人は、王の親衛騎兵ら以外誰一人もいないからである。(2)彼らはみな各々の気が向くほうへ去っていき、それが軍務の恥とは見なされていない。習慣がそうなっているのである。

[5] こうしてメテルスは、王の闘志がまだ盛んであり、戦争がやがて再開されると見た。しかも戦争は王の望みどおりにしか遂行できないのみか、さらには、敵との闘争が自分にとって不利なものであり、敵側が敗れても、彼らの損害はローマ軍が勝った場合に受ける被害よりも少ないことも察知して、戦闘や隊列による戦いでなく、別の方法で戦争を行なおうと決意した。[6] そこで彼は、ヌミディアの最も豊饒な土地へ進軍して農地を荒らし、防御が粗雑か、または何の防備もない多くの城塞や町を攻略して焼き払った。そして成人は殺害して、他のすべては兵士らの略奪に委ねるよう命じた。この恐怖のために、多くの人々がローマ軍に降伏して人質となり、穀物や他の必需品も豊富に提供され、軍事上必要なすべての場所に守備隊が配置された。[7] このような軍事行動は、戦闘における自軍の敗北よりもはるかに大きな恐れを王に与えた。[8] というのも、ユグルタは希望のすべてを逃走戦法に託してきたが、今や敵を追跡せざるをえず、また自分の場所を守れなかったゆえに、敵の占領地で戦さをしなければならなかったからである。[9] しかし彼は情勢に鑑みて最良と思える方針を採り、軍隊の大部分には同じ場所で待機するよう命じて、みずからは精鋭の騎兵隊を率いてメテルスを追跡した。そして夜に間道を進み、本隊から離れたローマ兵たちを気づかれぬまま突然襲撃した。[10] ローマ兵の大半は無防備なまま殺され、多数が捕らえられて、全員のうち無傷で逃げ去った者はなかった。ヌミディア兵らは命じられていたとおり、陣営から敵の救援が来る前にすぐ近くの丘へ四散した。

（1）写本ではこのあと「接近の」と解される語（aduentare）が続くが、文法的に無理があり、底本では削除されている。

（2）敗北後の分散行動は、敵の追撃をかわすためのヌミディア軍の通例の戦法である。

五五　その間ローマでは、メテルスの功績が知られると大きな歓喜が起こった。すなわち彼は、自己と軍隊を父祖の慣習にもとづいて律し、不利な情勢の中で武勇を発揮して勝利した。また敵の領土を獲得し、アルビヌスの無能のために増長したユグルタを、ただ荒野と逃亡のみに救いの希望を託さざるをえない事態に追いやったのであると。[2]こうして元老院はその成功ゆえに不死の神々に祈る国民礼拝祭(1)の実施を議決し、以前には戦争の結末について恐怖と不安に苛まれていた国は喜びに満ち、メテルスの名声は燦然と輝いた。[3]そのためメテルス自身はいっそう熱心に勝利を目指して努力し、あらゆる手段を尽くして事態の進展を急ぎ、どの場所でも敵につけ入る隙を与えないよう警戒した。また栄光のあとには、妬みが生じることも肝に銘じた。[4]それで名声がより高まるほど、彼はいっそう用心し、ユグルタによる奇襲後は、軍隊を分散させて略奪を行なうことはしなかった(2)。穀物や飼料が必要なときは、複数の大隊が全騎兵隊とともに護衛にあたった。だが農地を荒らすのは、略奪よりは放火によるほうが多かった。[5]メテルス自身は軍隊の一部を指揮し、残りの軍はマリウスが率いた。[6]また彼らは互いに遠くない二つの場所に陣営を置いた。戦力が必要な場合には全軍一団となったが、[7]他の場合は、いっそう広範に敵の逃亡と恐怖を誘うように分かれて行動した。

[8]そのときユグルタは、丘づたいに敵を追い、敵がまもなく来ると聞いたあたりでは、攻撃の時や場所をうかがった。そしてわずかしかない飼料や泉を汚し、あるときはメテルスに対して、またあるときはマリウスに対し姿を現わして隊列の最後尾を襲ったが、すぐに丘へ引き返すと、再び次々と敵兵に脅しをかけた。彼は戦闘を行なうことも休息を許すこともせず、ただひたすら敵の企てを妨げたのである。

五六　ローマの将軍は、策略に疲弊させられるばかりで、敵が戦闘の機会を与えないと見るや、ザマ(3)という名で、その所在地域において王国の城塞となっている大都市を攻略することに決意した。ユグルタが状況の要請に従い、苦境に陥った味方を助けに来て、その地で戦闘が起こるだろうと考えたからである。[2]しかしユグルタは、脱走兵ら(4)から敵のもくろみを聞き知ると、強行軍でメテルスより早く到着した。そして町の住民に城壁を守るようにと励まし、支援のために脱走兵らを彼らに託した。この種の者らはもはや裏切ることはできないので(5)、王の軍勢の中では最も手堅い兵力となっていたのだ。さらに彼は、時機を見て軍隊を率いてくると約束した。[3]こうして準備を整えると、ユグルタはできるだけ人目から離れた場所へ退いたが、しばらくして、マリウスが行軍を離れ、糧食調達のため少数の大隊とともにシッカ(6)へ派遣されたことを知った。そこは、敗戦のあと(7)一番早く王から離反した町であった。

[4]ユグルタは、夜に精鋭の騎兵隊を率いてその町へ急行し、ちょうど出てきたローマ軍を城門で攻撃した。それと同時に、敵の大隊を背後から包囲するようにと大声でシッカの住民を励ました。そして運命が彼らに

(1)国家の災厄や慶事の際、全国民が神々の像の前で祈る儀式。元老院によって決定され、通常数日間にわたって行なわれた。

(2)前章九―一〇で述べられたように、略奪のために散開した兵士らがユグルタ軍に襲撃されたので。兵の損失をできるだけ防ごうとしたのである。

(3)第二次ポエニ戦争の戦場のザマではなく、のちにヌミディア王ユバ一世の都となったザマ・レギアであると推定されるが、その正確な位置については諸説がある。

(4)おそらくローマの同盟からの援軍に属した兵士らであろう。

(5)ローマ軍は脱走兵を非常に厳しく罰したため、彼らはもとのローマ側へもどれなかった。

(6)シッカ・ウェネリア。現在はチュニジアのル・ケフ。

(7)第四八―五三章で語られたムトゥル川付近の戦いのあと。

輝かしい功績の機会を与えているのだから、もし彼らがそれを成し遂げれば、その後自分は王国を取りもどし、彼らは安心して自由な生活を送れるだろうと言った。[5]そのとき、もしもマリウスが迅速に軍旗を進めて町を出なかったならば、実際シッカのすべての住民、あるいはその大部分は信義を尽くす相手を変えていただろう。ヌミディア人はそれほど素早く身を翻すのである。[6]他方ユグルタの兵士らは王の力でしばらくは持ちこたえたが、敵軍がいっそう強力に攻めかかると、若干の損害をこうむったのち逃走して四散した。

五七　マリウスはザマに到着した。その町は平原の中に位置し、自然によってでなく人為により防御が施され、どのような必需品にも事欠かず、武器と人の備えも豊かであった。[2]そこでメテルスは、状況と場所に応じた準備を整えると、城壁全体を軍隊で包囲し、副官たちには各々が指揮すべき場所を指示した。[3]次に合図を発すると、大きな雄叫びが四方から同時に起こったが、それに対しヌミディア勢は何ら動じなかった。彼らは士気をたぎらせ、心を張り詰めて、乱れることなく待ち構えた。戦闘が始まった。[4]ローマ兵たちは各自の能力に応じて戦った。ある者は遠くから弾丸(1)や石を放って戦い、またある者は接近して城壁を掘り崩したり、梯子でよじ登ったりして、敵と取っ組み合って戦おうとはやった。[5]これに対して町の住民は、敵の先頭に向かって石を転がり落とし、また杭や槍、さらには硫黄や松脂（まつやに）を混ぜて燃え盛る瀝青（れきせい）を投げ放った。[6]他方城壁から遠い場所に留まった者らにさえ、恐怖心は十分な安全を与えたわけではない。というのは、かなり多くの者が弩砲（どほう）(2)や手から放たれた投げ槍によって負傷したからである。勇敢な者も臆病な者もみな同じ危険にさらされたが、両者が得た評判は異なっていたということだ。

五八　このような戦闘がザマで行なわれている間、ユグルタは大軍を率いて突然敵陣を襲撃した。防備を任された兵士らが油断し、戦闘をまったく予期していないのに乗じて門を突破したのである。[2]われらの軍は突然の恐怖に襲われ、みな各々の気質に従って身の安全を図った。ある者らは逃走し、ある者らは武器を取ったが、大多数が負傷するかまたは殺された。[3]しかし全軍勢のうち四〇人ほどが、ローマ人たることを忘れず一丸となり、他の者らより高い場所に陣取ると、敵はいくら力を尽くしてもそこから彼らを駆逐できなかった。むしろ彼らは遠くから飛んできた矢玉を投げ返し、少数が多勢を的にしてかなり首尾よく命中させた。だがヌミディア勢がいっそう近くに迫ってくると、まさにそのときこそ武勇を発揮した。彼らは全力で敵を倒し、撃退し、そして敗走させたのである。

[4]その間メテルスは攻略に全力を傾けていたが、背後で敵の叫び声を聞いた。そして馬の向きを変えると、自分のほうへ逃げてくる者らの姿に気づいた。その光景はまさに、逃走する者らが味方であることを示していた。[5]そこで彼は全騎兵隊を急遽陣営へと送り、そのあとすぐにガイウス・マリウスを同盟軍の大隊とともに送った。そのとき彼はマリウスに、友情と国家の名にかけて戦勝の軍隊に汚名を残さぬよう、また恨みを晴らさずして敵を逃がさぬようにと涙しながら訴えた。マリウスはただちに命令を実行した。[6]一方ユグルタは敵陣の堡塁に阻まれていた。ある者らは防柵の上を転げ落ち、またある者らは狭い場所を急いで進もうとして互いに動きを妨げたのである。それゆえ彼は多大の損害をこうむり、要害の場所へ退却した。[7]メテルス

（1）ドングリ型の鉛の玉で、投石器で放つ。
（2）引き絞った弦の力で石、矢、槍、杭などを発射する戦闘機器。

は作戦を完遂できぬまま、夜が来て軍隊とともに陣営にもどった。

五九　こうして翌日、メテルスは攻略へ出発する前に、全騎兵隊に対して、陣営の前の、王が攻撃しそうな場所を警護するよう命じ、また副官らには門とその周辺の場所を割り当てた。それから自身は町へ行き、前日と同様に城壁を攻撃した。[2]その間ユグルタは隠れた場所から突然現われ、われらの軍に襲いかかった。その攻撃の間近に配置されていた者らはしばらく恐れて動揺したが、他の者らがすぐに救援に来た。[3]ヌミディア勢は、もし騎兵に混じった歩兵がこの衝突で大損害を与えなければ、これ以上長く抵抗できなかったであろう。ヌミディアの騎兵らは歩兵たちを頼りにして、通常の騎馬戦のように追跡と退却の戦法は用いず、馬をまっすぐ敵に向けて突進し、戦列を掻き回し混乱させたのである(1)。こうして彼らは味方の軽装歩兵らの力を借りて、敵をほとんど打ち負かすほどの勢いを示した。

六〇　同じ頃ザマでも激戦が続いた。副官や士官が指揮するところでは全力を挙げて奮闘し、めいめい他の力に頼らず、自力にのみ希望を託した。町の住民も同様に奮戦した。すべての場所で攻撃とその準備が展開し、双方とも自己を守るより相手に傷を与えようとはやった。[2]鼓舞と歓喜と呻吟の混じった叫び声が起こり、武器が衝突する音もまた天にまで立ち昇り、双方に矢丸が飛んだ。[3]しかし城壁を守る側は、敵軍がほんの少しでも戦いの手を緩めたなら、真剣に遠くの騎馬戦(2)を眺めた。[4]ユグルタの戦況が次々と変化するたびに、彼らが喜んだり怯えたりする様子を見ることができただろう。彼らはまるで遠くの味方が聞いたり見たりできるかのように、ある者は忠告の、ある者は鼓舞の言葉を放った。また手で身振りをし、体を前に傾け、あるいは、あたかも矢玉を避けたり投げたりするかのように体をあれこれ動かした。

[5] マリウスはそうした敵の様子に気づいた。彼はその場所で指揮していたからだ。それで故意に戦いの手を緩め、戦況にたじろいだように見せかけて、ヌミディア人らが静かに王の戦闘を見物できるように仕向けた。[6] こうして敵勢の関心が彼らの味方のほうへ釘づけになったとき、マリウスは突然激しい戦力で城壁を攻撃した。そして兵士らが梯子で登って今やほとんど頂上に達したとき、住民が駆け集まって、石や火やその他の矢玉類を投げつけた。[7] 最初われらの兵士らは対抗したが、やがて梯子が次々と壊れると、その上に登っていた者らは下へ投げ落とされた。他の者らは何とかできるかぎりを尽くして退却したが、無傷だったのは少数で、大部分が負傷した。[8] ついに夜となり、どちら側の戦闘(3)も終わった。

六一　メテルスは自己の試みが挫かれて町を攻め落とせず、ユグルタが奇襲か自己に有利な場所でしか戦おうとせぬうちに、はや夏も過ぎ去った(4)ことを悟ると、ザマの地から撤収した。そして離反して自分の側につき、地形や防壁で十分守られた諸都市に守備隊を駐屯させ、[2] 他の軍隊は冬営のために属州(5)内のヌミディアに最も近い場所に配置した。[3] しかし彼はそうした時期を他の人々のように休息や享楽に浸って過ごそうとはせず、武力による戦いがほとんど前進していないのだから、王に対してその友人たち(6)を通じて計略を仕掛け、

(1) ここではユグルタは、ローマ軍に倣って騎兵と軽装歩兵の連携戦法（第四六章七参照）を用いたわけである。
(2) 前章で描かれたローマ軍の陣営での戦闘。
(3) ザマの城壁の攻防戦とローマ軍の陣営での戦闘。
(4) メテルスの戦争着手が遅かったこともあり、前一〇九年の秋に入っていた。
(5) ローマの属州アフリカ。
(6) 王のそばに仕える家臣たちのこと。

武器の代わりに彼らの裏切りを利用しようと画策した。

[4]そこでメテルスは、以前ユグルタの供をしてローマへ行った人物で、その後保証人を差し出していながらマッシウァ殺害の裁判からひそかに逃亡していたボミルカル(1)に対し、多くの約束をして攻勢をかけた。この男は王と最も親しかったので、王に背く機会に最も恵まれていたからである。[5]彼はまず、相談のためにボミルカルを内密に自分のもとへ来させた。そしてユグルタを生きたままか、または殺して自分に引き渡せば、元老院から赦免と全財産の保証を得られるようにしてやろうと約束し、このヌミディア人を難なく説き伏せた。ボミルカルは性格が不実であるうえ、もしローマ人との和平が成立したなら、その条件として自分が引き渡されて処刑されることを恐れていたのである。

六二　ボミルカルは、機会が訪れるやいなやユグルタに近づいた。ユグルタは不安に苛まれ、自分の不運を嘆いていた。彼は王に忠告し、涙を流して訴えた。「今やもうご自身とお子様たち、そして忠義を尽くしたヌミディアの臣民らの身の上を慮(おもんぱか)るべき時です。すべての戦闘でヌミディア人は敗北しました。領地は荒れ果て、多くの人々が捕らわれるかあるいは殺され、王国の力は枯渇しました。兵士らの勇気も運命も、すでに十分多くの試練を受けました。あなたが躊躇している間に、ヌミディア人らがみずからの安全を図ることがないようご留意ください」。[2]このような言葉や他の同様の話によって、彼は王の心を降伏へと向けさせた。

[3]さて使者たちが将軍のもとへ送られた。彼らはユグルタが命令に従うつもりであり、また無条件に自己の身柄と自身の王国を将軍の保護に委ねていると伝えた。[4]メテルスは、ただちに元老院議員身分の全員を冬季

陣営から呼び寄せるよう命じ、彼らとその他適任と見なし[illegible]々を集めて会議を開いた。5 こうして彼は父祖の慣習にもとづいて会議の決定に従い、(2) 使者たち[illegible]してユグルタに対して二〇万リーブラ(3)の銀、すべての象および相当数の馬と武器の引き渡しを命じ[illegible]。以上の要求が遅滞なく果たされると、彼はすべての脱走兵(4)を縛って連れてくるよう命じた。7 脱走兵[illegible]大部分は命令どおりに連れてこられたが、少数の者らは降伏の交渉が始まるとすぐにマウレタニアの王ボックス(5)のもとへ逃れていた。

8 さてユグルタは武器と兵と資金を剝ぎ取られたのち、命令を受けるためにティシディウム(6)へ呼び出されたが、そのときまたもや心境の変化が起こり、心の咎めゆえに当然の報いを恐れ始めた。9 あるときは逆境に嫌気がさして、いかなる事態も戦争よりはましだと考え、またあるときは王位から奴隷の身分に転落するのは何と辛いものかと心中に思い返し、何日もの間逡巡した。そして多くの強大な支えをいたずらに失ってはいたが、ついに戦争の再開に踏み切った。10 他方ローマでは、元老院で職務領域に関する審議が行なわれ、ヌミディアの担当はメテルスに決定された。(7)

---

(1) 第三五章九参照。
(2) この公明正大な決定の手順は、ベスティアがユグルタと行なった内密の交渉（第二九章五）とは対照的である。
(3) 一リーブラは三二七・四五グラムの重量。
(4) 第五六章二および一五三頁註（4）（5）参照。
(5) 第一九章七および一一一頁註（15）参照。
(6) 属州アフリカ内の地名。
(7) 翌前一〇八年のヌミディアでの戦争については、メテルスが前執政官として継続して指揮を執るということ。

六三　同じ頃ウティカ(1)では、ガイウス・マリウスがたまたま生け贄を捧げて神々に祈っていると、内臓占い師(2)が驚くべき重大事の前兆が現われていると告げた。それゆえ占い師は彼に、神々を信じて心中で考えていることを実行し、できるだけ頻繁に運命を試すよう勧め、すべてが上首尾に運ぶだろうと述べた。[2]ところですでに以前からマリウスは、執政官職に就きたいという強い望みに駆り立てられていた。そしてそれを達成するための条件としては、家柄の古さ以外(3)、彼にはすべてが十分に具わっていた。すなわち精励恪勤（かっきん）、清廉な心、軍事の豊富な知識があり、精神は戦時には偉大で平時には慎ましく、物欲や富を見下し、ただ栄光のみを熱望していた。

[3]ところでこの人の生まれはアルピヌム(4)で、少年時代もずっとそこで育ったが、軍務に耐える年齢に達するや、ギリシア風の弁舌や都会的優美に精通するのではなく、軍隊勤務によって自己を鍛練した。こうしてすぐれた技量を培ううちに、彼の高潔な性格はやがて形成された。[4]そのためマリウスが初めて民会で軍団副官の職に立候補したとき、ほとんどの人は彼の顔に見覚えはなかったが、〈功績によって〉難なく認められ、全選挙区の賛成票により選出された(5)。[5]この官職以後、彼は次々と新たな政務官職に就き(6)、どの職権にあっても、就任した職よりも高い地位にふさわしい人物だと評価されるよう仕事に励んだ。[6]しかしこれほどの人物も、そのときまでは――というのも、そのあと野心のために転落したからだが――あえて執政官職を目指そうと思ってはいなかった。平民は他の官職の任命にはあずかったが、執政官職に関しては、当時でさえ貴族が自分たちの身分の間だけで次々と回していたのである。[7]「新人」は誰一人として、その名誉ある職にはふさわしくないとか、幾分汚点があるとか思われたりしないほどまでには著名ではなく、また顕著な功績を立

てもいなかった。

六四　さてマリウスは、内臓占い師の言葉が心の欲求の促す向きと同じ方向を示していることがわかると、立候補のためにメテルスに休暇を願い出た。メテルスは勇気や栄光やその他立派な人々に望まれる美点を豊富に具えていたが、しかし貴族に共通の欠点として、人を侮る尊大な心の持ち主でもあった。最初[2]その異例の申し出に意表を突かれたメテルスは、マリウスの計画への驚きを露わにし、友情を装いながら、そのような正気でない企てに身を投じないよう、自分の運命を超える望みなど抱かぬようにと忠告した。人はみなすべてを望んではならないのであり、マリウスも自己の境遇に満足すべきである。こう言うとメテルスは最後に、当然彼には拒まれるような要求を、ローマ国民に対して行なわないようにと警告した。[3]こうした忠告や他の同様の言葉も述べたが、マリウスの心は変わらなかった。それでメテルスは、国の用務上それが許されるようになれば、すぐに願いをかなえようと返答した。[4]その後マリウスは同じ要求を繰り返した。するとメテルスは、「急いで行く必要はない。君はわたしの息子と一緒に執政官職に立候補しても

(1) 一一七頁註(6)参照。
(2) 五五頁註(8)参照。
(3) マリウスは地方の無名氏族の出身で、ローマの政界ではいわゆる「新人(ホモー・ノウス)」の一人であった(三三頁註(1)参照)。
(4) ラティウム地方の都市(のちのキケロの出身地)。ここに前一五七年頃に生まれた。
(5) 毎年徴集される四軍団の軍団副官はトリブス民会で選ばれ、各選挙区(トリブス)が一票ずつ投票して決めた。
(6) マリウスは前一一九年に護民官、前一一五年に法務官を務めた。

十分早いのだ」と言ったと伝えられる。当時その息子はヌミディアにおいて父の配下で見習いの軍務に従事しており、ほぼ二〇歳であった(1)。この返答はマリウスの心を激しく燃え立たせた。彼は目指す高官職をより強く望み、同時にメテルスに対する憎しみをいっそう募らせたのである。

[5]こうしてマリウスは、野望と怨恨という最悪の忠告者に促されて道を進んだ。人気集めになりさえすれば、いかなる行為も言葉も控えなかったし、冬季陣営の配下の兵士らに対しては以前より軍律を緩め、またウティカに大勢いる商人たちには、戦いについて中傷とともに自慢を混じえて話した。すなわち、もし軍隊の半分が自分に任せられたら、数日のうちにユグルタを鎖につないでやるとか、将軍は虚栄心が強く王のように高慢な人物で、ただ軍隊の指揮が楽しくてたまらず、故意に戦争を引き延ばしているなどと語った。[6]こうした話はすべて、商人たちにはかなり信頼できるように思われた。というのも、戦争が長引いて稼業は台無しになっていたし、また儲けにはやる心にとっては、どんな物事の動きも遅すぎるからである。

六五　さらにまた、われらの軍隊にはマスタナバルの息子でマシニッサの孫にあたるガウダ(2)という名のヌミディア人がいた。この人物はミキプサが遺言状で第二順位の相続人として記していた(3)が、病気に罹っており、そのため精神も幾分虚弱であった。[2]彼はメテルスに王の流儀に則って自分の椅子を隣に置くことを求め、またその後は警護のためにローマ軍の騎兵隊を要求した(4)が、将軍はどちらも拒否した。名誉の席については、それはローマ国民が王の呼称を認めた人々のみに許されるためであり、また護衛に関しては、ローマの騎兵たちがヌミディア人の衛兵にされたなら、彼らの恥辱になるという理由からである。[3]ガウダはこれに思い悩んだ。するとマリウスは彼に近づいて、自分が助けるので将軍に対して無礼の仕返しをするよう勧めた。そして病のために精神力も衰えたこの男を、王様よ、偉大な方よ、マシニッサの孫殿よと言葉巧みに持ち上げた。もしユグルタが捕らえられるか殺されれば、ヌミディアの支配権は貴殿がすみやかに掌握するだろう。まさにそうした事態こそ、自分が執政官になってこの戦争へ派遣されたなら、すぐに起こりうるのだと彼は語った。

4 こうしてマリウスは、ガウダとローマの騎士たち——すなわち兵士らと商人たち(5)——を、ある者は個人的な力で、また大半の者は和平の希望によって説き伏せ、ローマにいる友人たち宛に、戦争に関しメテルスを批判した手紙を、将軍にはマリウスを立てよと要求して書き送るように仕向けた。5 その結果、多くの人々がきわめて光栄な言葉で推薦を表明し、マリウス支持の執政官選挙運動を展開した。さらにちょうどその頃、貴族がマミリウスの法によって打ち負かされ(6)、平民は「新人」を押し上げようとしていた。このようにすべ

(1)クイントゥス・カエキリウス・メテルス・ピウス。執政官の最低年齢は四三歳だったので、この人物は立候補可能な年齢まであと二〇年以上かかる。そのときにはマリウスは七〇歳を過ぎている。

(2)ユグルタの異母兄弟。ユグルタの死後ヌミディア王となり、ヒエンプサル二世（一〇九頁註（3）参照）の父となる。

(3)したがって、第一順位の三人の王（アドヘルバル、ヒエンプサル、ユグルタ）がすべて死んだのち王国の継承者となった。

(4)将軍の隣の席に座ることに加えて、ローマ軍の騎兵の護衛によりヌミディア王として認知されようとした。

(5)騎士身分の人々は、軍隊では将軍の親衛騎兵を務め、普段は経済・商業活動に携わった（一三九頁註（2）参照）。

(6)第四〇章一参照。

てがマリウスにとって順風となったのである。

六六　その間ユグルタは、降伏を中止して戦争を再開したあと、万全の注意を払ってあらゆる準備をすみやかに進めた。彼は軍隊を集め、自分から離反していた諸都市を脅したり報酬を見せたりして取りもどそうと努め、自軍の拠点の防備も固めた。また和平を望んだときに失った武具や武器その他を改めて製造するとともに、それらを買い集めた。さらにローマ人の奴隷たちをおびき寄せ、ローマ軍の守備隊を構成する兵士らさえも買収しようとした。要するに彼はすべてに手を延ばし、すべてを試し、すべてを動かしたのである。
2 その結果、最初ユグルタが和平を求めていたときメテルスが守備隊を配置したウァガ(1)では、住民たちが王の執拗な請願に屈した。彼らは以前にみずから進んで離反したのではなかったので、都市の主立った人々が結託して陰謀を企てた。民衆のほうは、たいていの場合それが普通で、とくにヌミディア人にはよく当てはまるが、性格が移り気で、騒乱や不和を好み、政変を切望し、平穏や平和に敵対するものである。

そこで主立った人々は、互いに打ち合わせたのち実行を翌々日に定めた。その日はアフリカ中で祝われる祭日であり、恐ろしい事件ではなく遊興や歓楽を予期させたからである。3 さてその日が来たとき、彼らはめいめい自分の家へ百人隊長や軍団副官を、さらには町の長官ティトゥス・トゥルピリウス・シラヌス(2)さえも招待した。そして祝宴の最中にトゥルピリウス以外のすべての客を殺害した。その後彼らは、祝日であり軍務もないため武装せずに散策していた兵士らを攻撃した。4 襲撃には民衆も加わった。ある者は身分の高い人々に教唆され、またある者はこうした行動へ衝動的に駆り立てられたためである。実際彼らは、何事がどんな目的で起きているのか知らず、ただ動乱と事変というだけで十分な満足を味わったのだ。

六七　ローマ兵たちは突然の恐ろしい事件に動揺し、まず何をなすべきかもわからずに狼狽した。彼らは敵の防衛隊に阻まれて、軍旗や盾が置かれていた町の要塞に入ることもできず、また先に城門が閉められたため逃げることもできなかった。そのうえ女や子供らが、家屋の屋根の上から石やその他の物を手当たり次第に競って投げつけた。兵士[2]たちはこの両方の危険から身を守ることができず、最強の男らでありながら最も弱い者らに抵抗することもできなかった。勇敢な者も臆病な者も、強い者も弱い者も報復の一撃を返す間もなく、みな同じように殺された。[3]こうした残忍な出来事が起こり、ヌミディア人らが狂暴の極みに達して町も四方で封鎖されたとき、全イタリア人の中でただ一人長官トゥルピリウスのみが無傷で難を逃れた。そうした結果が、もてなした主人の同情によるのか、取り引きのゆえか、それとも偶然のせいか、われわれにはわからない。ともかくこの男は、かくも大きな災厄の中で汚点のない評判よりも不名誉な生を選んだのだから、見下げ果てた恥ずべき人物だと思われる。

六八　メテルスはウァガで起きたことを知ると深く悲しみ、しばらくは誰とも会わなかった。やがて悲嘆に混じって怒りがこみ上げてくると、彼は被害に対する報復をすみやかに実行することに全力を注いだ。[2]太陽が沈むやいなや、メテルスはともに冬営していた軍団と、できるだけ多数のヌミディア人の騎兵らを軽装

(1) 第四七章一―二参照。
(2) メテルスがこの町に置いた守備隊の長官か。工兵隊長であるとの説もある。

備で率いて出発し、翌日の第三時頃[1]、小高い地形で囲まれたある平地に到着した。3 そのとき兵士らは、長い行軍に疲れ果ててもはや何をすることも拒んだ。そこで彼は、ウァガの町まではあとわずか一マイルだと教えたうえで、あの最も勇敢だったが、しかし最も悲惨な最期を遂げた同国市民たちのために復讐を果たすまでは、残りの苦労に辛抱強く耐えねばならないと語り、さらに戦利品も惜しみなく約束した。4 こうして彼は兵士たちの士気を掻き立てると、騎兵には先頭を散開隊形で進み、歩兵にはできるだけ密集し軍旗を隠して行くよう命令した。

六九　ウァガの人々は、軍隊が町に向かって進軍してくるのに気づくと、最初はそれが――事実のとおり――メテルスであると思い、城門を閉ざした。だがやがて、田野は荒らされず、先頭を行くのはヌミディア人の騎兵たちだとわかると、今度はユグルタだと思い返し、おおいに歓喜して出迎えた。2 すると突然合図が鳴り、騎兵と歩兵のある者らは町から殺到して出てきた群衆を殺し、ある者らは城門へ急ぎ、またある者らは櫓（やぐら）を占拠した。怒りと略奪への期待が疲労を凌駕したのである。3 こうしてウァガの人々がローマ人を裏切って喜べたのは、ほんの二日間であった。この大きく豊かな都市の全体が報復と略奪にさらされた。4 町の長官トゥルピリウスは、全員の中でただ一人逃れたと先述したが、メテルスから弁明を命じられて身の潔白を明らかにできず、有罪の判決を受けたのち鞭で打たれて処刑された。なぜなら、彼はラティウム出身の市民だったからである[2]。

七〇　同じ頃、以前ユグルタに降伏の計画――のちにそれは恐怖のために中止された――を説き伏せたボミルカルは、王に疑念を抱かれ、また自身も王を不信な思いで見ていたが、今や政変を切望し、王を滅ぼすための計略を模索して昼も夜もそのことに腐心した。[2]そしてあらゆる試みを尽くすうちに、ついに高貴な身分で大きな財力を有し、著名で同国民の人望も厚いナブダルサ(3)という味方を得た。この人はいつも王とは独立して軍隊の指揮にあたり、またユグルタが疲れたり、いっそう重要な仕事に専念したりしてやり残したあらゆることを行なうのをつねとしていた。それによって彼は、栄光と富を手に入れていたのである。

[3]こうして二人は共謀し、計略のための日が定められた。他の点については、状況の要請に従ってその場で対処することに決めた。[4]ナブダルサは軍隊のもとへ行った。その軍隊は、敵が田野を荒らしても報復を受けないという事態を避けるため、彼が王の命令によりローマ軍の冬季陣営の間に配置したものだった。[5]だがナブダルサは所業の重大さに怖じ気づいて所定の時に現われず、計略の実行は恐怖によって妨げられた。ボミルカルは企てを成し遂げたいと切望すると同時に、共謀者が不安のあまり最初の計画を放棄して新しいもくろみ(4)を模索せぬかと懸念し、忠実な者らを通してナブダルサへ手紙を送った。彼はその手紙で相手の軟弱と怠慢を叱責し、先にナブダルサ自身が誓った神々を証人として挙げ、メテルスからの褒美を破滅に変えてはならぬと警告した。また、ユグルタの没落は近づいており、問題は王の滅びが自分たちの武勇によるか、そ

(1)ローマの一時間は日の出から日没までを十二等分した間隔。よって第三時は十二―一月には午前九時半頃で、二月なら午前九時頃になる。

(2)生粋のローマ市民でなかったため鞭打ちによる死刑が科せられたということか。しかし前一二二年のリウィウス法によると鞭打ち刑の免除はラティウムの人々にも適用されたので、この理由の真意がはっきりしない。

(3)ここ以外では知られていない人物。

(4)ユグルタに謀反への加担を許してもらうために、陰謀を王に暴露すること。

れともメテルスの功勲によるかの違いにすぎず、それゆえ報酬を取るか拷問を選ぶかよく考えてみよと伝えた。

七一　さてその手紙が到着したとき、たまたまナブダルサは体の鍛錬に疲れて寝台で休んでいた。[2]彼はボミルカルの言葉を読むと、最初は不安に襲われたが、しかし心が苛まれるとよく起こることだが、そのあと眠りに落ちた。[3]ナブダルサには、信頼し寵愛する一人のヌミディア人の秘書がおり、あの最近の件以外のすべての計画に通じていた。[4]秘書は手紙が着いたと聞くと、いつもどおり自分の助力か忠告が必要になろうと考えて幕舎の中へ入った。そして眠っている主人の枕頭に不注意に置かれた手紙を取ると、その全文を読んだ。こうして計略を知ると、彼は急いで王のもとへ駆けつけた。

[5]ナブダルサはその後しばらくして目覚めたが、手紙が見つからず、何事が起こったのかそのすべてを察知(1)した。彼はまず密告者を追跡しようとしたが、それは無駄だったので、心をなだめようとユグルタのもとへ行った。そして自分がするつもりだったことを不実な自分の従者が先を越してやってしまったと述べ、友愛の情と以前からの忠実な奉公にかけて、このような大それた悪事の疑いをかけないでほしいと涙ながらに訴えた。

七二　それに対してユグルタは穏やかに答えたが、しかし心中の思いは異なっていた。彼はボミルカルおよび計略に加担したとわかった他の多くの者を殺し、この事件のために謀反が起こるのを恐れて怒りを抑えた。[2]だがそのとき以後、ユグルタには昼も夜も安らぎはなかった。彼はいかなる場所も人も時も十分信用できず、臣民も敵もみな一様に恐れ、いつも周囲を警戒し、どんな物音にも怯え、夜はしばしば王の威厳にふさわしからぬ別の場所へ〈次々と〉移って休んだ。またときには眠りから不意に目覚めて武器をつかみ、騒ぎを起こした。彼はほとんど狂気に近い恐怖心に苛まれたのである。

七三　さてメテルスは、ボミルカルの死と策謀の情報の発覚について脱走者たちから聞き知ると、あたかも新たな戦いに取り組むかのように再びすべての準備を急いで進めた。[2]マリウスは休暇の許可を執拗に求め続けたので、メテルスは自分に不満で反感さえ抱く彼がもはや適材ではないと考えて帰国を許した。[3]またローマでは平民が、メテルスとマリウスについて書き送られた手紙(2)のことを知ると、二人に関する報告を快く受けとめた。[4]将軍にとって貴族の身分は以前は名誉だったが、今や人々の憎悪の的となり、他方マリウスにとっては、卑賤な生まれ(3)が支持を高める原因となった。しかしどちらの人物に関しても、めいめいの美点や欠点よりは党派心がいっそう大きな影響をおよぼした。[5]そのうえ挑発的な政務官たち(4)が民衆を煽り立て、あらゆる集会でメテルスを反逆罪(5)で告発し、マリウスの功勲を誇張して称えた。

[6]ついに平民が激しく煽動された結果、職人や農夫らが、財産も信用も手作業に依存しているにもかかわらず、みな仕事を放擲(ほうてき)してマリウスのところへ大挙して集まり、自分の生活の必要性よりも彼の顕職への昇進

（1）このあと多くの写本では「脱走者たちから」という字句があるが、底本では削除されている。
（2）第六五章四参照。
（3）一六一頁註（3）参照。
（4）護民官たちのこと（『カティリナ戦記』第三八章参照）。
（5）死刑ないし追放に値する重罪。

を優先した。[7]こうして貴族は打ち負かされ、執政官職は長い期間を経たのち「新人」に与えられた(1)。そしてその後国民は、護民官ティトゥス・マンリウス・マンキヌスから(2)誰にユグルタとの戦争を行なわせたいかと問われて、満場の民会でマリウスを指名した。他方少し〈前に元老院はヌミディアをメテルスに割り当てると〉議決していたが(3)、その決定は無駄になった。

七四　同じ頃、ユグルタは友人たちを失っていた。自分がその大多数を殺したのであり、他の友人らも恐れを抱いて、ある者らはローマ人のもとへ、またある者らはボックス王(4)のそばへ逃走していた。仕える者がいないと戦争はできないが、さりとて前の家臣たちのあれほどの不忠のあとで新しい家来の忠誠心を試すのも危険だと考えて、彼はさまざまな思いを巡らせながら、何も決断できずに時を過ごしていた。ユグルタを満足させるに足る条件も計画も人材もなかった。彼は毎日進路や隊長を変え、あるときは敵軍に向かって進み、またあるときは荒野を目指した。しばしば逃走に希望を託したかと思えば、すぐあとには戦闘に望みを掛け、臣民の勇気と忠誠心のどちらが当てにならないのかと迷った。こうしてどこへ向かって進んでも、逆境があるのみであった。

[2]だがこのように逡巡している間に、突然メテルスが軍隊を率いて現われた。ユグルタはヌミディア軍を事態に合わせて編成し配列した。やがて戦闘が開始した。[3]王が戦闘の現場に近づくと、そこではしばらく戦いに持ちこたえたが、それ以外の彼の兵士らはみな、最初の衝突で打ち破られて敗走した。ローマ軍は相当数の軍旗と武器を獲得したが、捕らえた敵兵はわずかだった。なぜなら、おおよそヌミディア人は、いかなる戦闘でも武器よりは足に身の安全を託したからである。

七五　ユグルタはこの敗走によっていっそう深く自己の苦境に絶望し、脱走兵らと騎兵隊の一部を率いて荒野へ向かったのち、タラ[5]に到着した。それは大きく裕福な町で、そこには彼の財宝の大半と息子たちを養育するための豪華な設備があった。2 その情報がメテルスの耳に入ると、将軍はタラと最寄りの川との間には五〇マイルの距離の乾燥した荒地が広がっていることを知ってはいたが、しかしその町を占領すれば戦争を終結できると期待して、あらゆる困難を乗り越え、自然さえをも打ち負かそうと企てた。3 そこで彼はすべての輜重獣の積み荷を軽くし、一〇日分の穀物に加えて、革袋その他の水の運搬に便利な容器のみを運ぶようにと命じた。4 さらに農地からできるだけ多くの家畜を徴発し、それらの上にヌミディア人の小屋から集めたあらゆる種類の容器、とりわけ木製の器を積ませた。5 加えてメテルスは、王の敗走後自分に降伏していた近隣の住民に対して各々できるかぎり多量の水を運んでくるよう命令し、彼らが来るべき日と場所を指定し

---

(1) マリウスが前一〇七年の執政官に選出されたことを指す。「新人」の当選は、前一三〇年に執政官となったエトルリア出身の人マルクス・ペルペルナ以来二三年ぶりである。

(2) 前一〇七年の護民官。執政官の職務領域は通常元老院で決められるが、まれに護民官の提案により民会で決定されることがあった。

(3) すなわち、ユグルタ戦争の責任者としてのメテルスの任期をもう一年延長した（第六二章一〇および一五九頁註（7）参照）。

(4) マウリ人の国マウレタニアの王（第一九章四―七および第六二章七参照）。

(5) その正確な位置はわかっていないが、カプサの東に同名の古い廃墟のある町がある。

た。そして将軍自身は、町に最寄りの水場である先述の川から汲んだ水を輜重獣に積み、こうして準備を整えたのちタラへ出発した。[6]

[7]その後メテルスがヌミディア人らに指定した場所に到着し、陣営を設置して防御を施したとき、突然空から激しい雨が降ったと言われる。その雨だけでも軍隊にとっては十分であり余るほどの水量だった。[8]そのうえ運搬されてきた水も予想を上回る量であった。というのも、降伏後間もない場合によくあることだが、ヌミディア人らは義務以上に奉仕したのである。[9]しかし兵士らは、宗教心から雨水を利用するほうを好み、彼らの士気は降雨によっておおいに高められた。なぜなら、彼らは自分たちが神々に守られていると考えたからである。

その後翌日には、ローマ軍はユグルタの予期に反してタラに到着した。[10]それまで近寄りがたい地形で守られていると信じていた町の住民らは、この重大な異例の事態に動転したが、それでも気力を失わずに戦いの準備を進めた。われらの軍も同様に準備した。

七六　一方王は、もはやメテルスが成し遂げられないことは何もないと思った。実際敵将はすべての障害を――すなわち武具、武器、地形、季節、ついには他の者らを服従させる自然さえも――精励恪勤によって克服したのである。そのためユグルタは、子供たちとともに財産の大部分を携えて夜に町から逃亡した。その後彼は、いかなる場所にも一日あるいは一夜以上長く留まることはなく、情勢のために急いでいるように見せかけた。だがじつは裏切りを恐れ、素早く動くことでそれを回避できると考えたのである。そうしたたくらみは、時間的余裕と好条件があって初めて生じるからだ。

[2]他方メテルスは、町の住民たちが戦闘に意欲的で、また町も防御施設と地形の両方によって守られているのを見ると、その城壁のまわりに防柵と壕を巡らせた。[3]ついで状況に応じて最も適切な二つの場所を選び、そこへ防御用屋台(1)を押し出して土塁を積み上げ、さらに土塁の上に櫓（やぐら）を設置して攻城活動と作業兵らを防御した。[4]それに対抗して、町の住民たちも防衛態勢の準備を急いだ。要するに、双方ともにすべての手段を尽くしたのである。[5]ついにローマ軍は、多くの苦労と戦闘に疲れ果てたすえ、当地に到着して四〇日後に町だけを獲得した。戦利品はすべて脱走兵らによってすでに破壊されていた。[6]彼らは城壁が破城槌(2)で打ち壊され、味方の状況はもはや絶望的だと悟ると、金銀その他最も貴重と思われる品物を王宮へ運び入れ、そこで酒と豪華な料理を十分に味わったのち、財宝と王宮と己が身を炎で焼いた。敗北したら敵から受けると恐れていた罰を、彼らはみずから進んで受けたのである。

七七　さてタラの陥落と同じ頃、レプティス(3)の町から使者たちがメテルスのもとに来て、守備隊とその隊長をそちらへ送ってほしいと請い求めた。そしてハミルカルという高貴な身分で策謀好きな男が政変に意欲を燃やし、長官らの権力も法律も彼に対しては効き目がないので、もしメテルスがこの件を急いでくれないなら、彼らの安全もローマ人の同盟者もきわめて重大な危機に瀕するだろうと訴えた。[2]実際レプティスの

（1）一一三頁註（5）参照。
（2）先端に羊頭型の青銅をつけた長くて重い角材。これを櫓などにぶら下げて城壁を強打する。
（3）レプティス（レプキス）・マグナ（第一九章三参照）。

人々は、すでにユグルタとの戦争が始まった頃から執政官ベスティアへ、またのちにローマへ使者を送り、友好と同盟を求めていたのである(1)。[3]その後請願がかなえられると、彼らはつねに誠実で忠実に振る舞い続け、ベスティアやアルビヌスやメテルスの命令をすべて熱心に果たしていた。[4]そのため将軍は彼らの求めを快諾し、リグリア人の四箇大隊と隊長ガイウス・アンニウス(2)をレプティスへ派遣した。

七八　レプティスはシドン人(3)が建設した町であり、彼らは市民の不和のために船でその地へ逃げてきたと言われている。その町は、自然の地形から名づけられた二つの砂州（シュルティス(4)）の間に位置している。[2]実際それらはアフリカの端近く(5)にある二つの入江であり、大きさは異なるが性質は同じである。その場所の陸地に最も近い部分は非常に水が深く、他の部分は偶然の事情により深かったり、あるいは嵐で浅くなったりする。[3]というのは、海が風でうねって荒れ始めると、波が泥や砂や大岩を引きずっていき、場所の外観が風とともに変化するからである。シュルティスという名はこの「引きずり」に由来するのである(6)。

[4]この都市は、言語のみがヌミディア人との通婚によって変化した。法と習俗の大部分はシドン人のものであり、彼らは王(7)の権力から離れて年月を過ごしていたため、それらをいっそう容易に維持することができた。[5]彼らとヌミディアの人口稠密地域の間には広大な荒地があったのである。

七九　ところで、レプティスの人々の事情からこの地方のことに話がおよんだので、ここで二人のカルタゴ人のすぐれた驚嘆すべき行為を語るのは適切と思われる。この場所がわたしにその出来事を思い出させたのだ。[2]カルタゴ人がアフリカの大半を支配していたとき、キュレネ人(8)もまた強力で裕福であった。[3]彼らの都市の間には砂地の単一な景観があるのみであり、両民族の領土を分ける川も山もなかった。それが原因となって、彼らは激しく長期間戦い合うこととなった。

双方の軍団と艦隊はいずれも度重なる敗退と敗走を経験し、両民族は互いに相手の力を相当損なった。[4]そのとき彼らは、やがて誰か別の民が疲弊した敗者と勝者を攻撃するのではないか恐れ、休戦して協定を交わした。それは、所定の日に使者が各々の本国から出発し、双方が出会った場所を両民族の共通の境界に定めようというものである。そこでカルタゴからはピラエニという名の二人の兄弟が派遣され、[5]旅程を完遂しようと急いだ。キュレネの使者たちの歩調はもっと遅かった。それが怠慢のためか、それとも不慮の出来事のゆえかはわからないが、その地方では海上と同じく嵐が妨げとなるのは常である。[6]実際、平らで草木の生えていない土地では、風が起こると大地から砂を巻き上げ、砂は強風に煽られて口や目を塞いでしまうことがよくある。こうして視界は遮られ、旅が遅れるのだ。

キュレネの使者らは、[7]相当後れを取ったとわかると、このしくじりのために帰国後に罰を受けることを恐

(1)前一一一年のこと。
(2)不詳の人物。
(3)シドンはフェニキアの都市。レプティス・マグナを建設したのは、同じフェニキア人でもテュロスの人々だったとも伝えられる。
(4)大シュルティスは現在のシドラ(シルト)湾、小シュルティスはガベス湾(第一九章三参照)。
(5)アフリカ東端のエジプトとの境い目。
(6)ギリシア語の syrein「引きずる」を語源と見なす説である。
(7)ヌミディア王。
(8)第一九章三および一一一頁註(8)参照。

れ、カルタゴの使者たちに対して所定の時より早く国を出たと難癖をつけて事態を紛糾させた。つまり彼らは、負けて帰ることだけはしたくなかったのである。[8]そこでカルタゴ人が、公平でありさえすればとの条件で別の申し合わせを求めたところ、ギリシア人(1)は次の選択をカルタゴ人に提示した。すなわちそれは、カルタゴ人が自国の境界にしたいと思う場所で生き埋めになるか、それとも自分たちが同じ条件で進みたいだけ先へ進むことにするかという選択である。[9]ピラエニ兄弟はその条件に同意した。彼らは自己の身と生命を国家のために犠牲にし、生きながらにして埋められた。[10]カルタゴの人々はその場所に祭壇(2)を設けてピラエニ兄弟に捧げ、また国内でも他の顕彰が二人のために定められた。さて、ここで本題にもどろう。

八〇　ユグルタはタラを失ったあと、もはや何を用いてもメテルスには対抗できないと思った。そこで少数の者を連れて広大な荒野を進み、ガエトゥリア人(3)のもとに到着した。ガエトゥリア人は野蛮で未開の人種であり、当時はローマの国名さえ知らなかった。[2]ユグルタは彼らの群衆を一箇所に集めて、隊列を組み、軍旗に従い、命令を遵守するなどの軍隊の習慣を徐々に教え込んだ。[3]さらに、ボックス王(4)の側近たちに多大の贈り物とそれ以上の約束を与えて自分を支持してくれるよう誘い込み、彼らの援助を得て王に近づいて、ローマ軍に対し戦争を始めるよう説き伏せた。[4]それは次の理由によりいっそう容易かつ簡単に運んだ。すなわちボックスはこの戦争の当初、ローマへ使者を送って同盟の協定を求めたが(5)、[5]その案件はすでに始まった戦争にとってきわめて有利だったにもかかわらず、名誉も不名誉もみな売り物にする習癖のついた、貪欲に目の眩んだ少数の者ら(6)によって阻まれたのである。[6]さらにそれ以前のことだが、ボックスの娘がユグルタと結婚していた。しかしそうした親戚関係は、ヌミディア人やマウリ人の間では重視されない。というのも、彼らはめいめい財力に応じてできるだけ多くの妻を娶るからであり、ある者は一〇人、ある者はそれ以上、また王はさらにより多くの妻を持つのである。[7] そのため情愛が多数に分散し、どの女も伴侶としての地位を保てず、みな一様に軽んじられている。

八一　さて、両王が決めた場所に軍隊が集合した。そこで誓約が取り交わされたのち、ユグルタは次のように演説してボックスの心を煽った。「ローマ人は不当であり、果てしなく貪欲で、万人の共通の敵である。彼らがボックスと戦う理由は、わたしや他の民族との戦争の場合と同じである。つまりそれは支配欲であり、彼らにとってすべての王国は敵なのだ。今ローマ人の敵はわたしだが、少し前にはそれはカルタゴ人であり、またペルセウス王(7)だった。そして今後、著しく強力に見える者はみな彼らの敵になるであろう」。[2] こうした言葉や他の同様の話のあと、両王はキルタの町に向かって進軍を開始した。メテルスがそこに戦利品や捕虜

(1) キュレネ人はエーゲ海のテラ島から移住したギリシア人である。

(2) 第一九章三参照。この国境の祭壇は、カルタゴから約一八〇マイル、キュレネからは約八〇マイルの地点に置かれた。

(3) 第一八章および一〇九頁註（5）参照。

(4) 第一九章七および一一一頁註（15）参照。

(5) この王が「ローマ国民については名前以外知らなかった」という第一九章七の記述と矛盾するが、第一〇二章一三ではこの使者の派遣について再度言及されている。

(6) おそらく、ユグルタに買収されて彼を支持するローマの貴族たちを指す（第二五章二および第二七章一―二参照）。

(7) マケドニアの最後の王（在位、前一七九―一六八年）。ピュドナの戦いでローマ将軍ルキウス・アエミリウス・パウルスに敗れた。

や輜重を置いていたからである(1)。[3]こうしてユグルタは、その町を奪い取れれば努力の甲斐があるだろうし、あるいは、もしローマの将軍が味方を助けに来たならば、戦闘で勝負できるだろうと考えた。[4]つまり抜け目ない彼は、行動を遅らせた場合ボックスが戦争とは異なる選択をしまいかと恐れて、王の和平策を損なうことのみを急いだのである。

八二　将軍は両王の同盟について知ると、軽々しく動かず、またしばしばユグルタを打ち負かして以来つねにそうしたように、どの場所でも戦いの機会を与えようともせず、キルタから遠くない場所に陣営を設けて防備を固め、そこで両王が来るのを待った。マウリ人が新たな敵として現われたので、まず彼らのことを知ったのちに、有利な条件で戦うのがよいと思ったからである。[2]だがその間ローマから手紙が届き、メテルスはヌミディアの職務領域がマリウスに与えられた(2)ことを知らされた。実際彼は、マリウスが執政官に選出されたことはすでに聞いてはいた。彼はこの知らせに度を超えて顕職に釣り合わぬほどまでに打ちのめされ、涙も抑えず、言葉も控えることができなかった。他の技量の点では傑出した人物だが、無念の思いに耐える気力は欠いたのである。[3]このような振る舞いについて、ある人々は尊大な性格のせいだと言い、ある人々は高潔な精神が侮辱を受けて激昂したからだと語ったが、多くの人々は、すでに掌中に収めかけていた勝利をその手から奪い取られたためだと言った。だがわたしとしては、メテルスは自分が受けた不当な仕打ちよりは、むしろマリウスに与えられた栄誉にひどく苦しんだのだと確信している。もしも自分から奪われた職務領域がマリウス以外の人に渡されたなら、彼はこれほど辛い思いはしなかったであろう。

八三　さてメテルスはこうした悲嘆に阻まれ、自分が危険を冒してまで他人事(3)の世話を焼くのは愚かだとも思ったので、ボックスのもとへ使節たちを送り、理由もなくローマ国民の敵にならないようにと要求してこう告げた。「今や王には、戦争よりも望ましい同盟と友好関係を結ぶ大きな機会が訪れている。よって自己の力にどれほど自信を持っていても、確かなものを不確かなものと交換すべきではない。あらゆる戦争は始めるのはたやすいが、終わらせるのは非常に難しい。戦争は同じ人物の権限のもとに始まって終わるわけではないからだ。戦争を始めるのは誰でも――たとえ臆病者でも――できるが、しかしそれを終わらせるのは勝利者の意思のみである。それゆえ王は、みずからと自国のことを慮り、自己の繁栄した境遇をユグルタの破局と結びつけるべきではない」と。

これに対して王は、十分穏やかにこう答えた。[2]「わたしは和平を望むが、しかしユグルタの不運にも同情している。もしも同じ機会が彼にも与えられるなら、すべては円満に収まるであろう」と。将軍はボックスの要求に異議を唱えるため再び使者を送った。王はその一部には同意したが、他の部分は拒否した。[3]こうして双方から幾度も使者が行き来して時間のみが経過し、メテルスの望みどおり戦争は足踏み状態のまま引き延ばされた。

八四　ところで先述したように、マリウスは平民の圧倒的な支持を受けて執政官に選出された。彼は以前から貴族と敵対していたが、国民が彼にヌミディアの職務領域を割り当てることを命じたのちは、貴族を執

(1) この言及により、キルタは前一〇八年にメテルスの軍によって占領されたことがわかる。

(2) 第七三章七参照。

(3) 新執政官マリウスの職分としてのユグルタ戦争の遂行。

拗に激しく攻撃し、あるときは個々の貴族を、あるときはその階層全体を攻め立てた。また自分は貴族を打ち負かし、その戦利品として執政官職を奪い取ったとたえず豪語し、さらには自分を称えて貴族を不快にさせる他の話も繰り返した。[2]その間マリウスは戦争に必要なことを最優先して、軍団の補充を要求し、諸民族や諸王から援軍を召集し、さらにはラティウムと諸同盟市から最強の男たち——その大多数は軍務で知っていたが、少数の者は評判だけ聞いていた——を呼び寄せた。またすでに軍隊勤務を終えた人々にも誘いかけて、ともに出征するよう説き伏せた。

[3]元老院はそもそも彼と敵対していたが、いかなる施策についてもあえて拒否しなかった。いやむしろ、軍隊の補充に関しては嬉々として議決した。なぜなら、平民が軍務を望んでいるとは思われないため、マリウスは戦争に必要な人材を得られないか、あるいは民衆の支持を失うかのいずれかになろうと考えたからである。しかしその期待は挫かれた。大多数の人々が、マリウスに従って行こうという強い意欲に燃えたのである。[4]彼らはめいめい、戦利品で裕福になり、勝利者として帰国するさまを想像するなど、その他同様の期待に胸を膨らませた。マリウスもまた、演説によっておおいに人々を駆り立てた。[5]実際彼は、自分が要求した法案がすべて可決されたあと兵士を徴集しようとしたが、そのとき応募を奨励するとともに、いつものように貴族を罵倒するために国民の集会を召集して、次のように話したのである。

八五　「市民諸君、たいていの人の場合、諸君から権力を求めるときの態度と、一度得た権力を行使するときの態度は異なっていることをわたしはわかっている。すなわち最初は熱心で謙虚で控えめだが、そのあとは怠惰で不遜な人生を送るのだ。しかしわたしは逆であるべきだと思う。[2]なぜなら、国家全体の価値は執政官職や法務官職の値打ちよりも大きいのだから、それだけいっそう国家の運営には、これらの官職を求めるときよりも多くの注意を払わねばならないからである。[3]またわたしは、諸君の絶大な支持を受けて、どれほど大きな任務を引き受けようとしているかもよく理解している。戦争を準備すると同時に国庫金を節約し、傷を負わせたくない人々を強いて軍務に就かせ、国内外でのすべての事態に気を配り、しかもそれらの仕事を妬みや敵意や党派争いに囲まれて果たさねばならないが、市民諸君、それは想像以上に困難である。[4]そのうえ他の人々の場合、もし過ちを犯せば、古い貴族の家柄や父祖の偉業や血縁と親戚の勢力や多くの庇護民など、そうしたものすべてが救いの手を差し延べるが、わたしの場合すべての希望はただわたし自身の中にしかなく、そしてその希望を功勲と清廉な心によって守らねばならない。他の支えは弱いからである。

[5]市民諸君、すべての人々の視線がわたしのほうへ向いており、わたしの貢献が国家に益するため、正しく誠実な人々は賛同してくれる一方で、貴族が攻撃の機会を求めていることもまた、わたしは承知している。[6]だからわたしは諸君が欺かれないよう、そして彼らが挫折するよういっそう真摯に努力せねばならない。[7]わたしは子供の頃からこの歳にいたるまで、あらゆる苦労や危険に慣れ親しむようにして生きてきた。[8]市民諸君、わたしが諸君の支持を得る以前に無償で行なっていたことを、その代償を得た今、怠ることなどわたしの本意ではない。[9]選挙運動のために自分を品行方正に見せかけた人々が、権限ある地位に就いて節度正しく振る舞うことは困難である。だがわたし自身は、最善の行状を保ちながら全人生を送ってきたので、その習慣のため、国への奉仕はすでに天性の一部をなしている。

[10]諸君はわたしにユグルタとの戦争の遂行を命じたが、そのために貴族はひどく心を痛めた。だがどうか慎

重に考えていただきたい。諸君ははたしてその方針を変えたほうがよいのか。そしてあの貴族の集団の中から、この任務のため、あるいは同様の別の用務のために、血統が古く多数の祖先の肖像(1)を持つとはいえ、しかし軍隊勤務の経験がない人物を送り出したほうがよいのだろうかと。おそらくその人は、重大な職務に就いても万事に無知なため狼狽して慌てふためき、自己の職務の相談役として国民の中から誰かを起用するだろう。[11]こうして諸君が指揮官に任命した人物が、別の指揮者を探すという事態がしばしば起こるのである。[12]市民諸君、またわたしはこんな人々を知っている。彼らは執政官に選ばれたあとに初めて、祖先の事績だのギリシア人の軍事指南書だのを読み始めたのだ。つまり本末転倒の人種である。というのも、時間的には職務の執行は官職への就任のあとになるが、しかし実際の必要性としては職務の経験が先行するからである。

[13]そこで今、市民諸君、高慢な貴族らと新人(2)であるわたしを比べてもらいたい。彼らは普通聞いたり読んだりしているだけだが、しかしわたしはその一部をこの目で見たし、他の部分はみずから実行した。彼らが文字で学んだことを、わたしは軍務を遂行しながら学んだのだ。[14]はたして実行と言葉では、どちらにより値打ちがあるのか、今諸君は考えていただきたい。貴族はわたしの家系の新しさを侮蔑するが、わたしは彼らの怠慢を軽蔑する。わたしは境遇のために非難されるが、彼らは不面目な行為ゆえに責められる。[15]わたしは人間の性質は一つであり万人に共通していると思うが、しかし最も勇敢な者こそが最も高貴であると考えている。[16]そこで例えばアルビヌスかベスティア(3)の父親に、今こう尋ねてみたらどうだろう。すなわち自分が息子として持つのなら、わたしか、それともこの二人か、どちらを望むかと。さて彼らはどう答えると諸君は思うか、もしもできるだけ立派な子供を持ちたかったと言わないとすれば。

[17]ところで、もしわたしに対する貴族の侮蔑が正しいとするなら、彼らはみずからの祖先をも侮蔑すべきであろう。彼らの祖先はわたしと同様に、功勲のゆえに初めて高貴な者となったからだ。[18]彼らはわたしの名誉の職を妬んでいる。ならば彼らはわたしの苦労と清廉な心にも、またわたしがこうむった危険にさえも妬みを覚えるべきだろう。というのも、わたしが名誉の職を得たのはそれらのゆえだからである。[19]ところが高慢のために腐ったあの人々は、まるで諸君から授かる名誉を見下しているかのように日々を過ごしながら、あたかも立派な人生を送ってきたかのように名誉の職を欲しがっている。[20]彼らは怠惰の楽しみと功勲への褒賞という正反対のものを同時に期待しているのであり、じつに大きな間違いを犯している。[21]そのうえ彼らは諸君の前や元老院で話すときでさえ、ほとんどの演説で自分の祖先を称揚する。そして父祖の偉業を語ることによって自己の光輝がいっそう増すと思っているが、事実は逆である。[22]なぜなら、祖先の生涯の栄光が増せば増すほどに、彼らの怠慢はいっそう恥ずべきものとなるからだ。[23]まったくもって真実はこうである。つまり、父祖の栄光は子孫にとっていわば明るい光であり、子孫の長所も欠点も隠れたままにはしないのだ。[24]わたしの場合は、そのような祖先の栄光に乏しいことを認めよう。だが市民諸君、それよりはるかに輝かしいことに、わたしは自分自身が立てた功績を語ることができるのである。[25]さあ、彼らがどれほど不公平か見ていただきたい。彼らは別人の功勲にもとづいて自分の名誉を要求するが、わたしに対しては、わたし自身の

（1）八九頁註（6）参照。
（2）一六一頁註（3）参照。
（3）以前にユグルタとの戦争を命じられた二人の執政官（第二七―三〇章および第三六―四〇章参照）。

功勲ゆえの栄誉を認めないのである。もちろんわたしが祖先の肖像を持たないためであり、また高貴な地位を新しく得たからであろう。しかし高貴な地位を生み出したことは、それを受け継いで台無しにすることよりも、たしかにずっと好ましいのである。

[26]もちろんわたしとて、彼らが今わたしに答えようと思うなら、雄弁で精巧な演説をたっぷり聞かせてくれるであろうことは心得ている。しかしわたしに対する諸君の絶大な支持を目の当たりにして、彼らがあらゆる場でわたしのみか諸君をも中傷し罵倒しているため、わたしは黙ってはいないことに決めた。誰かがわたしの控えめな態度を気後れのせいにしては困るからである。[27]実際わたしは自信をもって言えるが、いかなる演説もわたしを傷つけることはできない。というのも、彼らが真実を語るならば、わたしを称える必要があり、他方虚偽を述べるなら、わたしの生き方と品性がそれを打ち消すからである。[28]しかし彼らが非難しているのは、わたしに最高の顕職と最大の任務を与えた諸君の決定なのだから、それを後悔すべきかどうか、諸君には幾度も繰り返し考えてもらいたい。[29]わたしは信頼を得るために、自分の祖先の肖像や凱旋式や執政官職を誇示することはできないが、しかしもし必要ならば、投げ槍や軍旗や勲章その他の軍務の褒賞、さらには体の前面に受けた傷跡を見せることができる。[30]それらこそ、わたしにとって肖像であり、まさに高貴の印だが、彼らの場合のように世襲で自分に残されたものではなく、わたし自身の多大の労苦と危難を代償にして獲得したものなのである。

[31]わたしの言葉は精巧ではないが、それはたいしたことではない。徳はおのずから十分外に表われるものである。彼らにとっては、恥ずべき行ないを雄弁で覆い隠すために技法が必要なのだ。[32]わたしはギリシアの文

芸を学んだこともないし、それを学びたいとはあまり思わなかった。ギリシアの文芸は、教師らを徳へ導くのに役立たなかったからである。[33]だがわたしは、国家にとってはるかに役立つあの教えは習得した。すなわち、敵を打ち倒せ、見張りを怠るな、汚名以外何も恐れるな、寒さも暑さも同様に耐えよ、地面の上で眠れ、飢えと疲労に同時に耐えよ、といった教えである。[34]わたしはこうした教えを示して兵士たちを励まそうと思う。また兵士らの養いを切り詰めて自分は贅沢をしたり、栄光は自分のものにして、兵士らだけに苦労させたりはしまい。[35]このように指揮を執ることこそが役に立ち、また市民のあり方にふさわしいものである。実際、自分だけ安楽に過ごしながら、軍隊には罰を科して従わせるのは専制君主の態度であって、指揮官のなすべきことではない。[36]諸君の祖先はこうした教えや他の同様の方針を実践して、自己の名声とともに国家の評判を高めたのである。[37]だが貴族たちは、性格はもはや似てもいないのにこうした祖先を恃(たの)み、彼らの祖先と競っているわれわれを見下している。そして功績のゆえではなく、まるで支払われるべき貸し金のようにすべての名誉ある地位を諸君に要求するのである。

[38]しかしこの傲慢きわまる人々は大きな過ちを犯している。彼らの祖先は、残せるものはすべて残した。それは富、肖像そしてみずからの栄光に満ちた記憶である。だが徳は残さなかったし、残すことができなかった。この徳というものだけは、贈り物として与えることも、受け取ることもできないのだ。[39]彼らはわたしのことを賤しくて作法の粗野な者だと言う。なぜなら、わたしが優雅な宴会を催す心得がなく、農場管理人よりも高い報酬で役者や料理人を雇わないからである。だが市民諸君、わたしはそれを喜んで認めたい。[40]というのも、わたしは自分の父親や他の気高い方々からこう教わったからだ。すなわち、優美は婦人にふさわし

く、男には苦労が似合う。立派な人はみな、富よりも多くの栄光を得なければならない。人を飾るものは家具ではなく武器である、と。

[41]ではよろしい。もう貴族たちには、彼らが好むことや大事に思っていることをずっとやらせておこうではないか。恋するもよし、飲むもよし。青春時代を過ごした場所、つまり宴会で、胃袋や肉体の最も恥ずべき部分に没頭して老年の日々を送るもよしである。汗と埃（ほこり）、その他同種のものはわれわれに残しておけばよい。われわれには、それらのほうが饗宴よりも心地よいのだ。ところがそうはならない。[42]なぜなら、恥ずべき行為で自己の名誉を汚したあの不面目きわまる連中は、今度は立派な人々の報酬を奪いにやってくるからだ。[43]こうしてまったく不当なことに、贅沢と怠惰という最悪の生活態度が、じつはそれを実践してきた者らには何の傷も与えず、むしろ罪のない国家に対して災厄をもたらすのである。

[44]さてわたしは彼らに対して、彼らの恥ずべき行ないでなくわたし自身の性格が要求する範囲で答えたので、今や国政に関して少し述べておこう。[45]何よりもまずヌミディアについてだが、市民諸君、どうか安心していただきたい。これまでユグルタを守ってきたもののすべて——つまり貪欲と無能と高慢(1)——を諸君は取り除いたからだ。[46]次にかの地には、土地をよく知っている軍隊がいる。ただし誓ってそれは幸運な軍ではなく、むしろ勇壮な軍である。なぜならその軍隊の大半が、指揮官たちの貪欲や無思慮のために痛手をこうむったためだ。[47]それゆえ軍務の年齢(2)にある諸君は、どうかわたしと力を合わせて国事の一翼を担っていただきたい。また、他の人々がこうむった災いや将軍たちの高慢のために誰も不安を抱かないように。このわたし自身が行軍と戦闘において、忠告者として、また同時に危険を分け合う仲間として諸君とともにいるであろうし、

あらゆることに際して、自分と諸君を同等に扱うだろう。[48] そしてたしかに、すべての機は神々の助力を得て熟している。ここに勝利と戦利品と称賛があるのだ。だが、たとえそれらが不確かで遠くにあるとしても、立派な人間ならば、みな国家の救援に向かうべきであろう。[49] 実際、怠惰でありながら不死を得た者はいないのであり、またいかなる父親も、子供に永遠の生を望まず、むしろ立派で名誉ある人生を送ることを望んできた。[50] 市民諸君、言葉が臆病者に勇気を与えることができるのなら、わたしはもっと話すだろう。だが毅然とした人々にとっては、もう十分語り尽くしたと思う」。

八六　こうした演説を行なうと、マリウスは平民の心が燃え立つのを見たあと、ただちに糧食、給料、武器その他の必需品を船に積み込ませ、副官アウルス・マンリウスにそれらとともに出帆するよう命じた。2 その間彼自身は兵士を徴集したが、それは父祖の慣習にも階層(3)にもよらず、各自の意思にもとづいて行なわれ、新兵の大半は無産市民(4)であった。3 この徴兵方法については、ある者らは優良な人材が不足したからだと言ったが、ある者らは執政官の野心のためだと語った。つまり、マリウスはこの種類の人々から称賛と栄誉を与えられたためであり、また政権を目指す者にとって最も役立つのは最も貧しい人々だからだと。実際そうし

(1) これまでの指揮官たちの欠点、とりわけベスティアの貪欲、アルビヌスの無能、メテルスの高慢を指す。
(2) 一七―四六歳。
(3) ローマ市民の戸口調査の際、財産額によって五つに分類された階層。兵士はそれらの階層に従って区分され、各自の財力に応じた武具を自前で調達・準備した。
(4) 最も低い階層にも達しない貧困な市民。戸口調査において財産の額ではなく頭数によって評価される人々で、武具を用意する余裕がないため、マリウスの軍制改革以前には通常兵役を免除されていた。

た人々には、資産が何もないので大切にすべき物がなく、報酬を伴うものはすべて尊重に値するように見えるのである。[4]こうしてマリウスは、議決されていた数(1)よりもかなり多く兵員を率いてアフリカへ出発し(2)、数日後にはウティカに到着した。[5]そこで彼に軍隊を引き渡したのは副官プブリウス・ルティリウス(3)であった。というのも、メテルスは耳で聞いてさえ心が耐えられなかった事態を目で見たくないために、マリウスと会うのを避けたからである。

八七　さて執政官は、軍団と援軍大隊を補充すると、肥沃で略奪すべき物に満ちた土地へ進軍した。彼はその地で獲得した物をすべて兵士らに与え、ついで自然と人為の防御に乏しい城塞や町を攻め、さまざまな場所で小規模ながら多数の戦闘を行なった。[2]その間新兵たちは恐れることなく戦いに加わり、逃走する者は捕らえられるか殺されるのだということや、最も勇敢な者こそ最も危険な目に遇わないこと、そして武器で戦ってこそ、自由や祖国や親やその他すべてを守り、栄光や富も勝ち取れることを知った。[3]こうして短期間のうちに新兵と古参兵は一つに溶け合い、全員が等しく勇敢になった。

[4]一方、二人の王(4)はマリウスの到着を知ると、各々別々に人の近寄りがたい場所へ退却した。これはユグルタが決めた作戦であり、彼はやがて分散した敵軍を襲撃できると期待していた。すなわちローマ兵らは、恐怖が遠のけば、たいていの場合と同様に注意も規律も緩めるはずだと。

八八　その間メテルスはローマに帰国したが、予期に反する大歓迎を受けた。彼に対する反感は消えて、平民も元老院議員もみな同様に彼を尊重した(5)。[2]他方マリウスは、自軍と敵軍いずれもの動向をたゆまず慎重に監視し、両軍の強みと弱みを調べ、両王の動きも探った。また両王のもくろみと計略に対して先手を打ち、味方が緩むことも敵が安心することも許さなかった。[3]こうして彼は、われらの同盟の土地で略奪を働いているガエトゥリア軍とユグルタを幾度もその途中に襲撃して敗走させ、キルタの町から遠からぬ場所では、王自身に武器を投げ捨てさせた。(6) [4]だがそうした功績は栄光に資するのみで、戦争の終結にはつながらないことがわかると、兵力と位置の点で敵には最も有利で、味方には最も不利な諸都市を次々と包囲することに決めた。そうすればユグルタは、包囲を放置して要衝を奪われるか、それとも戦闘で勝負するかのいずれかになろうと考えたのだ。[5]他方ボックスは、マリウスのもとへ幾度も使者を送り、ローマ国民との友好を望んでおり、自分のほうから何か敵対行為をなす恐れはないと伝えた。[6]これは、不意打ちでいっそう手痛い打撃を与えるための見せかけなのか、それとも、気まぐれな性格ゆえにつねに和平と戦争の間を揺れ動いていたからなのか、まったく判じがたいことである。

八九　さて執政官は、すでに決意したとおり防御された町や城塞に近づき、ある場合は武力で、またある場合は威嚇したり報酬を見せたりして敵軍から引き離した。[2]最初彼は、ユグルタが味方を守るために戦闘に現われるだろうと思って強い攻撃は控えた。[3]しかし王がなお遠くにいて、他事に没頭していることがわかる

---

(1) 徴募兵数は元老院で決定される。
(2) 前一〇七年の春。
(3) 一四七頁註（2）参照
(4) ユグルタとボックス。
(5) メテルスはヌミディアでの戦争の勝利者を意味するヌミディクスの添え名を与えられ、翌前一〇六年には彼の戦勝記念の凱旋式が挙行された。
(6) すなわちユグルタ軍に潰走を強いた。

と、彼はいっそう大規模で困難な企てに取り組むべき時が来たと判断した。

4 広大な荒野の中にカプサ(1)という名の大きく堅牢な町があり、その建設者はリビュアのヘルクレス(2)であると言われていた。その町の市民たちはユグルタのもとで貢租を免除され、また穏やかに支配されていて、そのため王には非常に忠実であると見なされていた。彼らは敵に対して、城壁と武器と兵士によって防御されているだけでなく、接近困難な環境によっていっそう固く守られていた。5 実際、町の近くの場所以外、周辺一帯は荒れ果てて住む人も水もなく、蛇がはびこっていて、その蛇の力も、あらゆる野生動物と同様に餌の欠乏のためいっそう猛烈であった。さらにそれらの蛇の毒は、ただでさえ致命的だが、何よりも喉の渇きによって(3)強烈になっていた。

6 マリウスはこの町を獲得したいという非常に強い欲望に襲われた。戦争のために有益であるのみならず、その攻略が困難に思われたからであり、またメテルスがタラの町を攻め落として大きな栄光を得ていたためである。タラの立地条件も防御態勢もこの町と類似していたが、ただタラには城壁から遠からぬ場所にいくつかの泉があったのに対して、カプサの人々は町の中の唯一の湧き水を利用し、ほかには雨水を用いていた点が異なる。7 こうした条件に耐えることは、カプサでも、また海から離れて相当未開の生活をしていたアフリカの全地域においてもかなり容易であったが、それは、ヌミディア人が一般に乳と野獣の肉を食べて生きていて、塩その他の食欲を刺激するものを求めなかったからである。8 彼らにとって食べ物は飢えと渇きを防ぐものであって、欲望や贅沢のためのものではなかったのだ。

九〇　そこで執政官はすべてを偵察したあと、神々に身を委ねたように思われる。なぜなら彼は、穀物さえも不足するという事態に襲われたが、そうした大きな困難に対して、思慮によって十分な策を講じることができなかったからである。実際ヌミディア人は、耕作よりは家畜の放牧に熱心であり、しかも収穫物はみな、王の命令により防備を施した場所へ運ばれていた。さらにその時期は夏の終わりだったため、畑地は乾燥して何の作物もなかった。それでもマリウスは、状況に応じて十分慎重に備えを固めた。[2]彼は前の数日間に略奪したすべての家畜を援軍の騎兵たちに割り当てて追わせ、また副官アウルス・マンリウスには、給料と糧食を置いていたラレスの町(4)へ軽装大隊を率いて行くように命じ、自分も略奪しながら数日後にそこへ行くと伝えた。[3]こうして彼は自己のもくろみを隠し、タナイス川(5)のほうへ向かった。

九一　さて行軍中にマリウスは、軍隊の百人隊と騎兵隊にそれぞれ等量の家畜を毎日配給し、それらの獣皮で袋を作らせた。こうして彼は穀物の不足を補うと同時に、やがて役立つ容器を誰も気づかないうちに準備したのだ。ついに六日目に川に到着したときには、きわめて多量の革袋ができあがっていた。[2]マリウスはその場所に陣営を設けて軽い防備を施したのち、兵士たちに食事を採り、日没と同時に出陣する準備を整えるよう命じた。その際荷物はすべて捨て、水だけを各自の体と輜重（しちょう）獣に積むようにと言った。[3]その後時が

(1) 現在のテュニジアのガフサ。
(2) 第一八章三および一〇九頁註（6）参照。
(3) 乾燥した環境で水分摂取がわずかなためということか。あるいは、噛まれた人に猛烈な喉の渇き（ディプサ）を引き起こす、ギリシア語でディプサスと呼ばれた毒蛇のことか。
(4) シッカ・ウェネリアの南東約一八キロメートルに位置する。
(5) ラレスから南へかなり隔たった場所を流れる川であろうが、正確な位置は不明。

来たと見るや陣営を出発し、まる一夜行軍したのち野営した。次の夜も同様にして進み、そして三番目の夜、夜明けのかなり前にカプサから二マイルほど離れた丘陵地帯に到着した。そこで彼は全軍勢とともにできるだけ見えない場所に隠れて待機した。

[4]さて夜が明けて、大勢のヌミディア人が敵の心配などまったくせずに町から出てきたとき、マリウスは突然、全騎兵隊と最も俊足の歩兵らにカプサへ走って行き、城門を占拠するよう命じた。その後彼自身も警戒しながら急いであとを追い、兵士らに略奪を許さなかった。[5]町の人々は事態に気づいたあと、この混乱と大きな恐怖と突然の災厄のゆえに、さらには市民の一部が城壁の外で敵の手に落ちたため、やむなく降伏せざるをえなかった。[6]しかしそれでも町は燃やされ、ヌミディア人の成人は殺され、他のすべての者らは奴隷に売られ、略奪品は兵士らに分配された。[7]こうした行為は戦争の法に反しているが(1)、執政官の貪欲や残忍さのゆえに犯されたのではない。むしろ、その場所がユグルタにとって有利で、われらにとっては接近が困難だったためと、住民が移り気で信頼できず、それまで恩恵にも威嚇にも従わなかったためである(2)。

九二　マリウスはすでに偉大で輝かしい人物であったが、しかしこの大業を味方には何の損害もなく〈成し遂げた〉あと、いっそう偉大で輝かしい人だと評され始めた。[2]彼の行為は、たとえ思慮に欠く場合でも、すべて武勇の表われと見なされたのだ。兵士たちは穏やかな指揮のもとで務めながら、同時に裕福にもなったので、彼を天に届かんばかりに称賛した。ヌミディア人は人間にまさる者のように彼を恐れた。要するに同盟者も敵もみな、マリウスには神聖な知力があるとか、あるいは、すべてのことが神々の意思により彼に予告されているなどと信じたのである。

[3]一方執政官は、このカプサでの成功のあと他の町へ向かった。そして少数の町はヌミディア人の抵抗を抑えて攻略したが、より多くの町はカプサの住民の悲惨な結果が原因して〈見捨てられており〉、火を放って燃やした。どの土地も悲嘆と殺戮に満ち溢れた。[4]ついにマリウスは多くの場所を——しかもその大半は軍隊の人命に損失なく——占領したのち、また新たな企てに着手した。それはカプサ攻略ほどの危険を伴うものではなかったが、しかしそれに劣らず困難な企てであった。

[5]ユグルタとボックスの両王国を分けているムルッカ川(3)から遠からぬところに、四方を平原で囲まれた岩山があった。それは小振りの城塞を築くには十分幅広く、きわめて高く聳えており、一本の非常に細い道でしか近づけなかった。つまり山全体が、まるで人の手と設計によるかのように自然の力で垂直に切り立っていた。[6]この場所には王の財宝があったので、マリウスはそこを全力を傾けて占領しようと努めた。しかしその試みが成功したのは、作戦よりはむしろ偶然のおかげであった。

[7]実際、城塞には十分な数の兵と武器、そして多量の穀物と水の湧き出る泉があった。またその場所は接城土手(4)や櫓(やぐら)その他の攻城装置に適しておらず、城塞への道はきわめて狭いうえ、両側が切り立っていた。[8]そ

---

(1) 降伏した敵の住民に対する虐殺や虐待は法に違反しているということ。

(2) 以前にローマ軍がカプサの住民を恩恵や威嚇によって服従させようとしたという事実は知られていないので、ここの釈明は空疎な常套句にすぎないという解釈も可能である。

(3) 第一九章七および一一一頁註(14)参照。カプサからこの川までは直線距離で約一二〇〇キロメートルもある。

(4) 城市の攻略のために城壁に向かって構築される木材や土砂の層。

こに大きな危険を冒して防御用屋台（1）を押し出してみたが、それも無駄であった。というのも、屋台が少し前に進むと、敵の火と石がそれらを破損し、[9]また地面の傾斜が急なため、兵士たちは作業の前の足場を保てず、屋台の中でも安全に操作することができなかったからだ。最も勇敢な者らはみな、殺されるかあるいは傷つけられ、他の者らの間には恐怖が増した。

九三　一方マリウスは、何日も大きな労力を費やしたのに、成果を得られない企てを中止すべきか、それとも、これまでしばしば順調に享受してきた幸運を待つべきかと不安な思いで考えを巡らせた。[2]彼が決断できぬまま連日昼も夜もこのことを思案していたとき、たまたま援軍大隊のリグリア人（2）のある兵卒が水を汲みに陣営から出たところ、戦っている場所とは反対の城塞の側面付近で、岩の間を這う何匹かのカタツムリに目をとめた。彼はその一、二匹を採り、さらにもっと多くを求めて熱心に集めているうちに、少しずつ山頂近くにまで登ってしまった。[3]そしてあたりには誰もいないとわかると、人間として自然なことだが、困難なことを果たそうという意欲が心に起こった。[4]たまたまその場所には大きな樫が岩の間に生えていて、ほんの少し前に傾いたあと、すべての植物の性質に従って湾曲し上のほうへ伸びていた。リグリア人はその木の枝につかまったり、突き出た岩に身を支えたりしながら城塞が建つ平らな場所に辿り着いた。ヌミディア人はみな、攻める敵に向かって注意を集中していたからである。[5]彼はすぐあとで役立つだろうと思ったことをすべて探り終えると、同じ経路で、登ってきたときのように不注意にではなく、あたり全体を調べて見回しながら引き返した。[6]こうして彼はただちにマリウスのもとに来て、何をしてきたかを報告し、自分が登ったところから城塞を攻めることを勧め、みずから危険な道の先導役を務めようと申し出た。

マリウスはその場にいた部下のうちの何人かに、[7]リグリア人の提案の妥当性を確かめるため彼と一緒に行ってみよと命じた。彼らはめいめいの気質に応じて、その計画は困難であるとか、あるいは容易であるとか報告した。しかし執政官の心は少し勇気づけられた。そこで彼は、すべての喇叭手と角笛吹きの中から最も機敏な者五名と、護衛のため彼らに随行する四名の百人隊長を選んだのち、[8]全員がリグリア人に従うようにと命じて、その作戦の実行を翌日と定めた。

九四　さてリグリア人は、指示された時が来たと思われるや、準備万端を整えて目的地へ向かった。他方山を登る予定の者らは、先導者からあらかじめ教えられたように武器と装備を変えていた。すなわち、岩間での見通しと登攀をより容易にするため頭と足は裸であった。背中には剣と盾を携帯したが、しかし盾はより軽くて、何かに当たっても音が小さいためヌミディア式の革製のものであった。[2]こうしてリグリア人は先頭に立ち、岩や突き出た古い木の根などに縄を結びつけて、それを頼りに兵士たちがいっそう容易に登れるようにした。また彼はときには、不慣れな道にひるんだ者らに手を差し出して助け、登るのが少し難しい場所では、一人ずつ武器なしで先に行かせ、そのあとに自分が彼らの武器を担いで続いた。登るには危険に見えたところは自分が真っ先に試し、またしばしば同じ場所を登ったり降りたりしたあと、すぐに脇へ退いて他の者らに進む勇気を与えた。[3]こうして彼らは長い道程に疲れ果てたすえ、ついに城塞に達した。城塞のその部分には人影はなかった。ほかの日と同様に、全員が敵軍に向き合っていたからである。

(1) 一一三頁註(5)参照。

(2) 一三五頁註(1)参照。

マリウスは一日中ヌミディア勢の注意を戦闘に引きつけていたが、伝令からリグリア人が目的を果たしたことを知るや、そのときまさに兵士らを激励し、みずから防御用屋台の外側へ出て、亀甲状隊形(1)を編成して城壁に接近した。また同時に、弩砲(2)や弓兵や投石兵を用いて敵を遠くから威嚇した。[4] 他方ヌミディア勢は、すでに幾度もローマ軍の防御用屋台を転覆させて火を放っていたので、もはや城塞の壁の内側で身を守らず、昼も夜も城壁のそばに姿を現わしてローマ軍を罵倒し、マリウスを狂気の沙汰だと嘲罵した。またわれらの兵士らに対しユグルタの奴隷にしてやると脅すなど、順調な戦況のためいきり立っていた。

[5] そうするうちにローマ軍も敵方も、全員が戦闘に没頭した。いずれの側も全力を尽くし、一方は栄光と支配のために、他方は身の安全のために戦った。そのとき背後で突然、合図の音が鳴り響いた。すると、まず戦況を見に出ていた女や子供らが逃げ、次に城壁のすぐそばにいた者らが、最後に武装した者も非武装の者もすべてが逃げ出した。[6] 事態がこうなったとき、ローマ軍はいっそう激しく敵を攻めて潰走させ、大半の者には傷を与えるにとどめた。そのあと倒れた死体の上を進み、栄光を切望して競って城壁を目指し、戦利品のために遅れる者は一人もいなかった。[7] このようにしてマリウスの無謀は、偶然のおかげで良い結果を生み、過失を免れて栄光を得たのである。

九五　ところでこの戦いの間に、財務官ルキウス・スラ(3)は騎兵の大軍を率いて陣営に到着した。彼はその軍隊をラティウムと同盟諸市から徴集するために、ローマに残されていたのである。[2] さて主題が進んでこの大人物に言及したので、彼の気質と素養について少し語っておくのは適切と思われる。というのも、スラの事績についてはわれわれは別の場所で語るつもりはないからであり、またルキウス・シセンナ(4)がスラのことを語ったすべての人々のうち最良で最も入念な記述をなしたとはいえ、それは十分率直に述べたものとは私には思えないためである。

3 そこでスラについてだが、彼は貴族の一門出身で、家系は堕落した祖先のために今やほとんど没落していた。[5] ギリシアとラテンの両文芸に造詣が深く[6]、気宇壮大で、快楽を好みはするが、栄光はもっと熱愛した。余暇は贅沢三昧に過ごしたが、楽しみが仕事の支障になることはけっしてなかった。ただ妻に対しては、もっと誠実に配慮することができたであろう[7]。また彼は雄弁で賢く、たやすく友人を作った。事情を偽り〈またそれを隠す〉ことには信じがたいほど深い才知を具え、多くの物とりわけ金銭を惜しみなく人に与えた。4 内戦の勝利以前のスラは、あらゆる者の中で最も幸運な人であったが[8]、しかしその幸運はけっして彼の

(1) 頭上と脇を盾で覆った密集隊形で、亀の甲羅に似た外観を呈する。

(2) 一五五頁註（2）参照。

(3) ルキウス・コルネリウス・スラ。のちに門閥派の領袖となり、民衆派のマリウスと政権を争う人物（『カティリナ戦記』第五章六および九頁註（3）参照）。当時（前一〇七／一〇六年）は約三一歳で、まだ目立った経歴はなかった。

(4) ルキウス・コルネリウス・シセンナ。歴史家で前七八年の法務官。同盟市戦争からスラとマリウスの内戦までを扱った『歴史』を著わしたが、現存しない。

(5) 名門氏族コルネリウス氏は当時七つの家門に分かれていたが、そのうちスラ家は知名度が最も低かった。

(6) 写本ではこのあと「もまた非常に博識で」という字句が続くが、底本では削除されている。

(7) スラは生涯に五回結婚し、女性関係については悪名高かった。

(8) スラがマリウス派との内戦で最終的に勝利したのは前八二年であり、その絶頂期に彼は「幸運な者（フェーリークス）」という添え名をみずから採用した。

精励恪勤を凌ぐものではなく、彼の剛毅と幸運のどちらがまさっているのかと多くの人々は迷った。その後の彼が行なったこと[(1)]に関しては、語るのを恥じるべきか、あるいは忌まわしく思うべきかわたしには定かではない。

九六　さてスラは先述したように、騎兵隊を率いてアフリカのマリウスの陣営に到着した。以前は戦争について未経験で無知だった彼は、短期間のうちに誰よりも如才ない軍人となった。[2]さらに彼は兵士らに対して丁寧な言葉で話しかけ、また多くの兵の求めに応じて恩恵を与え、ある者らにはみずから進んで親切を施した。人から厚意を受けるのは好まず、たとえ受けたとしても借金よりも早くその恩を返したが、他の誰に対しても自分から恩を返せとは要求せず、むしろできるだけ多くの者が自分に借りがあるようにと努めた。彼は最も低い身分の者らとも冗談や真面目なことを話したし、[3]しばしば彼らとともに作業や行軍や歩哨に従事した。しかし他方、邪まな野心家のつねとして、執政官など、いかなるすぐれた人物の評判も害することはなかった。ただ彼は会議でも実践でも他人が自分を凌ぐことだけは許さず、実際大半の者にまさった。[4]スラはこのような言動と行状のゆえに、たちまちマリウスにも兵士たちにも非常に好まれる人物となったのである。

九七　一方ユグルタは、カプサや他の要塞化した有用な場所と莫大な財産を失ったあと、ボックスのもとへ使者を送り、戦闘を開始する時が迫ったので、軍勢をできるだけ早くヌミディアへ率いてくるよう要請した。[2]しかしボックスが逡巡し、ぐずぐずと戦争と和平の利点を計っていると聞くと、ユグルタは以前と同様に再び彼の側近たちを贈り物で買収し、マウリ人の王自身には、ローマ軍がアフリカから駆逐されるか、あるいは自分の領土が保全されたうえで戦争が終結するならば、ヌミディアの三分の一を与えると約束した。3 ボックスはその報酬に引き寄せられ、大軍を率いてユグルタと合流した。

こうして両王は軍隊を統合し、すでに冬季陣営のほうへ向かっていた[2]マリウスを、昼間のわずか十分の一のみを残す時刻に襲撃した。すでに間近に迫った夜が、敗れた場合には守ってくれるだろうし、勝利した場合には、地勢に詳しいため何の妨げにもならず、むしろローマ軍にとっては、どちらの結果でも闇の中では危険が増すだろうと彼らは考えたのである。4 こうして執政官が多くの者から敵の到来を知るやいなや、敵軍がそばに現われた。そして軍隊が戦列を組み荷物を集める前に、つまり合図も命令も受ける間もなく、マウリ人とガエトゥリア人の騎兵が、戦列や戦闘の形態をなさず、ただ偶然集まるままに群れをなしてわれらの軍に襲いかかった。

5 ローマ軍はみな不測の脅威に混乱したが、しかし勇気を失わず、ある者は武器を取り、ある者は武器を取ろうとする仲間を敵から守ろうとした。ある者らは馬に乗って敵に立ち向かったが、戦いは戦闘というよりむしろ盗賊の襲来に似た様相を帯び、軍旗も戦列もなく、騎兵と歩兵が入り乱れた。ある者は退き、ある者は殺され、多くの者は敵軍ときわめて激しく戦う間に背後から包囲された。敵は兵数がより多く、四方八方に分散していたため、武勇も武器も身を守るには十分ではなかった。ついにローマ軍の古参兵ら[3]は――古い

(1)『カティリナ戦記』第一一章参照。
(2)前一〇六年秋のこと。
(3)写本ではこのあと「と新兵ら」という語が続くが、底本では削除されている。

ゆえに戦いに精通していたので——場所の条件か偶然によって集まったとき円陣隊形を組み、全側面でみずからを防御すると同時に、戦列を組んだ形で敵の攻撃を持ちこたえた。

九八　このきわめて危機的な事態においてマリウスは、怖じ気づきもせず、また前より自信を失うこともなかった。彼は最も親密な部下ではなく、最も勇敢な者らで編成していた親衛騎兵隊を率いてあちこちを回り、あるときは苦戦する味方を援助し、あるときは最も密集して立ちはだかった敵軍を攻撃した。またこの大乱戦の中で命令を伝えることもできなかったので、手振りで兵士らに指示を与えた。[2]すでに日没となった。しかし蛮夷の軍は少しも手を緩めず、両王の指図どおり、夜は自軍に有利だと考えていっそう激しく攻め立てた。

[3]そのときマリウスは、その場の状況に応じた作戦を捻り出し、味方の退却の場所として互いに隣接した二つの丘を占拠した。その一つは陣営には狭すぎたが、水の湧き出る大きな泉があり、もう一つは大部分が高く聳えて切り立っており、たいして防御を施す必要がないので使用目的に適合していた。[4]そこで彼はスラに騎兵隊を連れて泉のそばで一夜を過ごすよう命じると、自分は分散した兵士らを、敵も同様に混乱している間に徐々に一箇所へ集め、その後全員を駆け足で丘の上へ導いた。[5]こうして両王は、険しい地形のためにやむをえず戦闘を中止せざるをえなかった。とはいえ彼らは自軍が遠くへ離れることを許さず、二つの丘を大軍で包囲したのち、分散して野営した。

[6]その後蛮夷の軍はあちこちで火を燃やし、彼らの習慣に従ってほとんど一晩中喜んで踊ったり、大声で騒いだりして過ごした。また彼らの隊長らさえも、敗走しなかったので意気揚々とまるで勝利者のように振る

舞った。[7]しかしローマ軍には、その様子がすべて闇の中の高い場所からはっきり見えて、大きな励ましとなった。

九九　マリウスは敵のこの未経験のゆえに非常に大きな安堵を覚えた。彼はできるかぎり静寂を保つよう命じ、夜警時ごとに(1)鳴らす習慣の喇叭（らっぱ）の合図さえも禁じた。やがて夜明けが近づき、敵兵らがようやく疲れて眠りについたばかりの頃、彼は突然歩哨たちおよび援軍大隊と騎兵隊と軍団の喇叭手らに、全員一斉に合図を鳴らせと命令し、兵士らには叫び声を上げて門から出撃するよう命じた。[2]マウリ勢とガエトゥリア勢は聞いたことのない恐ろしい音によっていきなり眠りから起こされ、逃げることも武器を取ることも、また何かをしたり用意したりすることもまったくできなかった。[3]こうして騒音と叫び声、救援の欠如とわれらの軍の攻撃、混乱と不安と恐れのために、全員がほとんど狂乱状態に陥った。結局総崩れとなり、すべての者が敗走した。ほとんどの武器と軍旗は奪い取られ、この戦闘での死者数は以前のすべての戦闘を上回った。眠りと並はずれた恐怖が逃走を妨げたのである。

一〇〇　このあとマリウスは、すでに開始していたとおり冬季陣営へ〈向かった。というのも、(2)〉糧食補給のため海岸の町で越冬することに決めていたからである。しかし彼は勝利のために気を緩めたり思い上がっ

(1) 軍隊の計時法により夜間を四等分した夜警時（ウィギリア）ごとに歩哨が交代した。
(2) 底本ではテクストの欠落となっている部分で、諸説に従って補足した。

たりせず、あたかも敵の視界に入っているかのように方陣隊形(1)を組んで行軍した。[2]スラは騎兵隊を率いて最右翼を指揮し、アウルス・マンリウスが投石兵と弓兵およびリグリア人の援軍大隊とともに左翼を担当した。先頭と最後部には軽装歩兵中隊とともに副官たちが配置された。[3]脱走者らは捨て石だが、土地を熟知していたので敵の行程の偵察に当たった。それと同時に執政官は、まるで誰にも指揮を任せなかったかのようにすべてに気を配り、あらゆる部署に姿を見せ、働きに応じて誉めたり叱ったりした。[4]彼自身も武装を固めて警戒を怠らず、兵士らにも同じ身構えを強いた。また行軍のときと同様に、陣営の防備にも万全を尽くした。陣門の警備には軍団から大隊を、陣営の前には援軍の騎兵隊を配置し、さらに防御施設の堡塁の上には他の兵らを置いた。またみずから歩哨を見回ったが、それは命令が実行されないのではないかという不信感のためではなく、将軍と仕事を分かち合うことで、兵士らが進んで務めを果たすようにとの配慮からであった。[5]実際マリウスは、ユグルタとの戦争の他の時期と同様そのときも、処罰ではなく恥の念によって軍隊を統制した。多くの人々は、そのようなやり方は野心のゆえだと語ったが、別の人々は、彼が年少の頃から慣れている厳しい状況にも、また他人なら逆境と呼ぶその他の事態にも喜びを覚えたからだと言った。だがいずれにせよ、国家の責務は、最も厳格な規律を用いた場合と同様に、立派で見事に果たされたのである。

一〇一　こうしてついに四日目、キルタの町から遠からぬ場所に来たとき、偵察兵らが四方から一斉に急遽帰着し、それにより敵軍の接近が判明した。[2]しかしあちこち別の場所からもどった者らがみな同じ内容の報告をしたので、執政官はどのように戦列を組めばよいのか確信にいたらず、隊列の配置には何の変更も加えないまま(2)、あらゆる事態に備えつつ同じ場所で待機した。[3]それでユグルタの期待は挫かれた。王は軍勢を四つの集団に分割していたが、それは、全集団が一挙に攻撃すれば、そのいずれかが敵の背後を衝けるだろうと考えたからである(3)。

4 そうするうちに、敵軍は最初にスラを攻撃した。彼は味方を鼓舞したのち、騎兵小隊ごとにできるだけ馬を密集させ、みずから他の者らとともにマウリ勢に襲いかかった。残りの者らはその場に留まって、遠くから放たれる投げ槍から身を守り、また接近した敵を殺した。5 このように騎兵たちが戦っている間に、ボックスは、彼の息子ウォルクスが率いてきて、前の戦い(4)では行軍中に遅れて参戦しなかった歩兵とともに、ローマ軍の最後尾の戦列を襲撃した。6 そのとき、マリウスは先頭部で戦っていた。そこには、ユグルタがきわめて多数を率いて来ていたからである。するとこのヌミディア人はボックスの到着を知り、ひそかに少数の兵を連れて歩兵(5)のほうへ向かった。そこへ来るとユグルタは、ラテン語で――実際彼はヌマンティアでその言葉を学んでいた――ローマ軍は戦っても無駄である、少し前に自分はこの手でマリウスを殺したからだと叫んだ。そして同時に血に塗れた剣を見せつけたが、その血は、彼が戦闘中にかなり奮闘してわれらの軍の歩兵を殺したときに付着したものだった。7 ローマ兵たちはそれを聞くと、その知らせを信じたからではなく、

(1) 中央の輜重（荷物、荷車、荷獣）を取り囲んで長方形に配列された隊形。さらにその前後左右を騎兵や歩兵の隊列が囲んで進軍する。

(2) すなわち方陣隊形のまま。

(3) しかし敵の方陣隊形は、四方からの攻撃に耐える戦闘態勢であった。

(4) 第九七—九九章参照。

(5) 最後尾を襲撃したマウリ人の歩兵たち。

むしろ行為の残虐さに恐れをなした。同時に蛮夷の軍は勢いづき、動揺したローマ軍をいっそう激しく攻撃した。

[8]もはや敗走寸前になったとき、対戦していた敵を壊滅させたスラがもどってきて、マウリ勢の側面に突撃した。[9]するとボックスはただちに退いた。他方ユグルタは味方の態勢を保とうとした。そしてほとんど掌中に収めかけた勝利を手放すまいと躍起になったが、その間に敵の騎兵に囲まれた。彼の左右にいた部下はみな殺され、敵勢の投げ槍の間を単独で突破して逃げ延びた。[10]その間マリウスは、騎兵を敗走させたのち、今や負けそうになっていると聞いた味方の援護に駆けつけた。[11]ついに敵軍は全面的に潰走した。そのとき広大な平原には恐ろしい光景があった。追跡、逃走、殺戮、捕獲、倒れた人と馬、逃げることも動かずにいることもできず、また起き上がろうとしてもすぐに倒れてしまう多くの負傷者たち——要するに、どこに目を向けても、あたり一面武器や武具や死体で埋め尽くされ、それらの間には血に濡れた大地があるのみであった。

一〇二　その後執政官は、今や疑いなく勝利者となり、行軍の最初の目的地であったキルタの町に到着した。[2]そこへ蛮夷の軍の二度目の敗戦から五日後、ボックスからの使者たちがやってきた。使者らは王の名においてマリウスに対して、最も信頼できる二人の者を王のもとへ送ってくれるよう要求し、王が自分自身とローマ国民の利益に関してその二人と協議するのを望んでいると伝えた。マリウスはただちにルキウス・スラとアウルス・マンリウスに行くよう命じた。[3]だが彼らは呼び寄せられて行くことになった(1)とはいえ、むしろ王に対して話をして、相手の意向が敵対的ならそれを変えさせ、和平を望んでいるのなら、いっそう強くその意思を固めさせようと決意した。[4]そこで、マンリウスのほうが年上だが、雄弁のゆえにスラに役目を譲り、スラが次のような短い話をした。

「[5]ボックス王よ、われわれは大変喜んでいる。なぜなら、あなたのような偉大な人が神々の忠告に従って、ついに戦いよりは和平を望むようになり、また最良の人であるあなた自身を、万人の中で最悪の者たるユグルタとの接触によって汚すことをやめ、同時にわれわれからは、あなたの過ちとユグルタの極悪な罪に対して同じ罰を下さねばならないという苦境を取り除いたからである。[6]そのうえローマ国民は、すでに統治の最初から、奴隷よりはむしろ友人を探し求めるほうが好ましいと思ってきたし、また強いられた人々よりも、進んで従う人々を支配するほうがいっそう安全であると考えてきた。

[7]まったくあなたにとっては、われわれとの友好ほど有利なものはない。というのも、まず第一に、われわれは遠く離れているため衝突はほとんどなく、しかも近くにいる場合と同じ恩恵が受けられるからだ。第二に、われわれはあり余るほどの従属民を持っているが、友というものは、われわれにとっても、また世の誰にとっても、いくら多くても十分ではないためである。[8]できればあなたが、最初からそのような気持ちになっていればよかったのだが。その場合きっとあなたは、こうむった災いよりもはるかに多くの恵みを、今までにローマ国民から受けたであろうに。

[9]しかし人間界の事態の大半を支配するのは運命であり、その運命はたしかに、あなたがわれわれの力と恩恵の両方を経験することを望んだ。それゆえ運命によって許される今こそ、あなたは事を急ぎ、始めたこと

(1)すなわちボックス王の招きを受け、相手の提案を聞くために派遣された。

を成し遂げていただきたい。今[10]あなたには大きな好機が訪れており、それを逸せず貢献すれば、過ちをいっそう容易に償えるだろう。最後[11]に、このことを心の底に留め置かれよ。すなわちローマ国民は、恩恵においてはいまだ負けたことがないということを。戦争での強さについては、あなた自身がよくご存知である」。

[12]これに対してボックスは、穏やかで丁重に答えたが、同時に自己の過失を弁護する言葉も少し述べた。つまり、武器を取ったのは敵対心からではなく、王国を守るためであった。[13]なぜなら、自分はユグルタをヌミディアの一部から力ずくで追い払ったが、その地方は戦争の法によりの自己の領土となっていて、そこがマリウスによって荒らされるのは容認できなかったからだ(1)。さらに、かつてローマへ使者を送ったが、友好を拒まれた(2)。[14]しかし過去のことは忘れ、もしマリウスが許すなら、また使者を元老院へ派遣するつもりである、と。[15]その後使者の件は許可されたが、この蛮夷の王の意向は側近たちの影響で変化した。スラとマンリウスの使節派遣を知ったユグルタが、たくらみを恐れて彼らを贈り物で買収していたのである。

一〇三　その間マリウスは、軍隊を冬季陣営に据えたのち、軽装大隊と騎兵隊の一部を率いて荒野へ向かった。目的は王の要塞を包囲することであり、そこにユグルタは全員が脱走兵の守備隊を配置していた。[2]そのとき再びボックスは、二つの戦闘で自分に起こったことを考え直したためか、あるいはユグルタが買収できなかった他の側近たちに忠告されたからか、多くの腹心の中から忠誠心が確かで優秀な能力も具えた五人を選んだ。[3]そして彼らに使者としてマリウスのもとへ、さらにその後同意を得られればローマへ行くよう命じ、また交渉と戦争終結の条件に関して全権を委ねた。[4]五人はただちにローマ軍の冬季陣営へ出発した。だがその後彼らは、道中でガエトゥリア人の盗賊に包囲されて強奪に遭い、怯えながら無様な姿でスラのもとへ逃げ込んだ。執政官が遠方の軍事作戦に出発する際、彼を法務官格代理として残していたのである。[5]彼は使者たちを、その外見にふさわしく(3)信頼できない敵とは見なさず、敬意を払って寛大に受け入れた。そのためこの蛮人らは、ローマ人が貪欲だという噂は偽りであり、自分たちへの気前よさのゆえにスラを友人であると考えた。[6]実際その当時でさえ、多くの人々は(4)気前のよい施しの意味を知らなかった。つまり、気前のよい人は誰でも純粋に善意があると考えられ、すべての贈り物は親切の印と見なされていたのだ。

[7]こうして使者たちは財務官(5)にボックスの命令を打ち明け、同時に自分たちに保護と忠告を与えて助けてくれるよう請い求めた。また彼らは自国の王の資力、誠意、勢力の大きさその他、自分らに有利となり、相手の好意を誘うと思われたことを誇張して話した。このあとスラは要求のすべてを約束し、また使者たちに、マリウスのもとで、さらには元老院でどのように話せばよいかも教えた。彼らは約四〇日間その場所で待機した。

一〇四　マリウスは目的の用務を果たしたのちキルタにもどった。そして使者たちの到着を知らされると、

(1) 第九七章二でユグルタはボックスへの報酬として「ヌミディアの三分の一」を約束したが、ここでボックスがその地方のことを言っているのなら、彼は自己弁護のためにまったく捏造した話を語っていることになる。

(2) 第八〇章四―五参照。

(3) 盗難に遭って王の使者とは見えない惨めな姿をしていた。

(4) ここのマウリ人のような未開の民を指す。

(5) スラのことだが、彼の正式の身分は前財務官の法務官格代理。

彼らとスラにトゥッカ(1)から来るよう命じた。彼はまた法務官ルキウス・ベリエヌス(2)をウティカから、さらにすべての元老院議員身分の人々を各地から呼び集め、彼らとともにボックスの申し出を詮議した。[2]そこで使者たちには、ローマへ行く許可が与えられた。また彼らは執政官にその間の休戦を要求した。スラを含む大半の人々はそれに賛成したが、少数の人々はかなり強硬に反対した。おそらくは、人間界が流動的で移ろいやすく、つねに逆転することを知らないからであろう。

[3]さてマウリ人らは要望をすべてかなえられ、うち三人は財務官として兵士の給料をアフリカへ運んできていたグナエウス・オクタウィウス・ルソ(3)とともにローマへ出発し、二人は王のもとへ帰った。ボックスは二人の報告を快く聞いたが、とりわけスラの好意と支持には喜んだ。[4]ローマでは彼の使者たちは、王が過ちを犯し、ユグルタの邪心のために道を誤ったことを許すよう訴えたのち、友好協定を求めた。それに対して、次の返答が与えられた。[5]「元老院とローマ国民は、つねに恩恵も損害も記憶している。しかしボックスは改悛しているゆえに、その過ちは許す。友好協定は、彼がそれに値するときに与えられよう」。

一〇五　これを知るとボックスはマリウスへ手紙を送り、共通の案件を協議するため、スラに裁量権を与えて、自分のもとへ派遣してほしいと要請した。[2]スラは騎兵とバレアレス諸島(4)の投石兵の護衛とともに送り出された。加えて同行したのは、弓兵とパエリグニ人(5)の大隊であった。後者は軽装歩兵の武器を携帯したが、それは素早く行軍するためと、他の武器と同様、それにより敵の軽い投げ槍に対して身を守れたからだった。

[3]しかしついに行軍の五日目、ボックスの息子ウォルクスが千人足らずの騎兵を連れて突然開けた平原に現

われた。彼らは無統率で散開して進んできたので、スラほか全員の目にはもっと多数に見え、敵軍のような恐怖感を与えた。[4]そこで各自荷を降ろして準備し、武具と武器を点検して警戒態勢を採った。多少の恐怖はあったが、自分たちが勝利者であり、幾度も打ち負かした敵が相手なので、希望のほうがまさっていた。[5]その間偵察のため先に送られた騎兵たちが、不穏な気配はないと告げ、事実そのとおりであった。

一〇六　ウォルクスは近づくと財務官に話しかけ、父ボックスの用命で彼らを出迎え、護衛するために送られたと言った。それから両隊は、その日も翌日も不安なく一緒に道を進んだ。[2]その後陣営を設置して日も暮れかけたとき、突然マウリ人(6)が顔色を変え怯えながらスラのもとへ走ってきて、ユグルタが遠からぬところに来ていることを偵察兵らから聞いたと伝えると同時に、夜の間に自分とともにひそかに逃げるようしきりに求めて促した。[3]だがスラは、幾度も敗走させたあのヌミディア人など恐れはしないと昂然と断言した。そして、自分は部下の勇気に全幅の信頼を寄せているが、たとえ確実な破滅に直面したとしても、指揮下の者らを裏切って不面目にも逃亡し、おそらくはやがて病で失われるはかない命を惜しむよりは、むしろ踏みと

---

(1) 冬季陣営が置かれた場所で、キルタからさほど遠くない町と想定される。多くの写本には「ウティカ」とあるが、マリウスがもどった場所であるキルタからは遠すぎるので、底本では採用されなかった。
(2) 属州アフリカの総督。ゆえにその首都ウティカに駐在した。
(3) 前一〇六年十二月五日に都市財務官に就任した人。国庫を管理する役職のため、給料を届けたあとすぐローマへ帰った。
(4) 現在はスペイン領のマヨルカ、イビザなどの島々。投石の名手が多いことで有名だった。
(5) イタリア中部の住民。
(6) ウォルクスを指す。

どまるつもりだと言った。[4]だがウォルクスから夜の間に出発すべきだと忠告されると、その案には賛成し、兵士たちに陣内ですぐ食事を取ってできるだけ多くの火を焚き、そのあと第一夜警時(1)に音を立てずに出発するよう命令した。

[5]やがて夜の行軍に全員が疲れ、スラが日の出とともに設営地を測っていると、マウリ人の騎兵らが、ユグルタが前方約二マイルの場所に野営していると伝えた。[6]この知らせを聞くと、ついにわれらの軍も恐怖に襲われた。ウォルクスに裏切られ、罠にはめられたと思ったのだ。あいつは力ずくで懲らしめるべきで、奴が犯したこの大罪は罰せずにおくべきではないと言う者らもいた。

一〇七　しかしスラは同じように考えてはいたが、このマウリ人に危害を加えることを禁じた。そして部下たちに勇気を出すよう励ましてこう言った。「以前にもしばしば少数の勇敢な者らが、大軍を相手に戦って勝利した。命を惜しまず戦えば、それだけいっそう身を守れるのだ。誰であれ手に武器を持つ者が、武装していない足に助けを求めたり、恐怖の最中に、敵に対して無防備で盲目の体(2)を向けたりするのは見苦しいことである」。[2]このあと彼は至高のユッピテル神にボックスの罪と裏切りの証人となるよう祈願したあと、ウォルクスに向かって、敵対行為をなしたからには陣営を去れと命じた。[3]ウォルクスは涙を流して、そのようなことは信じないよう訴えて言った。「これは策謀で起こったのではなく、ユグルタの狡知のせいである。[4]彼は明らかに偵察してわれらの道程を知ったのだ。しかしユグルタは大軍を率いておらず、また彼の希望も資力もわたしの父に依存しているので、その息子が居合わせて目撃しているときに、あえて公然とした行動を取るはずはないとわたしは信じる。[5]それゆえ最良の策は、彼の陣営の真ん中を堂々と通り過ぎることだと思う。マウリ兵らは先発させてもよいし、あるいはここに残してもよい。ともかくわたしは一人でスラと一緒に行くつもりだ」。

[6]切迫した事態に鑑みて、その案が採られた。彼らはただちに出発し、敵の想定外の行動のためユグルタが迷いためらっている間に、無事に通過した。[7]そして二、三日後に目的地に到着した。

一〇八　その地にはアスパルという名のヌミディア人で、ボックスと頻繁に親しく交際していた人物がいた。彼は、スラが招かれたと聞いたユグルタが、自分の代弁者として、またボックスのもくろみを巧妙に探るために先に派遣した人であった。さらにマッスグラダの息子ダバルもいた。彼はマシニッサの一族に属し、(3)母親の血統のために——つまり母の父が愛妾の子だったので——劣った生まれであったが、生来の多くの美点のゆえにマウリ人の王に愛され引き立てられていた。[2]ボックスはダバルがローマ人に忠実であることを過去の多くの機会に確かめていたので、ただちに彼をスラのもとへ送り、ローマ国民が望むことを実行する準備が整っていると伝えさせ、次のように告げさせた。すなわち、スラ自身が会談のための日時と場所を選んでほしい。またユグルタの使者を恐れる必要はなく、自分は故意にユグルタとの関係をすべてそのまま保っているが、それは共通の問題をいっそう率直に話し合うためで、他の方法では彼の計略から身を守ることがで

(1) 二〇一頁註（1）参照。第一夜警時は日没直後の時間帯。
(2) すなわち背中。
(3) マッスグラダがマシニッサの子だとすれば、ダバルはユグルタと同様マシニッサの孫になる。

きなかったからである、と。

[3]しかしわたし自身としては、ボックスがローマ人とヌミディア人の両方を和平の希望でつなぎとめたのは、彼が公言した理由のためではなく、むしろ「カルタゴ人の信義(1)」によるのだと確信している。つまり彼は、ユグルタをローマ人に引き渡すべきか、それともスラをユグルタに引き渡すべきかといつも心中で思案していたのであり、彼の欲望はわれわれとの敵対を、そして恐怖はわれわれとの連携を勧めたのである。

一〇九　そこでスラは、アスパルの前では少し話をするが、他の件はボックスとだけ、またはごく少数の者の立ち合いでのみ内密に話し合いたいと答えた。また同時に、自分にどのような答えをすべきかも教えた。[2]会談は要望どおりに始まり、スラは自分が執政官から派遣されて、ボックスに対し今後和平と戦争のどちらを望むのかを尋ねるために来たと述べた。[3]そのとき王は、あらかじめ指示されたとおり、一〇日後にもう一度来るように命じ、今はまだ何も決断していないが、その日に答えようと言った。その後双方は別れて各自の陣営へもどった。[4]しかし夜もかなり更けた頃、スラはボックスからひそかに呼び寄せられた。双方とも忠実な通訳のみが付き添い、加えて仲介者として、高潔で両者に信頼されたダバルが同席した。そこで王は、ただちに次のように話し始めた。

一一〇　「この地で最大であり、また知るかぎりのすべての王のうちでも最大の王たるわたしが、一私人から恩をこうむろうとは思ってもみなかったことである。[2]神にかけてスラよ、わたしは君を知る前に、多くの者らの訴えを聞いて救いの手を差し延べたし、また他の者らにはみずから進んで助けを与えたが、わたし自身はいかなる者の助けも必要とはしなかった。[3]そのような独立が縮小したことを、他の者なら普通悲しむだろうが、わたしはむしろ喜んでいる。ついに必要に迫られたわけだが、それが君の友情を得るための代償であるならよろしかろう。君の友情ほど貴重なものはないと心から思っているからだ。[4]まさにその気持ちを、君は試してみればよい。武器でも兵でも金銭でも、要するに心に望むものは何でも持っていって使いたまえ。そして君は生きているかぎり、けっして恩の報いを受けたと思ってはならない。わたしの感謝の念はいつまでも変わらないだろう。つまり君の望みは、わたしが知れば何でもかなうだろう。[5]実際わたしは思うに、王は気前のよさで負けるより、戦いで敗れるほうが恥とならないのである。

[6]ところで、君は国家の代表としてここへ派遣されたが、その君らの国家について少し聞いてもらいたい。わたしはローマ国民に対して戦争をしたこともないし、またそれを望んだこともない。ただわたしは、自分の領土を武装した者どもから武器で守っただけである。(2) [7]だが、君たちが望むので、今はそれもやめる。君らはユグルタに対して望むように戦いたまえ。[8]わたしは自分とミキプサの間の境界であったムルッカ川を越えるつもりはないし、またユグルタがその川を渡るのも許しはしまい。さらに、君がもしわたしと君たちの両方にとって何かふさわしいことを求めたなら、それをかなえられずに去ることはないだろう」。

一一二　これに対してスラは、自分個人については短く控えめに、和平と共通の利害に関しては多くを語り、最後に王に対して次のように明言した。「元老院とローマ国民は武力でまさったため、あなたが示す約束な

---

(1) ローマ人の格言で、「裏切り、背信、不実」を意味する。
(2) 第一〇二章一二―一三でも王はそのような弁明をスラに述べたが、根拠は不明である。

どでは感謝しないだろう。あなたは自分の関心事ではなく、彼らにとって重要と思われる何事かを果たさねばならない。それはまったく容易なことである。あなたはユグルタを掌握しているからだ。もしこの男をローマ人に引き渡せば、彼らはあなたにきわめて大きな恩義を感じるだろう。友好協定も、今あなたが求めているヌミディアの一部も、そのときおのずと与えられるであろう」。

2 王は最初、ユグルタとの間には親族と姻戚(1)の関係に加えて協定があると言って強く拒んだ。そのうえ、もし信頼を裏切る行動を取れば、ユグルタを敬愛しローマ人を憎む臣民の心が離れまいか心配だ、と。3 だが王は幾度も執拗に要求されてついに態度を軟化させ、スラの意向どおりにすべてを実行しようと約束した。4 二人はまた、戦争に疲弊したあのヌミディア人が最も渇望していた和平を見せかけるために役立つと思われることについて申し合わせた。こうして計略を整えたのちに彼らは別れた。

一一三　さて王は翌日、ユグルタの使者アスパルを呼び寄せ、ダバルを通してスラの言葉として知ったことだが、戦争は何らかの条件にもとづいて終結させることができると伝え、そのため自分の王の意向を尋ねてこいと言った。2 使者は喜んでユグルタの陣営へ向かった。その後彼は主人の意向をすべて教わり、八日後に道を急いでボックスのもとへもどった。そして次のように伝えた。すなわち、ユグルタは命じられることはすべてする所存だが、しかしマリウスは信頼できない。以前にもしばしばローマの将軍たちと和平を取り決めた(2)が、それらは無駄に終わった。3 だが、もしボックスが自分たち二人の利害を考慮して確かな和平を望むのなら、和平についての会談を行なうという名目で全員を一堂に集め、その場でスラを自分に引き渡すよう尽力してほしい。これほどの人物を掌中に収めたならば、そのときこそ元老院と国民の命令で協定は成立するであろう。貴族の人物が、本人の臆病のためではなく、国家のために敵の手中に落ちたまま捨て置かれはすまいからだ、と。

一一三　マウリ人の王は長い間思案し、ついにそれを約束した。だがその逡巡が、装ったものか真実かはわれわれにはわからない。しかし一般に王の意思というものは、強いと同時に変わりやすく、しばしば矛盾している。[2]その後和平についての会談のために集合の時と場所が定められると、ボックスはあるときはスラを、またあるときはユグルタの使者を呼び、彼らを丁重に迎え、双方に同じ約束をした。そして双方とも同じように喜び、良い希望に満たされた。

[3]ところが会談のために定められた日の前夜、このマウリ人は側近たちを呼び出したかと思うと、すぐに意向を変えて、彼らをみな退去させた。そのとき彼は激しく心で葛藤したと言われる。心中と同じ変化が表情〈と眼差し〉にも表われ、その様子は明らかに、本人は沈黙していても胸中の秘密を露呈していた。[4]しかしながら、ついに王はスラを呼び寄せるように命じ、彼の意向どおりにヌミディア人に対して計略を仕掛けた。

[5]やがてその日が来て、ユグルタが遠からぬところに来ていると知らされた王は、少数の側近とわれらの財務官(3)とともに、あたかも敬意を表して相手を出迎えるかのように見せかけながら、小山の上に登った。そこ

（1）ボックスの娘がユグルタと結婚していた（第八〇章六参照）。
（2）ユグルタはカルプルニウス・ベスティアおよびアウルス・アルビヌスと和平の合意を取り交わしてはいた（第二九章五、第三八章九―一〇参照）。
（3）スラを指す。

は待ち伏せしている者らからじつにはっきりと見える場所だった。[6]その場所へヌミディア人は、言われたとおりに武器を持たず、多くの親密な者らとともにやってきた。するとただちに合図が放たれ、彼は四方から現われた伏兵によって同時に襲撃された。[7]他の者らは殺され、ユグルタは縛られてスラに引き渡された。そしてスラは、彼をマリウスのもとへ連れていった。

一一四　同じ頃、われらの将軍クイントゥス・カエピオとグナエウス・マンリウスはガリア人と戦って敗れた(1)。[2]その恐怖でイタリア全土が震えた。その時からわれらの時代までローマ人は、ほかのことはみな自分たちの武勇にとって容易だが、しかしガリア人とは栄光のためでなく、命の安全のために戦うのだと考えてきた(2)。[3]さてヌミディアでの戦争が終結し、ユグルタが縛られてローマへ連れてこられるとの報が入ると、マリウスは不在のまま執政官に選出され、ガリアが彼の職務領域になることが議決された。彼は一月一日に執政官として盛大に凱旋式を挙行した(3)。[4]当時の国の希望と繁栄は、この人に委ねられたのである(4)。

（1）前一〇五年十月六日のアラウシオ（現在の南仏のオランジュ）の戦いを指す。戦場は外ガリアだが、ローマ軍の敵はガリア人ではなく、ゲルマン系のキンブリ族であった。なお底本の「マリウス（Mallio）」でなく別写本の「マンリウス（Manlio）」の読みを採る。

（2）前三九〇年のアリア川の戦いでガリア軍がローマ軍を大敗させ、都を略奪して以来、ローマ人はガリア人を生命を脅かす大敵と見なしてきた。

（3）前一〇四年一月一日の凱旋式でユグルタは、二人の息子とともに引き回され、その後牢獄トゥリアヌムに収監されて餓死した（あるいは処刑された）。なお、ボックス王はヌミディアの一部を領土として認められて併合し、また新しいヌミディア王にはユグルタの異母兄弟ガウダが即位した（第六五章参照）。

（4）その後マリウスは、前一〇二年のアクアエ・セクスティアエの戦いと前一〇一年のウェルケラエの戦いで南下したゲルマン系部族に大勝し、ローマの領土を蛮族の脅威から守る。

黒　海
トラキア
マケドニア
ギリシア
トロイア
アジア
海
レギウム
アテナイ
スパルタ
テラ島
ロドス島
キプロス島
シドン
フェニキア
クレタ島
キュレネ
アレクサンドリア
キュレナイカ
カタバトゥモス
リビュア
大シュルティス湾
エジプト
ピラエニ兄弟の祭壇
ナイル川

1図．地中海周辺（前2世紀末）

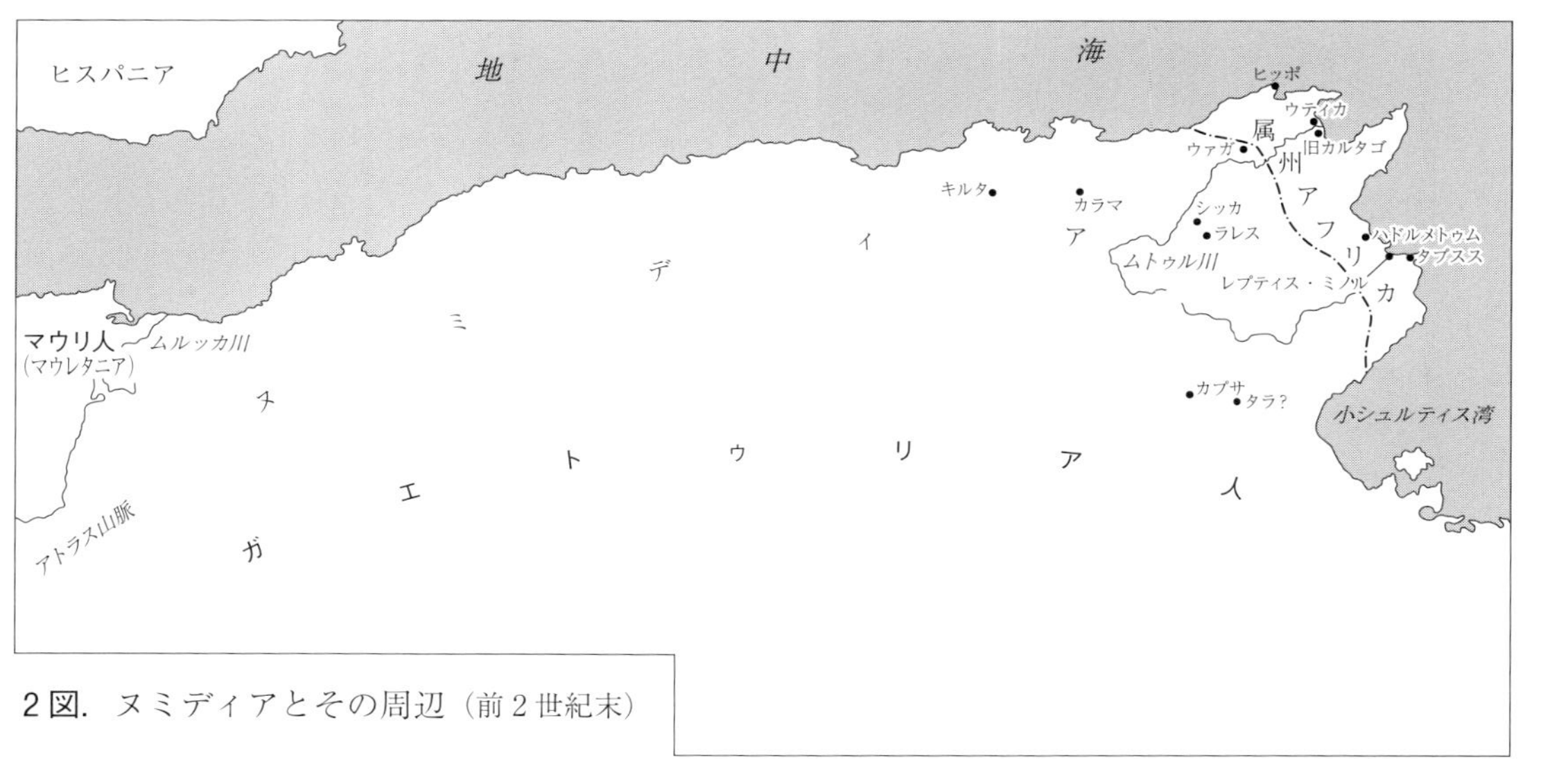

2図．ヌミディアとその周辺（前2世紀末）

内ガリア
パドゥス川
リグリア
ピストリア
ファエスラエ
ウンブリア
アドリア海
エトルリア
アレティウム
ピケヌム
ティベリス川
コルシカ島
ローマ
サムニウム
ラティウム
アルピヌム
テュレニア海
タラキナ
アプリア
カプア
サルディニア島
カラブリア
ブルッティウム
クロトン
レギウム
地中海
シチリア島

3図．イタリア（前１世紀）

解説

はじめに――「ローマは一日にして滅びず」

「ローマは一日にして成らず」――これは現代人が古代ローマ人とローマの歴史について想起するとき、誰の頭にも浮かぶ言葉である。しかし実際に歴史の中に生きたローマ人を想像してみると、建国後六〇〇年を経た前二世紀中頃にローマが地中海世界の覇者となったのち、そのような一種の満足感を抱いて自国の過去を振り返った人は多くなかっただろう。むしろ共和政後期には「ローマは一日にして滅びず」と心中に念じ、国運の傾きを懸念しつつ日々を過ごしていた人々も少なくなかったはずである。実際、その時代には、深い危機感をもって同時代と後世に強く働きかけた卓越した人々が出現した。そしてその結果ローマは、急速な没落を免れ、五世紀後半までさらに六〇〇年間の生涯をまっとうした。つまりローマは絶頂期の年齢からさらにほぼ二倍の歳まで長寿を達成できたのであるが、それは、そうした少数のローマ人の鋭敏で正鵠を得た働きがあったからだと言っても過言ではなかろう。

近現代のローマ史研究では、この「ローマは一日にして滅びず」という基本的な見方、すなわち衰退史観はすでに定番となって久しく、[1] 古くは十八世紀のモンテスキュー『ローマ人盛衰原因論』（一七三四年）からギボンの大著『ローマ帝国衰亡史』（一七七六―八八年）、さらには十九―二十世紀のマックス・ウェーバー「古代文化没落論」やオルテガ「ローマの死滅について」まで枚挙にいとまがない。しかしこの「定石」

ローマ衰退史観の元祖が、二〇〇〇年以上前のローマ人自身であることはよく知られていない。ここに訳出した二つの史書の著者サルスティウス、じつはこの人こそ、ローマの歴史は退廃と凋落の相で見ることが、ローマ人にも人類全体にも最も有益で貢献しうることを確信した最初の人物なのである。

サルスティウスの時代と経歴

ガイウス・サルスティウス・クリスプスは、共和政末期の打ち続く内戦の時代に生きた。彼は民衆派マリウスと門閥派スラの内戦の最中、前八六年頃に中部イタリアの町アミテルヌムで生まれ、民衆派カエサルと門閥派ポンペイウスの内戦と重なる時期にローマの国政に従事し、最後はカエサルの独裁政権の後継を狙う両雄アントニウスとオクタウィアヌスの内戦中に他界した。とはいえ詳しい経歴について確実に知りうる事実は少なく、家族の系譜や幼少・若年期に関しては伝わらない。最初に記録に現われるのは、三四歳頃の前五二年、ローマの護民官としてである。その頃に彼は元老院・門閥派のキケロとミロを激しく攻撃し、民衆派の政治的立場を鮮明にしたが、前五〇年におそらくその急進的行動のために元老院から追放・除名された。翌前四九年からの内戦ではカエサルの配下で戦い、前四六年に名誉回復して法務官に就任。同年にカエサルが勝利したのちは、新たな属州アフリカ・ノウァの初代総督を務めた。だがサルスティウスは前四五年に

(1) 南川高志『新・ローマ帝国衰亡史』(岩波新書、二〇一三年、一頁)によると、ローマ衰亡の原因に関して提起された学説は一説では二一〇種類にもおよぶという。

ローマへ帰還すると、属州での不法徴発の罪で告訴された。ただし、カエサルの介入によって処罰は免れた模様である。そして前四四年三月のカエサル暗殺後に政界から引退し、「サルスティウスの庭園」と呼ばれたローマ市内の宏壮な邸宅に住んで『カティリナ戦記』『ユグルタ戦記』と『歴史』全五巻（散逸し断片のみ現存）を執筆したのち、前三五年頃に没した。

歴史執筆の動機

このようにサルスティウスは、カエサル派の政治家として前一世紀後半に活動したが、歴史家としては、この最高権力者のもとで相当蓄財したことが明らかでありながら、三つの史書で貪欲なローマ人に対する痛烈な非難を繰り返しているという矛盾が古代以来指摘されており、ときに著作の価値や信頼性に不信を抱かせる原因となってきた。しかしそうした批判を受けることは、本人も十分承知していたと思われる。というのも、『カティリナ戦記』の序文で、退廃した政治の中で自己を見失っていた過去の日々を回顧し、次のように述べているからである。

じつはこのわたしも最初ごく若い頃には、他の多くの人々と同様、志を抱いて国政に身を投じ、そこで多くの挫折を味わった。実際、廉恥と自制と高潔さに代わって、無恥と買収と利欲が勢力を振るっていたのだ。［中略］わたしはこれほど多くの悪徳の中にいて、青年の弱さゆえに名誉欲に惑わされ、それに捕らわれてしまった。そしてわたしは［中略］栄達を追い求めたため、彼らと同様に悪名を立てられ、怨恨を買って苦しめられた。（第三章三―五）

さらに著者は、この反省の弁を信じるかどうかは読者に任せようと主張するかのように、引退後に「わたしは、忌まわしい名誉欲のために妨げられた最初のもくろみと志にもどって、ローマ国民の歴史を〔中略〕執筆することに決心した。自分の精神が期待や不安や政界の党派から解放されていたので、決意はいっそう固かった」（第四章二）と語る。「最初のもくろみと志」とは先の引用文中の「最初……志を抱いて」を受けており、ここでサルスティウスは、故郷からローマへ来たばかりの頃に国政と公事に対し抱いていた初心と情熱に、今一度立ちもどる決意をしたと告げている。

では、なぜ歴史なのか。それは同書第三章一で「立派な行動によって、国家のために尽くすのは尊いことである。だが、立派な言論による貢献もまた、けっして価値のないことではない」と説明されるように、歴史の著述は政治と軍事に次いで栄光をもたらす「困難な業」（同章二）だからである。サルスティウスは、政治家としては退廃の一途をたどるローマに治療を施すどころか、逆に泥流に流されてしまった。だからこそ、残された唯一の手段の歴史執筆によってその「困難な業」に挑もうと考えたのである。

『カティリナ戦記』

この著作は、前六三―六二年にローマを激しく揺さぶった国家転覆を狙う謀反の顚末を語っており、当時の執政官キケロの『カティリナ弾劾』と題された有名な四つの演説記録によって万人に知られた題材を、事件後二〇年ほどの時を経て扱ったものである。サルスティウスの現存の両史書に共通することだが、叙述の背景には前二世紀以来の貴族と平民の対立・抗争があった。だが著者は両書で、門閥派（オプティマーテース）や民衆派（ポプラーレース）といった政治的色彩の濃厚な用語は故意に回避している。[1]そのうえ著者はいずれの書でも、序文で読者の意表を突く言葉を語っている。例えば『カティリナ戦記』は、「人間は誰でも、他の動物よりも高い地位を望んでいるのだから、自然の定めで身をかがめ、胃袋の欲求のままに生きる動物のように名もなく一生を送ることがないよう、最大限の力を傾けて努力すべきである」と始まる。サルスティウスに影響を与えたギリシア史家トゥキュディデスは、「アテナイ人トゥキュディデスはペロポネソス人とアテナイ人が互いに争った戦争を書き綴った」と大著『歴史』の劈頭に記した。じつに簡潔明瞭な書き出しだが、それに対して本書の最初の言葉はまるで哲学や倫理の論説の冒頭のようである。しかし、これもまた従来の歴史書の通念から意識的に乖離し、歴史を狭い政治的バイアスを通して、あるいはたんなる事実の連なりとして語るのではなく、その著作をより普遍的で「立派な言論による貢献」の水準に高めるための著者の工夫の一つなのである。

ローマ国家の退廃の病をいかにして癒すのか。この問題に歴史書が貢献しうるとすれば、それは、その病気を最も鮮明に露呈した出来事をルポルタージュすることによってであろう。サルスティウスは、カティリナの事件こそが「前代未聞の犯罪性と危険性のゆえに」（第四章四）最も記憶に値すると言う。しかしキケロが一人称で語った出来事の経緯を三人称に書き換えて時系列的に再整理し、他の資料も豊富に用いて補足するだけならば——現代の古代史研究者はむしろそれを求め、サルスティウスには余分な前置きが長すぎると嘆くが——それは凡庸な史家の仕事にすぎないだろう。死滅にまでいたりうる根深い退廃病の医者として著者が試みる方法は、まず人間社会がどのような重病にどうして罹るのかを示し、次にそれにもとづいてローマ史という身体全体の診断を記し、そして最後に、その全体的診断書の上に黒々と浮き出てくる、最も重篤な患部であるカティリナ事件の精密検査を行なうという手順である。それでは治療はどうなるのか。カティリナの事件では、幸い患部自体の摘出手術は成功したかに見えた。だが、ローマ全体がそれで健康体に回復するかどうかは、本書をしっかりと読み込むことによってしか判明しない。

さて、その国家の健康体と病の関係を解説した部分が、先述の冒頭に始まる序文である。人間の個体と同様に、社会集団の健康を支えるのは精神と肉体の二種の力だが、人類の歴史を諸民族の征服史と見るとき、肉体よりも精神のほうがより大きな力を発揮した。こうして精神の力（ウィルトゥース）はとりわけ戦争で効能を表わすが、しかし平和になって戦争の必要性がなくなると、精神の力は行使の機会を失って衰弱し、代わって肉体の放縦な欲求が拡大する。それは気まぐれな運命に支配される状態であり、そのとき重い病の症状が現われる（第一―二章）。

この病理的観察に続いて示されるローマの歴史の診断（第五章九―第一三章）では、王政と共和政半ばまでは国は健康体だったとされる。それは主に、間断ない敵との戦争状態が精神の力をつねに活性化させていたからである。しかし不幸への転機は、ローマが最大の敵国カルタゴを滅ぼしたとき（前一四六年）に訪れた。世が平和になり、あり余る閑暇と富が物質的な欲望と権力欲を蔓延させ、以前の国家の健康体は蝕まれた。

（1）したがって本訳には、原典のとおりそれらの用語は現われない。ただし訳註および本解説では、古代史の通念に従い「門閥派」と「民衆派」の語を一部で用いている。

つまりこの診断から導き出せるローマ社会の病気の原因は、ローマ民族が、精神の力を戦争で用いる才量には元来非常に秀でていても、しかし平和時にそれを活用し維持する術をまったく知らないことであろう。こうして国家の病は、やがて物欲と権力欲をさらに増長させるスラの独裁政権（前八二―八〇年）という、いわばウイルスの巨大クラスターを形成していっそう拡大・拡散した。「カティリナ」という病患の源はまさにそこにあり、その感染経路についてもスラの病原クラスターとの直接的濃厚接触が明らかである。

超悪性の国家的疾患「カティリナ」のカルテは、ようやく第一四章からである。「このように腐敗し尽くした巨大な国家において、カティリナは、いとも容易にあらゆる無頼の徒や犯罪者を身辺に集め」たから始まる出来事の詳細は、ここで逐一解説するまでもなく、簡潔で要を得た著者の文章を読めば容易に理解できるだろう。ただここでは、本書の下敷きとなったキケロの『カティリナ弾劾』も未読で、初めてこの歴史的事件に接する読者のために、著者による病状分析も含めて手短に内容を説明しておこう。

ルキウス・カティリナは、前一〇六年生まれのキケロより二歳ほど年上だったと推定されるが、地方の騎士身分出身の新人（ホモー・ノウス）キケロとは異なり、セルギウス氏という当時の没落貴族に属する人物であった。彼は初めスラの配下で恐怖政治の一端を担ったが、前六八年に法務官、翌前六七年から二年間属州アフリカの総督を務めているので、そのまま順調に行けば、やがて執政官に選ばれてローマ政界の出世コースを完走できるという洋々たる前途を期待できた。ところがその後、前六四年と六三年に行なわれた執政官選挙に落選し（一度目はキケロに敗れる）、転落への歯車が回り始める。

この人物が国家に対する謀反の計略をいつ頃抱き始めたのかという点については、種々の推測がなされている。しかしサルスティウスは、はや前六六年に彼が「第一回陰謀事件」を起こしたと見ている（第一八章）。また前六四年に彼が仲間を召集し（第一七章）、「少数の有力者どもの権威と支配に屈服してしまった」国家に対して戦いを挑み、「借金の帳消しと裕福な人々の追放公示」などを実現させると語ったと言う（第二〇—二一章）。この演説は彼が最初に立候補した執政官選挙の前であるが、実際に事件が発生したのは翌前六三年にカティリナが二回目の立候補で敗北したあと、すなわち執政官になる見込みが萎んだときである。たしかに執政官になる望みがあるかぎり、反乱の手段に訴える必然性は乏しかったと思われるが、著者はそれでも、カティリナの反国家的な企ての端緒をかなり早期に位置づけている。つまりサルスティウスの診断によると、カティリナの病的な犯罪計画は選挙の失敗後に初めて構想されたのではなく、その着想はもっと根深く、彼が青年期に関与したスラの暴力的な政治の中ですでに育まれていたのである。

前六四年のこの演説では、属州ヒスパニアやアフリカのマウレタニアでの共謀軍隊の動員の可能性も示されていた（第二一章三）。しかしカティリナがローマ市内の放火や騒乱などの暴動を準備するのと並行して、ローマの外部にも武装蜂起の手配をするのは、前六三年の落選直後である。そして同年十一月六日夜に彼は、ラエカという人物の家に再度仲間を召集し、執政官キケロの暗殺を指示したうえで、自分は暗殺の成功を見届けたのち、マンリウスというスラの退役軍人が指揮するエトルリアの反乱軍の拠点へ向かうと告げる（第二七章）。しかしキケロは密告者の通報を受け、彼の刺殺は失敗に帰する。さらにすでにキケロは、エトルリアでの反乱軍結集の情報を得て、元老院最終決議すなわち「両執政官は、国家がいかなる損害もこうむらぬよう計らうべし」という非常事態に伴う至上命令を受けていた（第二九章二）。

こうしてエトルリアなどでの軍事行動に対する警戒網が張られ、離反した共犯者の赦免措置も定められるが、しかしカティリナ本人はローマに留まって動く気配がない。それどころか彼は、いっさいの嫌疑を無視して元老院に現われた。そのときの執政官キケロの糾弾が『カティリナ弾劾』第一演説であり、それで追い詰められたカティリナは、キケロの思惑どおりローマを去ってエトルリアへ向かう。それまで巷の噂に留まっていた反乱計画とその罪は、これで誰の目にも歴然となり、やがてキケロの同僚執政官アントニウスが軍隊を率いて彼の追撃を開始する（第三〇—三六章）。

ここで著者は「ローマ国民の統治が未曾有の不幸に襲われたのは、まさにこの時であった」と語る（第三六章四）。この「未曾有の不幸」はさらに「悪疫」とも呼ばれ、その症状は反乱の集団から「誰一人として脱走者が出なかった」こと、すなわち首謀者らのみならず、多数の市民が「執拗な意欲をもってみずからと国家を滅ぼそう」とした点だと指摘される（同章四—五）。カティリナは先述の演説で仲間に呼びかけ、「おお、勇敢このうえなき勇士たちよ、いったいいつまで諸君は、こうした状態に耐えるつもりなのか」（第二〇章九）と行動を煽った。じつはこの言葉は、キケロが『カティリナ弾劾』第一演説の冒頭で発した有名な言葉「いったいどこまで、カティリナよ、我々の忍耐につけ込むつもりだ[1]」の痛烈なもじりであり、キケロが代表する公職と富を独占した少数有力者の国政に対する強い批判を込めている。しかしカティリナがこうして激しく市民たちを駆り立てて促す勇敢な行為とは、明らかに国家転覆の反逆であり、狂気の沙汰にほかならない。キケロの演説の結果、「真っ逆さまに転落していくからには、おれを燃やす炎は破壊によって消してやる」と口走って元老院から立ち去るカティリナの姿は、まさに「狂乱状態」であったと著者は語っている

(第三一章九)。

このように政治家スラの退廃病原体は約二〇年後まで残存し、カティリナの反乱集団という増殖力も毒性も大きい新たなウイルス・クラスターを生成した。国家の健康を蝕んだスラの病原体は、今度は国家の根幹を食い尽くす恐ろしい病毒に変異したのである。その広汎な「感染患者」の種類と実態は第三七—三九章で詳細に語られる。

しかし、このとき運命はローマ国家に味方する(第四一章)。ローマに残った法務官レントゥルスほかの共謀者らが、好戦的なガリアの部族アロブロゲス人の軍事的加勢を求めてその使節団に誓言書を渡したところ、使節団はローマ側に寝返り、通報を受けたキケロの作戦によって、密約の誓言書もカティリナへの直筆の手紙も差し押さえられてしまう。そしてこの武力政変の策謀の決定的証拠を得たキケロは、共謀者五人を逮捕して元老院で取り調べを行ない、審議を経て全員をただちに処刑する(第四〇—五五章)。

策謀は、ローマでの暴動とエトルリアからの進軍とを同時進行させ、都を内外から制圧するという戦争規模の計画であった。だがローマ市内の共謀集団が壊滅した今、もはやエトルリアの反乱軍は当初の目的地を失い、南北から迫る二つのローマ軍に挟み込まれる(第五六—五七章)。そのときついにカティリナは最期を覚悟し、味方を鼓舞したのちローマ軍と戦い、全軍とともに壮烈な討ち死にを遂げる(第五八—六一章)。

こうして「カティリナ」という国家の病根の切除は終わる。好転のきっかけは、先述のようにたしかに

(1) 小川正廣訳(参考文献参照)。

ローマに味方した「運命」であった。しかし著者は事件に本質的結末をもたらすものとして、執政官キケロの思慮と行動に加え、二人の人物の言論について本書全体の五分の一もの分量を割いて語る。それは、反乱の共犯者らの処罰を決める元老院議会でなされたカエサルと小カトの発言、および両人物の比較である（第五一—五四章）。カエサルは無期拘禁という比較的寛大な罰を、小カトは厳罰すなわち死刑を各々提案する。結果として後者の提言が採択されて五人は処刑されるが、しかし著者はここで国家の健康体についての序文の議論に立ちもどり、長い平和による退廃のために衰えた精神の力（ウィルトゥース）がこの二人の中に甦ったと述べる（第五三章）。カエサルは国の将来を見据えて、公正な裁判なしの極刑が権力者の強権発動の先例となる危険性を訴え、小カトは「主人なき国家に対する攻撃」（第五二章二三）に毅然と立ち向かわない態度こそ正さねばならないと説いた。元老院議員の大半は小カトの「高潔な精神」に打たれてその意見に賛同するが（第五三章一）、カエサルの見解も正論だとサルスティウスは判定しているように思われる。いずれにしても、この二人の議論は、平和時でもローマ人がみずからの国の主人の証しである精神の力を堅持し、その健康体を回復しうる可能性を印象づけている。そして彼らの言論が体現する精神の力は、戦場での最後の演説（第五八章）において首謀者カティリナが、残った兵士らに幾度も促す勇猛心（アウダーキア）、すなわち向こう見ずな勇気と鮮明な対照をなしているのである。

『ユグルタ戦記』

サルスティウスのおそらく第二作と推測されるこの史書は、北アフリカのヌミディアの王位継承問題にローマが介入したために起こった前二世紀末頃の戦争を語っている。ポエニ戦争時にローマと友好関係を確立したヌミディア王マシニッサの子ミキプサ王には、アドヘルバルとヒエンプサルの二子があったが、彼らの従兄で軍事に卓越したユグルタが、養子縁組によってこの二人と並ぶ王位継承者となり、養父ミキプサの死後まず年少のヒエンプサルを暗殺する。次にユグルタはその兄にも戦争を仕掛けて殺そうとするが、アドヘルバルはローマに逃れて元老院に助けを求める。そこで元老院はヌミディアを二人の若い王の間で分割するという和解案を出して解決を試みるが、しかしその後両者の戦いは再発し、ユグルタはアドヘルバルが逃げ込んだ首都キルタを陥落させ、降伏した相手とともに、そこに住む多数のイタリア商人をも殺害する。ここからローマはもはや王家の紛争の仲介役に留まれず、国家としてユグルタに対する戦争を開始し、それは約六年もの間続くことになる。

さてサルスティウスは、先述のように属州アフリカ・ノウァの総督だったため、その隣国を舞台にしたこの戦争には特別な関心を抱いていたものと思われるが、歴史家としてこの主題を選択した理由は、それがたんに「長く苛烈で、勝利が転変した戦いだったため」のみならず、「この戦いで初めて、貴族の暴慢に対する反抗が起こ」り、「その争いは〔中略〕常軌を逸した状態にまでいたった結果、ついに市民間の確執に終止符を打ったのは、戦争とイタリアの荒廃だった」からだと述べている（第五章一―二）。ここで強調される「貴族の暴慢」とそれへの「反抗」、「市民間の確執」、そして国土の「荒廃」という事態は、『カティリナ戦記』の序文で述べられたローマ国家の退廃の病と密接に関係している。つまり著者は、ヌミディアという外地での戦争を通して、再びローマ世界の内部で進行する衰退の実相を摘出しようとするのである。

とはいえ『ユグルタ戦記』においてローマ史に対して下される診断は、『カティリナ戦記』の場合とは微妙に異なっている。たしかに序文の冒頭では同じく精神と肉体の二元論と肉体に対する精神の優越性が説かれ、その卓越した精神が社会的に顕在化した徳ないし功勲（ウィルトゥース）の価値が称えられるが（第一―二章）、高潔な心と精励恪勤を両柱とするそうした有益で健全な精神の活動は、もはや国政に携わる人々にはまったく期待できず、むしろ「暇つぶし」と揶揄される引退後の歴史執筆にこそ見出されるのだと主張されるのである（第三―四章）。

もっと具体的な歴史診断はその後に語られる。それは、多数の元老院議員とともに、ローマ軍を指揮する執政官ベスティアをも買収するなどの賄賂作戦を次々と首尾よく展開したユグルタが、「金に身をまかせる都よ、買い手が見つかればすぐに滅びるだろう」とローマ人の腐敗ぶりを痛烈に嘲笑し（第三五章一〇）、やがて再度奸計を用いて完膚なきまでに叩きのめした副官アウルス率いるローマ軍に、槍門をくぐらせるというローマ式の最大級の屈辱を味わわせた（第三八章九）あとである。大国ローマは、なぜこのようなじつに情けない事態になったのか。この病的状況について著者は次のように説明する。

カルタゴの滅亡以前には、ローマの国民と元老院は穏やかに、互いに節度を保って国家を運営し、市民の間には栄光や支配を目指す争いはなかったからだ。敵に対する恐怖のゆえに、市民たちは良識ある振る舞いを保ち続けたのである。しかしそうした恐怖が心から消え去ると、放縦と高慢という順境のお気に入りが自然と蔓延した。こうして逆境のときに切望された閑暇は、それが得られると、逆境以上に冷酷で耐えがたいものとなった。というのも、貴族は威厳ある地位を、また民衆は自由を欲望達成の手段にし、誰もが自分のために着服し、奪い去り、盗み取ったからである。こうして全体が二つの部分に引き離され、共有のものだった国家は引き裂かれた。（第四一章二―五）

前書と同様、たしかにここでもローマ史の転換はカルタゴの滅亡から始まったと言われる。またその後の閑暇と富の増大が物欲と権力欲を蔓延させ、国家が分裂の危機に瀕するという構図もほぼ同じである。しかし『カティリナ戦記』では国の健康回復を促進させる精神の力（ウィルトゥース）に対する信頼が示されたが、この史書ではそれはいっさい語られず、カルタゴ滅亡以前に市民間の調和と節度ある関係という健全な状態が維持されたのは、人間の内発的な働きによるのではなく、「敵に対する恐怖（metus hostilis）」、すなわち強敵カルタゴの脅威という外的要因によるのだと述べられる。外敵に対する恐怖心が完全に消えたために、国内では貴族も平民もみな抑制を失い、「着服し、奪い去り、盗み取」るという耐えがたい病的な事態が果てしなく続いたとされるである。

したがって『ユグルタ戦記』では、カティリナらの反逆行為の重みをしっかりと受けとめ、責任をもって社会の病を療治せんとした、執政官キケロの英断あるいはカエサルとカトの白熱した議論のような個人の精神の力（ウィルトゥース）の全面的発露は描かれない。個人の力は限定的にしか働かず、ローマ国家全体が「敵に対する恐怖」という抗体の欠如のため拡大し続ける悪性ウイルスの超巨大クラスターと化しているのであり、もはや反逆の中枢と反乱軍の掃討といった局部集中的対処では何らの改善ももたらされないばかりか、治癒力としての精神の力を発現する可能性を秘めた人々ですら、国家的規模の病毒クラスターとの接触で病魔に冒されてしまう。ここでは最初から退廃病に罹っていたローマ将軍ベスティアや副官スカウルスのような小人物は別として、この戦争の記述において立役者として登場する四人に注目してみよう。

まずローマ軍の強敵で、本書に終始姿を見せるユグルタ本人である。この人物は政治と軍事の策略と贈賄戦略にきわめて卓越したいわば最大の悪の権化だが、史書の最初の部分ではむしろ悪徳とは無縁の、純真で人望も厚い青年として登場する（第六章）。ところがミキプサの命を奉じてローマ軍のヌマンティア戦争に援軍を率いて加わり、そのときローマの軍人たちから、「ミキプサ王が死ねば、〔中略〕単独でヌミディアの支配権を獲得できるだろう。〔おまえ〕にはずば抜けた功勲があり、しかもローマでは金で買えないものはないのだから」とそそのかされ、「野心に火をつけ」られる（第八章一）。つまり、ユグルタに策謀と賄賂という腐敗社会の悪習を教えて彼を誘惑し、邪悪の道に引き入れたのは、ほかならぬローマ人集団だと語られるのである。

ユグルタはその後将軍小スキピオから、ローマ人を買収して目的を遂げようとすれば、「自分の金のせいで真っ逆さまに転落するだろう」と警告される（第八章二）。しかし彼はやがて、共同相続人アドヘルバルとの抗争に勝つために元老院議員たちを次々と金銭で籠絡し、「ローマでは金で買えないものはない」という言葉の真実性を確信する。こうしてローマの腐敗病に感染したユグルタは、結局六年間の長い戦争の間みずからも病原体をローマ世界に撒き散らした挙句、ついにローマ軍に捕縛されて降伏し、スキピオの言葉どおり「自分の金のせいで真っ逆さまに転落」する。国家全体の腐敗が個人を腐敗させ、そうして腐敗した個人が逆に国家に対しいっそうの腐敗をもたらすというパターンの典型が、このユグルタの盛衰をめぐって描かれるのである。

この危険で手強いユグルタ王を相手に、最も果敢に戦うローマの将軍は執政官メテルスであろう。ヌミディアの戦いに向かうメテルスは、「すぐれた技量の人であるうえに、とくに富の力に対しては不屈の精神の持ち主だ」と言われ、「敵の力を増大させ」た貪欲な以前の指揮官とは異なり、敵将の賄賂攻勢には鋼のごとく強靭な人物として「市民たちの大きな希望を担っていた」（第四三章五）。彼は軍律を正して軍隊を立て直し、相手の和戦両面戦術を逆手に取って敵を困惑させ、しばしば不利な状態へと追い詰める。そして戦場がムトゥル川付近、ザマ、ウァガと転変しつつも奮戦し続け、ついに敵の拠点タラを陥落させるが、王自身は取り逃がす。

しかしそのとき、道徳的にも軍事的にも非の打ちどころのないこの人物にさえ腐敗病の症状が表われる。それは、無名氏族出身の副官マリウスの執政官選挙への出馬を阻もうとした（第六四章）あとで、結局執政官に当選したマリウスが新たな将軍としてヌミディアの戦場にもどると聞いたときである。メテルスは「この知らせに度を超えて顕職に釣り合わぬほどまでに打ちのめされ、涙も抑えず、言葉も控えることができなかった」（第八二章二）と異常な動転ぶりが示される。その前に彼は、「貴族に共通の欠点として、人を侮る尊大な心の持ち主でもあった」（第六四章一）と述べられていた。つまりここでメテルスは、「貴族の暴慢」という社会的疾患に冒された者の見本として描かれる。平民の支持を背景とした新指導者の出現に対する貴族全体の激しい憎悪もまた、当時の国家の腐敗病の一症状だったのである。

さてメテルスに代わって将軍となったマリウスは、この戦争の最大の英雄であり、最終的にユグルタ戦争の勝利をもたらす人である。彼は「精励恪勤（かっきん）、清廉な心、軍事の豊富な知識があり、精神は戦時には偉大で平時には慎ましく、物欲や富を見下し、ただ栄光のみを熱望していた」（第六三章二）と述べられるように、精神の力（ウィルトゥース）を最もよく体現しうる人物として登場し、そして実際、敵の奸智や困難な攻略にも負けず軍事的に大きな成功を収める。しかし著者は同時に、マリウスはのちに「野心のために転落した」（同章六）と将来の没落を予告しており、またその強烈な野望を、国民集会で貴族全体を攻撃した長い演説（第八五章）によって印象づけている。彼はまた、「貴族を打ち負かし、その戦利品として執政官職を奪い取ったとたえず豪語し」たとも言われる（第八四章一）。すなわちこのマリウスこそまさに、本書冒頭の第五章で述べられた、「この戦いで初めて」起こった「貴族の暴慢に対する反抗」の最大の推進者であり、「市民間の確執」というローマ史上最悪の病の拡大に最も貢献する人なのである。

このように勝者としてローマに凱旋するマリウスでさえ国家の病に冒され、さらにその病をいっそう蔓延させる人物として描かれるが、戦争の終盤でマリウスの有能で勤勉な部下として現われるスラについてはどうであろうか。この人物の最大の功績は、移り気なマウレタニア王ボックスを巧みに引き込んでユグルタから離反させ、首尾よく敵将を罠にかけて捕らえたことである。そうした謀略の能力と運の良さについて著者は、スラの登場に際し、彼は「雄弁で賢く、［中略］事情を偽り〈またそれを隠す〉ことには信じがたいほど深い才知を具え」ており、また「内戦の勝利以前のスラは、あらゆる者の中で最も幸運な人であった」と語ったうえで、「その後の彼が行なったことに関しては、語るのを恥じるべきか、あるいは忌まわしく思うべきかわたしには定かではない」と将来の恐るべき独裁政治を読者に想起させる（第九五章三―四）。欺瞞を演出する抜群の才能とそれを順調に育む堕落した世相のゆえに、やがてスラは退廃した国家を牛耳ることになろう。彼は民衆を煽るマリウスの「反抗」に打ち勝って「貴族の暴慢」の頂点を極め、いっそう偉大な病原体となりローマ世界に君臨するのである。

以上のように『ユグルタ戦記』の四人の主要人物はいずれも、最初はすぐれた働きをして読者に好感を与えるが、しかしそのあと、カルタゴ滅亡以来自己抑制力を失って悪弊の温床となったローマ国家と濃密に関わるうちに自身も悪癖に染まり、そして病癖に蝕まれて活躍しながら、さらにいっそう国家全体の病状を悪化させるじつに「卓越」した――しかし結局は運命（フォルトゥーナ）に翻弄される――人間として描かれる。ローマ零落の歴史とはじつはこのようなもので、そうした衰退の実態を認識することこそ、今の時代に国家を思うローマ人が真になすべきことであろう――そのようにサルスティウスはこの史書において、『カティリナ戦記』以上に深刻な診断を記し、さらには、国政において「それでもいたずらに奮闘し、疲労困憊のすえ憎しみのみを得ようとするのは愚劣の極みである」との個人的所見も書き添えた（第三章三）。

これは、たしかに悲観的な歴史観である。しかしローマ史を診察する医師としては、著者はいっそう深く正確に現実の病相をとらえ、「戦争とイタリアの荒廃」（第五章二）、すなわちローマ共和政にとどめを刺す内戦状態にいたる道理を示しえたと言えるであろう。実際その後ローマでは、マリウスとスラの内戦（前八八―八二年）、ポンペイウスとカエサルの内戦（前四九―四五年）、そして著者が他界した頃のアントニウスとオクタウィアヌスの内戦（前四四―三〇年）と続き、ついに共和政体は四八〇年間の歴史を閉じたのである。

サルスティウスの史書が輝きを放ったのはそれからである。最後の内戦に勝利したオクタウィアヌスは、市民の血で濡れた剣を拭ったあと、前二七年、アウグストゥスの尊称を受けて新たな帝政を開始した。そのとき、白い市民服（トガ）に着替えて現われた初代皇帝は、あたかも自己の体内の悪性病患を根治しようとするかのように、何よりもまず、退廃以前の共和政期ローマの精神と道徳の復興に全力を注いだ。没落貴族の謀反人カティリナ、友好国の悪逆君主ユグルタ、無名氏族出の大野心家マリウスらの人物群の運命から浮かび上がってくる、サルスティウスが後世に残した瀕死状態へと「真っ逆さまに転落」していくローマ世界の歴史診断カルテは、この起死回生の大治療にどれほど役立ったことであろうか。そのときおそらく、政界引退者の「暇つぶし」の産物は、国家と個人の双方に対する透徹した、痛烈な批判精神のゆえに、特効の治療薬すなわち「救国の書」としての役割を果たしたはずである。

その他の著作と古代における評価

本書には収録しなかった断片のみ現存する未完の『歴史』全五巻は、サルスティウスが取り組んだ最大規模の著作であり、年代記様式で前七八―六七年のほぼ十二年間の出来事を記した史書である。その書では独裁者スラの死後からの国家的衰退が描かれ、ローマの歴史全般に対する概観も――断片からうかがえるかぎり――いっそう悲観的な趣きで語られていたと推測される。

ほかにも今日一般に真作ではなく、伝サルスティウス作とされる『カエサル宛書簡』二篇と『マルクス・トゥリウス・キケロ論駁』があり、いずれも著者の没後に修辞的技巧の訓練のために書かれたものと推定される。

古代におけるサルスティウスの評価については、帝政初期の寸鉄詩人マルティアリスが「ここなる者こそ、博識な人々が心より申すように、／ローマ史の第一人者クリスプスなり」と称賛しており（『エピグランマタ』一四・一九一）、また同時期の修辞学者クインティリアヌスは、「少年たちにはサルスティウスよりはリウィウスを読むのを勧めるが、しかし前者のほうが歴史家としては偉大である」と述べている（『弁論家の教育』二・五・一九）。

古代の歴史家でサルスティウスの影響を最も深く受けたのは、彼を「ローマの歴史の最も輝かしい作家」と呼んだ帝政期のタキトゥスであろう（『年代記』三・三〇・一）。その影響は、帝政期ローマの平和体制における自由と威厳の消滅や歴代皇帝たちの中で進行する退廃を説く衰退史観はもとより、モノグラフ様式から年代記様式への移行、語彙・文体や人物の性格描写など多岐に渡っている。

帝政後期の教父文学では、アウグスティヌスがサルスティウスの最も熱心な読者であり、『神国論』では彼を「真実を世に知らしめた歴史家」と称えて（一・五）、ローマ史の権威として頻繁に引用している。ただし教父が高く評価するこの作者が広く人々に認識させた「真実」とは、異教のローマにおける道徳的退廃とその必然性であり、アウグスティヌスはそれを根拠として、ローマ人の神々が腐敗した社会を正せなかったばかりか、むしろ腐敗を増大させて国の滅亡を加速させたことを示そうとしたのである（同書二・一三）。

帝政期から中世を経てルネッサンスにいたるまで、サルスティウスはキケロと並んで古典ラテン散文の手本とされ、その原典は教育において広く用いられた。そして彼の二作品『カティリナ戦記』と『ユグルタ戦記』の人気と普及度は、優に五〇〇点を超える現存写本の数にも表われている。

補足――『カティリナ戦記』の書名について

この著作の近現代版のテクストや翻訳の表題は、『カティリナの陰謀（*De Coniuratione Catilinae*）』と記されることがある。その主な根拠としては、著者が第四章三で「わたしは、カティリナの陰謀について、できるだけ真実に即し、しかも簡潔に語ろうと思う」と述べていることが挙げられる。しかし、この文から「陰謀」という事件の呼称がサルスティウス以前に一般に用いられていたと推測できるが、本書自体の写本では、『カティリナ戦争（戦記）』あるいは『カティリナの書』と巻頭や巻末に記されており、(1)『カティリナの陰謀』という表題の事例はない。また古代の証言としては、後一世紀のクインティリアヌスがサルスティウスの著作物として『ユグルタ戦争』と並んで『カティリナ戦争（戦記）（*Bellum Catilinae*）』の書名を挙げており（『弁論家の教育』三・八・九）、この表題がすでに彼の時代以前から定着していたことがわかる。さらに二世紀の歴史家フロルスが『七百年全戦役略記』二・一二でカティリナの事件を「戦争」として扱い、「カティリナ戦争」という章を立てて解説していることも、本書に関する古くからの伝承にもとづくものであろう。

そもそもカティリナの事件を「戦争」としてとらえたのはキケロである。例えば『カティリナ弾劾』第三演説二三では、カティリナの反乱軍との最終的な武力闘争以前に、執政官キケロは市民に対して、「諸君は殺戮も流血もなく、軍隊による戦闘もなしに救済された。市民服を着たまま、市民服姿のわたしだけを指揮官とし、将軍と仰いで勝利を得たのである」と、この事件の特殊性が平和の中で完遂された戦争であることを示し、さらに同演説二五では、この事件は「国家の滅亡」を目的としており、「今回の戦争だけは、人間の記憶にあるかぎり最大で最も悲惨なものである。このような戦争は、いまだかつてどんな蛮族も自国民に対して行なったことはない」[2]と、事態が国家の存亡に関わる前代未聞の戦争（bellum）であることを強調している。サルスティウスはそうしたキケロのとらえ方を継承し発展させて、この史書においてカティリナ事件を——敵味方双方の視点から——「戦争（bellum）」と終始繰り返し表現したのである（例えば『カティリナ戦記』一六・四、一七・六、二〇・一五、二一・一、二、二四・二、二六・五、二七・四、二九・三、三一・三、三二・一、二、三七・九、三九・六、四〇・一、四三・一、四八・一、二、五一・九、五二・三、二四、五七・五、五八・一五参照）。

つまり著者は、当事者キケロの状況認識を再評価し、事件をたんなる「陰謀」でなく「戦争」——すなわち平和な文明社会の内部から発生し、国の土台と国民の心身を破壊する「悪疫」と対決した国家の新たな種類の戦い（前掲の作品解説参照）——と見る歴史的視点を確立した。その点にこそ、歴史家としてのサルスティウスの独自性が認められるのであり、そうした史書の核心的部分を考慮せず、書名をことさら平板に——あるいは矮小化して——『カティリナの陰謀』と表記することは、著者の意図に反する恣意的な改変と言うべきであろう。したがって、本訳では当然ながら、写本と古代の伝承にもとづく『カティリナ戦記』の表題を用いている。

＊　＊　＊

（1）写本では、著者名と表題は頭書き（inscriptio）や後書き（subscriptio）に記される。

（2）小川正廣訳。

本訳書の企画は二〇〇五年にさかのぼり、訳者の都合で当初から刊行までに十五年以上が経過してしまった。この場を借りて、編集委員の方々、および京都大学学術出版会の方々の寛大な配慮に深くお礼申し上げます。

参考文献

テクスト・註釈

Ernout, A., *Salluste: Catilina, Jugurtha, Fragments des Histoires*, Paris, 1941.

Hawthorn, J. R., *Sallust: Rome and Jugurtha*, London, 1969.

Hellegouarc'h, J., *C. Sallustius Crispus: De Catilinae coniuratione*, Paris, 1972.

Koestermann, E., *C. Sallustius Crispus: Bellum Iugurthinum*, Heidelberg, 1971.

Kurfess, A., *C. Sallusti Crispi Catilina, Iugurtha, Fragmenta Ampliora*, Leipzig, 1951.

McGushin, P., *C. Sallustius Crispus: Bellum Catilinae: A Commentary*, Leiden, 1977.

———, *Sallust: Bellum Catilinae*, Bristol, 1980.

Paul, G. M., *A Historical Commentary on Sallust's Bellum Jugurthinum*, Liverpool, 1984.

Ramsey, J. T., *Sallust's Bellum Catilinae*, Atlanta, 1984.

Reynolds, L. D., *C. Sallusti Crispi Catilina, Iugurtha, Historiarum Fragmenta Selecta, Appendix Sallustiana*, Oxford, 1991.
Rolfe, J. C., *Sallust*, Cambridge, Massachusetts/ London, 1921.
Vretska, K., *C. Sallustius Crispus: De Catilinae Coniuratione*, 2 vols., Heidelberg, 1976.
Watkiss, L., *Sallust: Bellum Iugurthinum*, Bristol, 1984.

研究書

André, J.-M. & Hus, A., *L'histoire à Rome*, Paris, 1974.
Bennett, A. W., *Index Verborum Sallustianus*, Heidelberg/ New York, 1970.
Earl, D. C., *The Political Thought of Sallust*, Cambridge, 1961.
Leeman, A. D., *A Systematical Bibliography of Sallust* (*1879–1964*), Leiden, 1965.
Poignault, R. (ed.), *Présence de Salluste*, Tours, 1997.
Syme, R., *Sallust*, Berkeley/ Los Angeles/ London, 1964.
Tiffou, É., *Essai sur la pensée morale de Salluste à la lumière de ses prologues*, Paris, 1974.

関連邦訳

小川正廣訳、キケロー『カティリーナ弾劾』、『キケロー選集』第三巻所収、岩波書店、一九九九年（『キケロー弁論集』、岩波文庫、二〇〇五年に再録）。

合阪學・鷲田睦朗翻訳・註解、ガイウス＝サッルスティウス＝クリスプス著『カティリーナの陰謀』、大阪大学出版会、二〇〇八年。

小池和子・上野愼也・兼利琢也・小池登・小林薫、伝サッルスティウス他『サッルスティウス関連小品集（翻訳・注・解説）』、慶應義塾大学言語文化研究所、二〇一五年（『歴史』の断片、『カエサル宛書簡』一および二、『マールクス・トゥッリウス・キケロー論駁』ほかを収録）。

栗田伸子訳、サルスティウス著『ユグルタ戦争／カティリーナの陰謀』、岩波文庫、二〇一九年。

固有名詞索引

C. は『カティリナ戦記』、*J.* は『ユグルタ戦記』を表わし、ローマ数字は章番号、アラビア数字は節番号を示す。

ア　行

サ　行

タ　行

ナ　行

マ　行

ヤ　行

訳者略歴

小川正廣（おがわ　まさひろ）

名古屋大学名誉教授
京都大学博士（文学）
一九五一年　京都市生まれ
一九七九年　京都大学大学院文学研究科博士課程中退
京都産業大学助教授、名古屋大学教授を経て二〇一七年退職

主な著訳書
『ウェルギリウス研究――ローマ詩人の創造』（京都大学学術出版会）
『ウェルギリウス『アエネーイス』――神話が語るヨーロッパ世界の原点』（岩波書店）
ウェルギリウス『牧歌／農耕詩』（京都大学学術出版会）
セネカ『悲劇集1』（共訳、京都大学学術出版会）
『キケロー選集2、3』（共訳、岩波書店）
プラウトゥス『ローマ喜劇集1、2』（共訳、京都大学学術出版会）
『セネカ哲学全集2』（共訳、岩波書店）

カティリナ戦記／ユグルタ戦記
西洋古典叢書　2021 第3回配本

二〇二一年八月二十日　初版第一刷発行

訳　者　小川正廣
発行者　末原達郎
発行所　京都大学学術出版会
606-8315 京都市左京区吉田近衛町六九 京都大学吉田南構内
電　話 〇七五-七六一-六一八二
ＦＡＸ 〇七五-七六一-六一九〇
http://www.kyoto-up.or.jp/
印刷／製本・亜細亜印刷株式会社

ISBN978-4-8140-0348-8

定価はカバーに表示してあります

4　沓掛良彦訳　4900 円
ホメロス外典／叙事詩逸文集　中務哲郎訳　4200 円

【ローマ古典篇】
アウルス・ゲッリウス　アッティカの夜（全 2 冊）
1　大西英文訳　4000 円
アンミアヌス・マルケリヌス　ローマ帝政の歴史（全 3 冊）
1　山沢孝至訳　3800 円
ウェルギリウス　アエネーイス　岡　道男・高橋宏幸訳　4900 円
ウェルギリウス　牧歌／農耕詩　小川正廣訳　2800 円
ウェレイユス・パテルクルス　ローマ世界の歴史　西田卓生・高橋宏幸訳　2800 円
オウィディウス　悲しみの歌／黒海からの手紙　木村健治訳　3800 円
オウィディウス　変身物語（全 2 冊・完結）
1　高橋宏幸訳　3900 円
2　高橋宏幸訳　3700 円
カルキディウス　プラトン『ティマイオス』註解　土屋睦廣訳　4500 円
クインティリアヌス　弁論家の教育（全 5 冊）
1　森谷宇一・戸高和弘・渡辺浩司・伊達立晶訳　2800 円
2　森谷宇一・戸高和弘・渡辺浩司・伊達立晶訳　3500 円
3　森谷宇一・戸高和弘・吉田俊一郎訳　3500 円
4　森谷宇一・戸高和弘・伊達立晶・吉田俊一郎訳　3400 円
クルティウス・ルフス　アレクサンドロス大王伝　谷栄一郎・上村健二訳　4200 円
スパルティアヌス他　ローマ皇帝群像（全 4 冊・完結）
1　南川高志訳　3000 円
2　桑山由文・井上文則・南川高志訳　3400 円
3　桑山由文・井上文則訳　3500 円
4　井上文則訳　3700 円
セネカ　悲劇集（全 2 冊・完結）
1　小川正廣・高橋宏幸・大西英文・小林　標訳　3800 円
2　岩崎　務・大西英文・宮城徳也・竹中康雄・木村健治訳　4000 円
トログス／ユスティヌス抄録　地中海世界史　合阪　學訳　4000 円
ヒュギヌス　神話伝説集　五之治昌比呂訳　4200 円
プラウトゥス／テレンティウス　ローマ喜劇集（全 5 冊・完結）
1　木村健治・宮城徳也・五之治昌比呂・小川正廣・竹中康雄訳　4500 円
2　山下太郎・岩谷　智・小川正廣・五之治昌比呂・岩崎　務訳　4200 円
3　木村健治・岩谷　智・竹中康雄・山澤孝至訳　4700 円
4　高橋宏幸・小林　標・上村健二・宮城徳也・藤谷道夫訳　4700 円
5　木村健治・城江良和・谷栄一郎・高橋宏幸・上村健二・山下太郎訳　4900 円
リウィウス　ローマ建国以来の歴史（全 14 冊）
1　岩谷　智訳　3100 円
2　岩谷　智訳　4000 円
3　毛利　晶訳　3100 円
4　毛利　晶訳　3400 円
5　安井　萠訳　2900 円
6　安井　萠訳　3500 円
9　吉村忠典・小池和子訳　3100 円

プラトン　饗宴／パイドン　朴　一功訳　　4300円
プラトン　パイドロス　脇條靖弘訳　　3100円
プラトン　ピレボス　山田道夫訳　　3200円
プルタルコス　英雄伝（全6冊）
　1　柳沼重剛訳　　3900円
　2　柳沼重剛訳　　3800円
　3　柳沼重剛訳　　3900円
　4　城江良和訳　　4600円
　5　城江良和訳　　5000円
プルタルコス　モラリア（全14冊・完結）
　1　瀬口昌久訳　　3400円
　2　瀬口昌久訳　　3300円
　3　松本仁助訳　　3700円
　4　伊藤照夫訳　　3700円
　5　丸橋　裕訳　　3700円
　6　戸塚七郎訳　　3400円
　7　田中龍山訳　　3700円
　8　松本仁助訳　　4200円
　9　伊藤照夫訳　　3400円
　10　伊藤照夫訳　　2800円
　11　三浦　要訳　　2800円
　12　三浦　要・中村　健・和田利博訳　　3600円
　13　戸塚七郎訳　　3400円
　14　戸塚七郎訳　　3000円
プルタルコス／ヘラクレイトス　古代ホメロス論集　内田次信訳　　3800円
プロコピオス　秘史　和田　廣訳　　3400円
ヘシオドス　全作品　中務哲郎訳　　4600円
ポリュビオス　歴史（全4冊・完結）
　1　城江良和訳　　3700円
　2　城江良和訳　　3900円
　3　城江良和訳　　4700円
　4　城江良和訳　　4300円
ポルピュリオス　ピタゴラス伝／マルケラへの手紙／ガウロス宛書簡　山田道夫訳　　2800円
マルクス・アウレリウス　自省録　水地宗明訳　　3200円
リバニオス　書簡集（全3冊）
　1　田中　創訳　　5000円
　2　田中　創訳　　5000円
リュシアス　弁論集　細井敦子・桜井万里子・安部素子訳　　4200円
ルキアノス　全集（全8冊）
　3　食客　丹下和彦訳　　3400円
　4　偽預言者アレクサンドロス　内田次信・戸高和弘・渡辺浩司訳　　3500円
ロンギノス／ディオニュシオス　古代文芸論集　木曽明子・戸高和弘訳　　4600円
ギリシア詞華集（全4冊・完結）
　1　沓掛良彦訳　　4700円
　2　沓掛良彦訳　　4700円
　3　沓掛良彦訳　　5500円

クセノポン　ギリシア史（全 2 冊・完結）
1　根本英世訳　2800 円
2　根本英世訳　3000 円
クセノポン　小品集　松本仁助訳　3200 円
クセノポン　ソクラテス言行録（全 2 冊）
1　内山勝利訳　3200 円
クテシアス　ペルシア史／インド誌　阿部拓児訳　3600 円
セクストス・エンペイリコス　学者たちへの論駁（全 3 冊・完結）
1　金山弥平・金山万里子訳　3600 円
2　金山弥平・金山万里子訳　4400 円
3　金山弥平・金山万里子訳　4600 円
セクストス・エンペイリコス　ピュロン主義哲学の概要　金山弥平・金山万里子訳　3800 円
ゼノン／クリュシッポス他　初期ストア派断片集（全 5 冊・完結）
1　中川純男訳　3600 円
2　水落健治・山口義久訳　4800 円
3　山口義久訳　4200 円
4　中川純男・山口義久訳　3500 円
5　中川純男・山口義久訳　3500 円
ディオニュシオス／デメトリオス　修辞学論集　木曽明子・戸高和弘・渡辺浩司訳　4600 円
ディオン・クリュソストモス　弁論集（全 6 冊）
1　王政論　内田次信訳　3200 円
2　トロイア陥落せず　内田次信訳　3300 円
テオグニス他　エレゲイア詩集　西村賀子訳　3800 円
テオクリトス　牧歌　古澤ゆう子訳　3000 円
テオプラストス　植物誌（全 3 冊）
1　小川洋子訳　4700 円
2　小川洋子訳　5000 円
デモステネス　弁論集（全 7 冊）
1　加来彰俊・北嶋美雪・杉山晃太郎・田中美知太郎・北野雅弘訳　5000 円
2　木曽明子訳　4500 円
3　北嶋美雪・木曽明子・杉山晃太郎訳　3600 円
4　木曽明子・杉山晃太郎訳　3600 円
5　杉山晃太郎・木曽明子・葛西康徳・北野雅弘・吉武純夫訳・解説　5000 円
6　佐藤　昇・木曽明子・吉武純夫・平田松吾・半田勝彦訳　5200 円
トゥキュディデス　歴史（全 2 冊・完結）
1　藤縄謙三訳　4200 円
2　城江良和訳　4400 円
パウサニアス　ギリシア案内記（全 5 冊）
2　周藤芳幸訳　3500 円
ピロストラトス／エウナピオス　哲学者・ソフィスト列伝　戸塚七郎・金子佳司訳　3700 円
ピロストラトス　テュアナのアポロニオス伝（全 2 冊）
1　秦　剛平訳　3700 円
ピンダロス　祝勝歌集／断片選　内田次信訳　4400 円
フィロン　フラックスへの反論／ガイウスへの使節　秦　剛平訳　3200 円
プラトン　エウテュデモス／クレイトポン　朴　一功訳　2800 円
プラトン　エウテュプロン／ソクラテスの弁明／クリトン　朴　一功・西尾浩二訳　3000 円

西洋古典叢書［第Ⅰ～Ⅳ期、2011～2020］既刊全149冊（税別）

【ギリシア古典篇】

アイスキネス　弁論集　木曽明子訳　4200円
アイリアノス　動物奇譚集（全2冊・完結）
　1　中務哲郎訳　4100円
　2　中務哲郎訳　3900円
アキレウス・タティオス　レウキッペとクレイトポン　中谷彩一郎訳　3100円
アテナイオス　食卓の賢人たち（全5冊・完結）
　1　柳沼重剛訳　3800円
　2　柳沼重剛訳　3800円
　3　柳沼重剛訳　4000円
　4　柳沼重剛訳　3800円
　5　柳沼重剛訳　4000円
アポロニオス・ロディオス　アルゴナウティカ　堀川　宏訳　3900円
アラトス／ニカンドロス／オッピアノス　ギリシア教訓叙事詩集　伊藤照夫訳　4300円
アリストクセノス／プトレマイオス　古代音楽論集　山本建郎訳　3600円
アリストテレス　政治学　牛田徳子訳　4200円
アリストテレス　生成と消滅について　池田康男訳　3100円
アリストテレス　魂について　中畑正志訳　3200円
アリストテレス　天について　池田康男訳　3000円
アリストテレス　動物部分論他　坂下浩司訳　4500円
アリストテレス　トピカ　池田康男訳　3800円
アリストテレス　ニコマコス倫理学　朴　一功訳　4700円
アルクマン他　ギリシア合唱抒情詩集　丹下和彦訳　4500円
アルビノス他　プラトン哲学入門　中畑正志編　4100円
アンティポン／アンドキデス　弁論集　高畠純夫訳　3700円
イアンブリコス　ピタゴラス的生き方　水地宗明訳　3600円
イソクラテス　弁論集（全2冊・完結）
　1　小池澄夫訳　3200円
　2　小池澄夫訳　3600円
エウセビオス　コンスタンティヌスの生涯　秦　剛平訳　3700円
エウリピデス　悲劇全集（全5冊・完結）
　1　丹下和彦訳　4200円
　2　丹下和彦訳　4200円
　3　丹下和彦訳　4600円
　4　丹下和彦訳　4800円
　5　丹下和彦訳　4100円
ガレノス　解剖学論集　坂井建雄・池田黎太郎・澤井　直訳　3100円
ガレノス　自然の機能について　種山恭子訳　3000円
ガレノス　身体諸部分の用途について（全4冊）
　1　坂井建雄・池田黎太郎・澤井　直訳　2800円
ガレノス　ヒッポクラテスとプラトンの学説（全2冊）
　1　内山勝利・木原志乃訳　3200円
クイントス・スミュルナイオス　ホメロス後日譚　北見紀子訳　4900円
クセノポン　キュロスの教育　松本仁助訳　3600円